RÉSUMÉ

DES

ACTES DE L'ETAT CIVIL

DE PONDICHÉRY

DE 1676 A 1735

Imprimerie du Gouvernement, Pondichéry.

ARCHIVES DE L'INDE FRANÇAISE

RÉSUMÉ
DES
ACTES DE L'ETAT CIVIL
DE PONDICHÉRY
DE 1676 A 1735

Publié avec une introduction
PAR
Alfred MARTINEAU
Gouverneur des Établissements français dans l'Inde.

PONDICHÉRY
SOCIÉTÉ DE L'HISTOIRE DE L'INDE FRANÇAISE
1917

INTRODUCTION

Les actes de l'état civil de Pondichéry que nous publions en les résumant commencent presque aussitôt après la fondation de cette ville, laquelle eut lieu en 1674. Les premiers sont de 1676. Il nous a paru intéressant de les publier tant pour les sauver de l'oubli et quelques uns d'une destruction certaine que pour reconstituer en quelque sorte la physionomie de la société de cette époque. Les brahmaniques et musulmans étant exclus de tout recensement, nous n'avons tiré des registres conservés que les noms des chrétiens ressortissant alors à notre autorité, sans acception de races ni d'origines. Les Français s'y rencontrent avec les topas ou métis et les indiens convertis ; les hommes libres y coudoient les esclaves.

La publication de tous ces noms est loin de présenter le même intérêt. Il nous est aujourd'hui fort indifférent de savoir si la fille d'une esclave, âgée de 8 jours, mourut en 1718 ou si Roberto, paria, épousa Rotulia de Costa et même si Jean de Monte, né en 1714, fut fils de Salvador de Monte et de Dominga de Monté. Nous avons donné ces indications pour permettre au lecteur de se rendre compte de quels éléments se forment des sociétés naissantes, mais nous ne nous dissimulons pas qu'elles offrent peu d'intérêt pour l'histoire des familles. Il y a une telle profusion de noms similaires que les Rozario, de Cruz, Pereira, Alvès, Passagne et autres familles qui existent encore aujourd'hui à Pondichéry auraient grand peine à reconnaître leurs aïeux. Il est même inutile qu'elles tentent l'expérience ; elles n'y parviendraient pas. À part les Guerre et les Lefaucheur, originaires de Suisse ou de Bretagne et venus dans l'Inde vers 1720, dont les descendants se retrouvent encore, il n'est pas aujourd'hui de famille pondichérienne qui puisse avec certitude découvrir ses ancêtres dans les nomenclatures que nous publions ; pour arriver à ce but, il lui faudrait remonter dans le passé, en partant de l'époque actuelle et peut-être les recherches seraient-elles infructueuses.

Nous avons cependant publié sans en omettre aucun, sauf peut-être pendant les premières années pour les enfants morts en bas âge, les noms de ces premiers habitants de Pondichéry. On pourra ainsi déduire la proportion approximative des principaux éléments de la population, et, s'il est vrai qu'il y a toujours des relations à peu près certaines entre le nombre annuel des naissances, mariages et décès et celui de la population, le chiffre des chrétiens ou, plutôt des catholiques aurait été après 1720 de 5 à 6000, et, à partir de 1730, de 6 à 7000. (1)

On ne saurait attribuer à ces statistiques une valeur absolue, comme aux documents de même nature qui sont aujourd'hui dressés dans nos mairies.

Nous avons pu constater plus d'une fois combien à la fin du XVII° siècle et au XVIII° siècle les actes d'état civil étaient établis avec une fantaisie déconcertante. Passe encore pour les noms, qui sont orthographiés de toutes les façons, souvent dans le même acte (2) ; c'est déjà un inconvénient sérieux pour suivre avec certitude les généalogies ; mais il est des erreurs plus graves encore. Des actes sont notoirement omis ; nous l'avons pu constater plusieurs fois en voulant rapprocher les actes de décès d'enfants âgés de quelques jours seulement avec leurs actes de naissance ;

---

(1) Aux mêmes dates la population totale de Pondichéry devait être de 40 à 50.000 habitants, sensiblement la même qu'aujourd'hui.

(2) Ainsi on peut lire indifféremment Rozario ou Rozaire, de Cruz ou da Cruz, Souza ou Soza ou même Soze, Cadeau ou Cadot, Ruelle ou Ruel, Quintual ou Quintoal, etc. D'autres fois, les lettres étant mal formées et les personnages peu connus, on peut lire à volonté un L ou un S, par exemple dans Liquaire ou Siquaira, un P ou un F dans Pereira ou Fereira ; on pourrait multiplier ces exemples.

ces actes n'existent pas. Les capucins, qui tenaient alors les registres méconnaissaient absolument les règles modernes d'après lesquelles les actes doivent être nécessairement transcrits les uns après les autres dans l'ordre même où ils se suivent dans la vie. Il n'est pas rare de trouver des naissances enregistrées trente ou quarante jours après l'évènement : la moyenne est de trois à cinq jours. Les capucins pourraient dire, il est vrai, à leur décharge qu'ils tenaient des actes de baptêmes plutôt que des actes de naissances et en effet tel est le caractère fondamental de cette catégorie d'actes. Les enfants même d'origine catholique ne sont portés sur les registres qu'autant qu'ils ont été baptisés ou ondoyés. Mais il y a aussi quelques confusions de date, bien que beaucoup plus rares, dans les actes de mariages et de décès.

Ces principes généraux établis, nous ferons quelques observations.

Les registres de naissances ou plutôt de baptêmes comprennent tous les individus nés catholiques ou qui le sont devenus par conversion. Les premiers sont naturellement les plus nombreux ; à partir de 1720, où la société pondichérienne peut être considérée comme définitivement constituée, leur chiffre est de 45 à 50 chaque année, et presque tous sont des topas. Il y a peu d'enfants nés du mariage d'Européens entre eux ; il y en a déjà davantage entre européens et créoles, et nous voyons déjà se constituer des familles indo-européennes d'une durée éphémère, qui eurent à ce moment un certain éclat ; tels les Albert, les Bruno, les Cosson de la Lande, les Delarche, les Galliot de la Touche, les Bury. Les officiers et soldats de la garnison furent les principaux artisans de ces familles éteintes ou transformées, puis vinrent les employés de la compagnie : sous marchands et commis. Au nombre des naissances figure la longue liste des enfants de M. et Madame Vincens, la future Madame Dupleix.

Nous ne dirons rien des baptêmes d'adultes : ce sont surtout des baptêmes d'esclaves, appartenant les uns à des particuliers, les autres à la Compagnie. Nous ne parlerons pas non plus des actes d'abjuration ; à part celui de Mlle

Van Zyll, fille du gouverneur hollandais de Négapatam et femme du conseiller Dumas, futur gouverneur de Pondichéry, ils ne présentent aucun intérêt pour l'histoire. Ils sont fort peu nombreux : un ou deux par année.

Les actes de mariages nous fixent mieux sur la constitution même des familles. On est frappé de voir que la plupart d'entre elles furent formées avec des éléments venus du dehors, principalement de Paliacate et de Trinquebar. Souvent les deux époux ne sont ni l'un ni l'autre originaires de Pondichéry. La variété de ces origines nous fixe mieux que tous autres documents sur le rayonnement de Pondichéry ou sur ses attractions commerciales. On y célébra des mariages d'individus nés en Chine, au Pérou, au Cap Vert et à Manille.

Les actes de décès ont un autre intérêt, celui que l'historien apprécie le plus. Nous savons les noms des Français qui vinrent dans l'Inde et qui y moururent. Il y a quelques matelots et beaucoup de soldats. La plus illustre victime fut François Martin, fondateur de la ville et son premier gouverneur : il mourut le 31 décembre 1706. Certains actes de décès contenant parfois des indications sur les maladies qui les ont provoqués, nous en avons publié quelques-uns ; il y en a d'une note plutôt humoristique. Tel est le cas par exemple du nommé Jean Dubois qui, « commençait à se mieux porter, mais ayant mangé du cochon frais, son mal augmenta et il mourut. »

*
* *

Il nous faut maintenant parler des registres eux-mêmes d'où ces actes ont été extraits. Ils ont tous été empruntés aux archives de la mairie de Pondichéry, où ils forment les registres ci-après :

1° un registre des baptêmes allant du 5 juillet 1676 au 31 août 1729. Ce registre, comme le suivant, est en très mauvais état ;

2° un registre des mariages allant du 18 avril 1687 au 31 août 1729 ;

3° un registre des enterrements allant du 5...... 1687 au 28 août 1729. A partir de 1720, il est tout à fait impossible de reconstituer les actes ; les feuilles ont été déchirées en suivant très exactement la diagonale ; il en manque par conséquent la moitié.

4° un registre contenant :

a) les actes de mariages depuis le 1er janvier 1720 jusqu'au 3 novembre 1729 ;

b) les actes de décès depuis le 4 septembre 1720 jusqu'au 13 décembre 1729 ;

5° un registre contenant :

a) les baptêmes du 7 janvier 1720 au 26 août 1729.

b) les décès du 1er janvier 1720 au 31 août 1729.

6° un registre contenant :

a) les mariages depuis le 22 septembre 1729 au 5 février 1731 ;

b) les décès depuis le 12 décembre 1729 jusqu'au 5 février 1731.

7° un registre des naissances allant du 31 août 1729 au 26 mars 1731 ;

8° un registre des mariages allant du 22 septembre 1729 au 5 février 1731 ;

9° un registre des décès allant du 4 septembre 1729 au 28 février 1731.

Ces trois derniers registres ne sont pas dans un très mauvais état de conservation ; il y a cependant un certain nombre d'actes qu'il a été impossible de reconstituer, tellement le papier est effrité ou a disparu.

10° un registre contenant :

a) les naissances du 2 mars 1731 à la fin de 1735.

b) les mariages du 16 avril 1731 à la fin de 1735.

c) les décès du 5 mars 1731 à la fin de 1735.

Ce registre est en bon état. En 1734 et en 1735, les divers actes d'état civil sont inscrits à la suite les uns des autres, dans l'ordre où ils se succèdent, sans souci de mettre à part les baptêmes, les mariages et les décès.

11° enfin un même registre contenant les actes de baptême, mariage et décès pour les seules années 1732 et 1733.

Tous les actes que nous venons d'énumérer sont des originaux, même quand ils forment double emploi. La mairie de Pondichéry a entrepris de les faire recopier il y a une quarantaine d'années. Nous avons ainsi pu consulter un registre des naissances allant du 5 juillet 1676 au 30 décembre 1728, un registre des mariages allant de 1687 à 1751 et un registre des enterrements allant de 1699 à 1731. Le copiste, apparemment ignorant de l'histoire, a défiguré beaucoup de noms ; nous avons pu, néanmoins, grâce à son travail, reconstituer quelques actes dont le temps avait achevé depuis 1881 d'opérer la destruction dans les originaux. Mais déjà ces registres eux-mêmes sont en train de disparaître ; le papier, fort mauvais, se casse et l'encre est aussi pâle qu'un clair de lune.

Nous arrêtons à 1734 la publication intégrale des actes de l'état civil de Pondichéry ; il n'y a vraiment aucun intérêt à poursuivre avec autant de détails la nomenclature de noms aussi obscurs.

Si nous avons poussé jusqu'à cette date, c'est pour conserver à ce volume une certaine unité. Nous publierons, s'il y a lieu, la suite dans la Revue historique de l'Inde française, en relevant seulement les noms les plus importants qui appartiennent à l'histoire générale ou locale ou ceux qui nous font connaître, par les décès notamment, la qualité même modeste des Français venus dans l'Inde ; à titre d'exemple de ce nouveau travail, modifié et simplifié, nous publierons le résumé des actes de l'année 1735.

C'est l'année où Dumas prend le gouvernement de Pondichéry à la place de Lenoir. Nous entrons dans une période plus connue de l'histoire pondichérienne. Le lecteur déjà familiarisé avec cette histoire, y trouvera peu à peu des noms qui lui seront moins indifférents.

A. MARTINEAU.

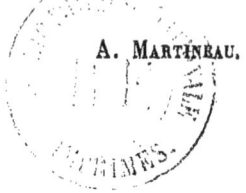

TABLE DES MATIÈRES

Année 1676	Page	1
— 1677	—	2
— 1678	—	2
— 1679	—	3
— 1680	—	4
— 1681	—	4
— 1682	—	5
— 1686	—	5
— 1687	—	6
— 1688	—	8
— 1689	—	10
— 1690	—	14
— 1691	—	15
— 1692	—	22
— 1693	—	26
— 1699	—	29
— 1700	—	32
— 1701	—	37
— 1702	—	43
— 1703	—	50
— 1704	—	57
— 1705	—	65
— 1706	—	76
— 1707	—	86
— 1708	—	96
— 1709	—	105
— 1710	—	116
— 1711	—	126
— 1712	—	136
— 1713	—	143

TABLE DES MATIÈRES (suite).

Année	Page
1714	149
1715	158
1716	169
1717	179
1718	188
1719	198
1720	206
1721	220
1722	234
1723	246
1724	260
1725	275
1726	293
1727	309
1728	326
1729	343
1730	363
1731	380
1732	397
1733	416
1734	434
1735	456

RÉSUMÉ DES ACTES DE L'ÉTAT CIVIL

DE PONDICHÉRY

NAISSANCES

de 1676 à 1686 (1).

Année 1676.

5 juillet.

Veillay (Antoine),
fils de Jacques Veillay, dit la Selle, de la Rochelle.

12 août.

Laurent (Emmanuel),
fils de Jacques Laurent, de Calais et de Catherine Pérère.

20 août.

Diez (Vilence),
fille du capitaine Manoel Diez et de Marie Diez, de St. Thomé
Parrain : François Martin.

---

(1) Pour les années 1676 à 1686, les registres de l'État civil de Pondichéry ne contiennent que les actes de naissance.

15 novembre.

CASHEL (Béatrix),
fille d'Antoine Cashel, interprète pour la nation et de Virgula Robina.

Parrain : Pierre Belfort, conseiller et second de la loge.

Année 1677.

20 mars.

MOLTA (Anthonio de),
fils de Lazaro de Molta, dobachi (1) de la compagnie et de Hiéronima de Molta.

Parrain : Pierre Belfort, second de la loge.

3 mai.

BRAS (Marie),
fille de Bras, fils du Capitaine Manig.

Parrain : Nicolas de Hayes dit la Fontaine, de Vernon sur Seine.

16 novembre.

CHINI (Marguerite),
fille de Lazaro Chini et de Thomasia Manig.

Année 1678.

27 février.

BROUILLARD (Jeanne),
fille de Jean Brouillard, pilote, et de Marie Diez.

3 août.

PIERTE (Pierre),
fils de Pierte, moço (2) et de Natal Diez.

Parrain : Pierre Belfort, second de la loge.

8 novembre.

DUPORT (Françoise),
fille de François Duport et de Séraphine Garbuzat.

Parrain : Ascanian Baudeau, employé de la Compagnie.

---

(1) Commissionnaire général de la Compagnie dans ses rapports avec les Indiens.

(2) Est peut être la corruption du mot tamoul *monshi*, qui signifie secrétaire, interprète.

21 décembre.

Védérig (Thomas),
fils de Védérig, hollandais, et de Marie de Coïlan.
Parrain : Florand Mainferme, dit Paris.

Année 1679.

2 février.

Mainferme (Marie),
fille de Florand Mainferme, d'Orléans, et de Elisabeth Cranère, de St. Thomé.
Parrain : François Martin.

14 juin.

Cardose (Anne),
fille de Lazaro Cardose, malabar, et de Anna Ribère.
Parrain : Louis de Mello, gendre du capitaine Manoêl.

10 août.

Philippe (Laurenço),
fils de Philippe, lascarin. (1)

14 août.

Robeau (Louis),
fils de Claude Robeau et de Romana Diez.
Parrain : Antoine Lonnain, employé de la Compagnie.

10 décembre.

Dégo (Thomas),
fils de Manoël Dégo, peintre au service de la compagnie, et de Maria de Monté.
Parrain : Ascanian Baudeau, employé de la compagnie.

17 décembre.

Corréa (Anne),
fille de Paul Corréa, lascarin et de Maria.

(1) Matelot indigène. On écrivit plus tard lascar.

Année 1680.

28 avril.

BROUILLARD (Elisabeth),
fille de Jean Brouillard, pilote de la compagnie et de Marie Diez, de St. Thomé.

Parrain: Germain Lebon, employé de la compagnie.

21 octobre.

MARÇAN (Marguerite),
fille de Pierre Marçan.

Parrain: François Martin.

15 novembre.

MAINFERME (Marguerite),
fille de Florand Mainferme, dit Paris, et d'Elisabeth Cranère.

Parrain: Pierre Belfort, second de la loge.

Année 1681.

5 février.

MOLTA (Françoise de),
fille de Lazaro de Molta, dobachi de la Compagnie et de Hieronima de Molta.

Parrain: François Martin.

28 septembre.

PIERRE (Marie),
fille de Pierre, moço et de Nathalia Cashel.

Parrain: Ascanian Baudeau, employé de la Compagnie.

25 octobre.

SARAZIN (Barbara),
fille de Vincent Sarazin et d'Anna de Rozario.

Parrain: Antoine Lonnain, employé de la Compagnie.

Année 1682.

7 mai.

Lazaro (Thomas),
fils de Lazaro, lascarin et de Thomasia.

16 mai.

Diez (Domingo),
fils de Manoël Diez, capitaine et de Marie Diez.

Parrain : Pierre Belfort, second de la Compagnie.

Année 1686. (1)

11 novembre.

Martin (Marie),
fille de J. B. Martin.

Parrain : François Martin.

20 novembre.

Deslandes (Marie Marguerite),
fille de Deslandes.

Parrain : J. B. Martin.

Marraine : la directrice François Martin, sa grand mère.

---

(1) Les registres originaux ne portent aucune indication de naissance pour les années 1683, 1684 et 1685.

ANNÉE 1687.

Naissances.

2 janvier.

Petitbois (Jacques),
fils de M. Petitbois, autrement Jacques Louis.
Parrain : François Martin.

3 avril.

La Roche (François),
fils de La Roche, sergent de la Compagnie.
Parrain : de Beaumont, capitaine du Saint-Louis.

9 juin.

Halin (Marie),
fille de Halin, dit Belhumeur.
Parrain : François Martin.

20 octobre.

Cardozo (Louis),
fils de Jean Cardozo, serviteur de M. Beaudeau.
Parrain : M. Grangemont.

26 octobre.

Coudié (Jean),
fils de Coudié.
Parrain : François Martin.

Mariages.

18 avril.

Libault (Claude) né à Brouage, en Saintonge;
fils de François Libault et de Françoise Pagat.
et Isabelle Pereira, née à Madras, fille de Nicolas Pereira et d'Antonia Matela.

27 juillet.

Diago et Martha, malabars.

7 octobre.

Jacques (Laurent) dit Picard, sergent de la Compagnie, et Anna da Costa.

Décès (1)

5...

Du Roublair, (Vincent) dit La Fleur, né à Nantes.

9...

On apprend la mort de M. Bertrand, marchand et chef du Comptoir de Masulipatam.

31....

On a coupé la tête à deux voleurs de caste gentille.

(1) Il est impossible de reconstituer tous les actes de décès des années 1687 à 1699 et même quelquefois ceux des années postérieures. Les premières feuilles du registre, disjointes de la reliure, sont complètement effritées sur les deux bords et les notes marginales, qui comprennent les indications des mois, ont presque partout disparu.

Le nombre total des actes de décès de 1687 est de 8; pour cette année, comme pour les suivantes, nous ne citerons que les noms qui peuvent présenter un certain intérêt; les autres sont des noms de parias, ou d'esclaves ou de malabars.

Les enterrements ordinaires avaient lieu dans le cimetière de la forteresse; les autres se faisaient dans l'église.

ANNÉE 1688.

Naissances.

24 avril.

Libaut (François),
fils de Claude Libaut et de Isabelle Pereira.
Parrain : François Martin.

15 mai.

Petitbois (Marie-Louise),
fille de Petitbois, autrement Jacques Louis.
Parrain : de la Clavetière, marchand de la Compagnie.
Marraine : Madame François Martin.

18 novembre.

Manoel (Thomé),
fils de Manoël, peintre, et de Luka.

Mariages.

29 janvier.

Bastian et Martha, esclaves de Colandé, dobashi de la Compagnie.

juillet.

Pedro et Francisca, malabars.

21 septembre.

Mallet (Abraham), fils de Pierre Mallet et de Marie Ponet.
et Anna Pereira Quixada, née à Golconde, fille d'Antonio Pereira Quixada et de Pascoale Alfonço.

— d° —

Fabian, jardinier du P. Cosme et Catharina.

23 septembre.

ANDRÉ, maçon et CATHARINA.

1ᵉʳ novembre.

MANUEL, fils de Lazaro et de Maria, malabars.
et LOUISE, fille de Françisco et de Maria de Monté, malabars.

— dº —

SEBASTIEN, fils de Lazaro et de Juliana, malabars.
et LOUISA, fille de Lazaro et Paula.

8 novembre.

DAVID (Nicolas), né à Vannes, fils de Jean David et de Thomase Dautry,
et Monica PEREIRA QUIXADA, née à Madras, fille de Antonio Pereira Quixada et de Pascoale Alfonço.

Décès (1)

4 février.

JACQUES, lascarin de la Compagnie.

19 ...

CHRISTOPHE, maçon.

27 ...

ME .... (Louis) nom effacé — matelot, né à Nantes.

4

RAPERT (Guillaume) prêtre et aumônier.

15

MICHEL, né à Madagascar, maître valet du St. Louis.

....

GÉRARD (Antoine) né à Toulon, lieutenant du St. Louis.

(1) Le nombre total des actes de décès de 1688 est de 25.

ANNÉE 1689.

Naissances.

9 janvier.

Manoel (Emmanuel),
fils de Manoël, peintre, et de Antonia, sa femme.

3 février.

Martin (Marguerite),
fille de J. B. Martin.

7 mars.

Monté (Francisca de),
fils de Domingo de Monté, jardinier de M. Baudeau et de Maria de Monté.

10 mars.

Palha (Louis),
fils de Manoël Palha et de Maria de Rozario.

Parrain : Louis Paulin, boulanger.

9 avril.

Antonio (Elisabeth),
fille de Antonio, emballeur de la Compagnie, et de Antonia Cardozo.

Parrain : de la Corbinée, lieutenant de la Compagnie de M. de la Roche.

3 mai.

Rabain (Milicia),
fille de Pierre Rabain et de Maria de Rozario.

19 mai.

Petro (Christina),
fille de Petro, maître-maçon, et de sa femme Francisca.

5 juillet.

La Roche (Catherine),
fille de la Roche, sergent de la Compagnie.
Parrain : de Grangemont.

9 août.

Estian (Laurencia),
fille de Estian, lascarin de la Compagnie, et de Louisa, sa femme.

Mariages.

18 janvier.

Rozario (Rouzalba, de) né à Timor,
et Antonia de Rozario, née à St. Thomé.

16 février.

Rozario (Joseph, de) soldat des anglais,
et Francisca de Souza.

2 mai.

Pascoal et Francisca.

2 mai.

Lazaro et Alexia, malabars.

4 mai.

Souza (Jean de), soldat de la Cie; fils d'André de Souza et Berta de Grada, de Madras
et Louisa de Rozario, esclave de Belhumeur.

23 mai.

François et Isabelle.

4 juillet.

Colande (Domingo), fils d'Antonio Colandé, lascarin et de Dominga
et Magdalena de Rozario, fille de Domingo de Rozario, peintre et de Maria de Monté.

7 juillet.

Domingo, fils de Francisco et d'Antonia, de St. Thomé,
et Maria, fille d'Antonio.

29 juillet.

Ricorier (Jean), fils de François Ricorier et de Françoise Belair, du Havre,
et Claire Duron, créole.

24 juillet.

Louis et Audreza, esclaves de M. Germain.

7 août.

Jean, paria, et Maria Dias.

10 août.

Louis changeur, et Sébastiana,

22 septembre.

Mascareinhas (Manuel), de Goa, fils de André Mascareinhas et de Maria de Rozario.
et Dominga de Castro, fille de Francisco de Castro et de Maria Rodrigués, de St. Thomé.

26 septembre.

Lazaro, lascarin de la Compagnie, fils de Domingo, peintre et de Maria de Monte.
et Maria, fille de Antonio et Anna, malabars.

6 octobre.

Caravalho (Francisco), né à Goa, fils d'Antonio Caravalho, et de Maria.
et Maria de Rozario, née à Madras.

6 octobre.

Pedro, né à Batavia.
et Maria Martins, née à St. Thomé, gentille.

14 novembre.

Cooper (Guillaume), caporal anglais à Congimer.
et Maria de Rozario, née au Bengale.

10 décembre.

Paulo et Maria, malabars.

Décès (1)

12 mai.

KERTALU (Jean), charpentier du St. Nicolas, marié à Quimper.

7 juillet.

GAUSSIN (Pierre), né à Montpellier.

7 septembre.

CAILLON (Vincent), né à Chanteaunay, près Luçon, soldat.

8 novembre.

MARTIN (Marie), fille de J. M. Martin.

15 décembre.

Une enfant de M. Petitbois, chirurgien major de la Compagnie.

(1) Le nombre total des actes de décès est de 20.

ANNÉE 1690.

Naissances

16 février.

David (André),
fils de Nicolas David, soldat de la Compagnie.

9 avril.

Antonio (Elisabeth),
fille de Antonio, emballeur de la compagnie et de Antonia Cardozo.

Parrain : de la Corbinie, lieutenant de la Compagnie de M. de la Roche.

17 avril.

Silva (Gracia de),
fille de Manoël de Silva et de Francisca Pereira.

Mariages.

29 janvier.

Paulo et Louisa, malabars.

18 juin.

Rozario (Antonio de), né à Thevenepatam,
et Joana Pereira, veuve de Domingo Gouzales.

29 juin.

Ignacio, sacristain, fils du batiar (1) et d'Ignacia,
et Francisca, fille de Sebastien et de Maria, malabars.

(1) Instituteur indigène.

23 juillet.

Alexio, fils de Salvador et d'Anna, malabars, et Nathalia, fille de Manuel et de Francisca, malabars.

24 juillet.

Francisco et Suzana, malabars.

7 août.

Jean et Catherina, esclaves de Picard, sergent de la Compagnie.

4 septembre.

Francisco et Maria, esclaves.

8 septembre.

Jean et Maria, fille du capitan André.

24 septembre.

Louis et Petronilla, malabars.

Décès (1)

2 janvier.

Qurimaillot (Jean), né à St. Martin de Ré, soldat de la Compagnie de M. de la Roche.

12 janvier.

Luyard (Guillaume), né à Landerneau, soldat de la Compagnie de M. Roland.

5 avril.

Marcandier, marchand de la Compagnie.

26 mai.

Paradis (Godefroi), hollandais, ayant abjuré le calvinisme.

(1) Le nombre total des actes de décès est de 22.

ANNÉE 1691.

Naissance.

2 janvier.

PETIT JEAN (Suzanne),
fille de Petit Jean et de Clara, sa femme.
Parrain : de Flacourt.

10 février.

PEREIRA (Jean),
fils d'Amaro Pereira et de sa femme Francisca.

25 février.

ALESCIO (Petro),
fils d'Alescio et de sa femme Catharina, malabars.

27 février.

MANOEL (Petro),
fils de Manoël et de sa femme Thomasia.

4 mars.

LAGUIA (Pétro),
fils de Laguia et de sa femme Louisa.
Parrain : de Grangemont.

16 mars.

ROZARIO (Roza de),
fille de Joseph de Rozario.
Parrain : Jance, soldat de la Compagnie.

16 avril.

ALESCIO (Andresa),
fille d'Alescio et de sa femme Louisa, malabars.

2 mai.

LÉANDRO (Jean),
fils de Léandro, esclave.

Parrain : Jean Ménar, commis de la Compagnie.

27 mai.

JOANA (Petronille),
fille de Joana, esclave de J. B. Martin.

Parrain : Jean Madère, commis de la Compagnie.

11 juillet.

OLKIN (Petro),
fils de Olkin, écrivain des Anglais à Thevenepatnam. et de son esclave Helena.

11 juillet.

PETRO (Appolonine),
fille de Petro, moço, et de sa femme Nathalia.

Parrain : De Chalonge, secrétaire de la Compagnie.

25 juillet.

PIERRE (François),
fils de Pierre et sa femme Louisa,

Parrain : André Terret, caporal de la compagnie de M. de Lacombe.

4 août.

CHINI TAMBI (Domingo),
fils de Chini Tambi ou Paulo, lascarin et de sa femme Anna.

Parrain : Champagne, cuisinier de la Compagnie.

22 septembre.

COJA-BARON (Maria),
fille d'André Coja-Baron, arménien et de sa femme Hyacinta-Fernande.

7 octobre.

JEAN (François),
fils de Jean, paria, et de sa femme Maria.

18 octobre.

ETIENNE (Louis),
fils d'Etienne, lascarin et de sa femme Maria.

Parrain : Louis Paulin, boulanger.

7 novembre.

Martin (François),
fils de J. B. Martin, marchand et conseiller de la Compagnie.
Parrain : Guey, marchand français.
Marraine : Madame François Martin.

12 novembre.

Cardozo (Maria),
fille de Jean Cardozo, et de sa femme Maria.

9 décembre.

David (Françoise),
fille de Nicolas David, soldat de la Compagnie.

22 décembre.

Antonin (Jean),
fils de Jean Antonin et de Maria de Rozario.

23 décembre.

Louis (Claude),
fils de Louis et de sa femme Petronille, malabars.

26 décembre.

* *

Par suite d'une erreur de mise en pages, qui n'a pu être réparée en temps utile, nous avons du reporter ici les naissances suivantes, appartenant à l'année 1690 ; elles complètent le tableau de la page 14.

1ᵉʳ mai.

Petro (Louise),
fille de Petro, moço et de Nathalia.
Parrain : de la Roche, capitaine du Roi.
Marraine : Madame François Martin.

1ᵉʳ mai.

Cardozo (Louise),
fille de Jean Cardozo.

3 juillet.

Germain (Marie),
fille de Germain, major des troupes de la forteresse.
Parrain : François Martin.

5 août.

ANTONIO (Jean),
fille d'Antonio et de Sébastiana.

16 août.

PAULO (Francisca),
fille de Paulo et de Louisa.
Parrain : le capitan André.

27 août.

MANOEL (Jeanna),
fille de Manoël, peintre et d'Antonia.

19 septembre.

DOMINGO (Maria),
fille de Domingo.

24 septembre.

JOSEPH (Louisa),
fille de Joseph et de Louisa.

15 octobre.

LIBAULT (Emmanuel),
fils de Claude Libault, maître de la caiche, (1) et d'Isabelle, sa femme.

27 octobre.

PEREIRA (Pascal),
fils de Antonio Pereira et de Dominga.

8 novembre.

RAZEC (Theodosia),
fille de Manoël Razec, pilote, et de son esclave Helena.
Parrain : le grand capitaine des lascarins.

9 novembre.

FRANCISCO (Louis),
fils de Francisco, malabar, et d'Ignacia.

19 novembre.

EMMANUEL (Isabelle),
fille d'Emmanuel et de Louisa, malabars.

---

(1) Petit bâtiment de mer à un pont.

26 novembre.

Petro (Maria),
fille de Petro et de Maria, malabars.

30 novembre.

Rabain (Apollonie),
fille de Pierre Rabain et de Maria de Rozario.

Mariages.

7 mai.

Paulo et Maria, malabars.

11 mai.

Jean et Helena, esclaves.

11 mai.

Lazaro et Francisca, parias.

11 mai.

Francisco et Francisca, parias.

15 juillet.

Dacruz (Thomé), fils de Manuel Dacruz et de Maria Dias, et Maria de Freitas.
Mariés par le P. Turpin, Docteur en Sorbonne et missionnaire en Chine.

22 juillet.

Thomé et Alexia, parias.
Mariés par le P. Jean de Britto, missionnaire du Maduré (1).

4 août.

Jean et Izabella, fille de Francisco et de Maria de Monté.

16 septembre.

Domingo et Maria, sœur de Xavier, maçon.

22 octobre.

Rodrigues (Amaro) et Antonia Gonzalve, née au Bengale.

---

(1) Le P. Jean de Britto, dont le nom est resté célèbre dans les missions du sud de l'Inde, mourut martyr le 4 février 1693 à Orejour aux confins du royaume de Tanjore et de la principauté de Marava.

Décès (1)

28 janvier.

CAVALIER (Charles), matelot.

2 février.

LE FRANC (Guillaume), dit Sans Souci, de Reims, soldat.

7 avril.

SIMON (Jean), provençal, marié à Port-Louis.

6 mai.

COLANDÉ, dobachi de la Compagnie.

2 juin.

POULIN (le P.), tonquinois, de la mission de Siam.

16 juillet.

PASTOR (Pierre), soldat de M. de Lacombe.

6 août.

LONNIN, né à Paris, marchand de la Compagnie.

14 août.

LE BONIEC (Claude), breton, soldat.

(1) Le nombre total des actes de décès est de 26.

ANNÉE 1692.

Naissances.

2 janvier.

Ricoeur (Marie),
fille de Jean Ricoeur et de sa femme Clara.

19 janvier.

Louis (Francisca),
fille de Louis et de sa femme Marguerite, malabars.

20 mars.

Petro de Mato (Joseph),
fils de Petro de Mato et d'Adriana, esclaves.
Parrain : Antonio, serviteur de M. de Lavigne, père de la mission de Siam.

25 juin.

Antonio (Maria),
fille d'Antonio, lascarin et de sa femme Francisca.

9 juillet.

Paulo (Anna),
fille de Paulo, lascarin et de sa femme Isabelle.

18 juillet.

Manoel (Louise)
fille de Manoel, peintre et de sa femme Maria de Monté.

21 juillet.

Francisco (Petro),
fils de Francisco et de sa femme Francisca, malabars.

21 juillet.

Paulo (Petro),
fils de Paulo et de sa femme Anna, malabars.

28 juillet.

PEREIRA (Anna),
fille de Fabien Pereira et de sa femme Catherina.

1er août.

CORRÉA (Béatrix),
fille de Calisto Corréa et de sa femme Maria, esclaves.

11 août.

LIBAULT (Marguerite),
fille de Claude Libault, maître de la caiche, et de sa femme Isabelle.

Parrain : J. B. Martin.

20 août.

GERMAIN (Louis Joseph),
fils de Germain, major de la forteresse.

Parrain : de la Roche, capitaine du roi.

14 décembre.

GOUDINHO (Lucia),
fille de Petro Goudhino et de Joana Pereira, sa femme.

25 décembre.

DOMINGO (Petro),
fils de Domingo, lascarin et de Maria, sa femme.

Mariages.

7 janvier.

CORRÉA (Callixte) et CORRÉA (Maria), Chinois et esclaves.

8 janvier.

JEAN et MARIE, parias.

18 février.

BUSSI (Yanes), soldat danois de la Compagnie,
et Thomasia de ROZARIO.

18 février.

Lazaro, tailleur, et Francisca.

18 avril.

Pedro et Francisca.

21 avril.

Guéry, marchand français né à Lyon, a épousé à St-Thomé, une portugaise de 14 ans.

7 juillet.

Morette (François), sous marchand de la Compagnie, et Béatrix Catelle.

28 juillet.

Bastian, lascarin, caste pali et Paula.

18 août.

Pedro, lascarin, et Appollonia, parias.

30 août.

Domingo, lascarin, et Anna, malabars.

30 août.

Claude et Maria, malabars.

1er septembre.

Jean et Maria, malabars.

Décès (1)

8 janvier.

Du Hault (Jean), né à Bordeaux, sergent de la compagnie de M. de Lacombe, tué par un autre sergent de la même compagnie.

(1) Le nombre total des décès enregistrés en 1692 est de 34. Ce sont presque tous des esclaves ou des enfants malabars ou indiens.

25 janvier.

Rozario (Antonio de), topas, né à Tranquebar.

15 février.

Thomé, cuisinier des soldats du roi.

22 février.

Baudeau, né à Paris, sous-marchand de la compagnie.

24 juin.

Croye (Jean de), flamand, né à Aspa (1).

24 août.

Jean (Nicolas), du diocèse de Vannes, soldat de la compagnie de M. de la Roche.

3 septembre.

Madère (Elisabeth), femme de Tirard, commis de la compagnie.

25 octobre.

Parisot (Suzanne), femme de Nicolas Parisot.

(1) Jean de Croye est porté comme enterré au cimetière nouveau. C'est la première fois que l'on voit cette mention dans les actes.

ANNÉE 1693.

Naissances.

5 janvier.

Rabouin (Jean),
fils de Pierre Rabouin et de Maria de Rozario,
Parrain : la Roche, sergent de la Compagnie.

14 janvier.

Emmanuel (Francisca),
fille d'Emmanuel, lascarin et de sa femme Françoise.

20 janvier.

Ricoeur (Louise),
fille de Jean Ricoeur, soldat de la Compagnie et de sa femme Clara.
Parrain : Germain, major de la forteresse.

30 avril.

Gonzalve (Jean),
fils d'Antonio Gonzalve, soldat de la Compagnie et de sa femme Antonica.

11 mai.

Paulo (Maria),
fille de Paulo, lascarin et de sa femme Maria.

23 juin.

Romaria (Helena),
fille de Jean Romaria et de sa femme Mala.
Parrain : Pierre Lavergne, chirurgien de la Compagnie.

Mariages.

25 janvier.

Jean, lascarin et Francisca, veuve d'Ignacio.

31 janvier.

Francisco et Victoria, esclaves.

... mars.

Jean et Maria, malabars.

30 mars.

Paulo et Maria, parias.

1er avril.

Emmanuel et Antonia, malabars.

7 avril.

Francisco et Isabella.

8 avril.

Hieronimo et Clara, malabars.

11 mai.

Jean et Maria.

23 juin.

Jean et Anna.

29 juin.

Castel (Emmanuel), né à St-Thomé, fils d'Antonio Castel et de Ursula Rubina.

et Rose Cottinet, née à Madras, fille de François Cottinet et de Guimar de Mendoza.

Décès (1)

26 janvier.

Bœuf (Jean), né à Genest sous les Noyers, entre Niort et Saint-Maixent, sergent de M. de Lacombe.

25 février.

Jar (François), dit la Jonquille, né à l'Ile de Ré, soldat de M. de Laroche.

28 février.

Panier (Jean), né à Pons, en Saintonge, soldat.

6 avril.

Arnauld (Pierre), dit Dampierre, né dans l'évêché de Caen, soldat.

(1) Le nombre total des actes de décès est de 32. Le dernier acte est du 8 août.

ANNÉE 1699 (1)

Naissances.

15 avril.

Cornell (Courad),
fils de Cornell et de sa femme Domingo Martha.

20 avril.

Jaccob (Emanuel),
fils de Henry Jaccob et de Francisca de Rozario.

19 mai.

Domingo (Pierre),
fils de Domingo ou Dominique et de Suzanne.

1er juin.

Islakrogh (Antonia),
fille de Islakrogh et de Louisa-Madena, Hollandais.

10 juin.

Monté (Anna de)
fille de Salvador de Monté et de Domingo Mathena.

2 août.

Corrêa (Catherine),
fille de Correa et de Dominga Passanha.

3 novembre.

Liman (Dominique, de)
fils de Bastien de Lima et de Catherine Fista.

---

(1) Les actes de l'Etat civil furent interrompus pendant la durée de l'occupation hollandaise, de 1693 à 1699. Les missionnaires, qui tenaient ces registres, rentrèrent à Pondichéry le 18 mars 1699.

10 décembre.

PASSANHA (Roza),
fille de Domingo Passanha et d'une gentille.

Mariages.

14 juin.

LE GRION (Pierre), né à Nice,
et Marie ENOU, née à Pondichéry, fille de Vincent Enou.

21 juin.

DE ROZARIO (Diago), de caste patnava,
et Barbara CAVANOSSA.

28 juin.

ROZARIO (Manuel de), de Negapatam,
et Catherina de ROZARIO, de Sadras.

11 juillet.

PEREIRA (Thomé), de St.-Thomé,
et Maria de MATA, de Madras.

9 septembre.

GERBEAU (Olivier), fils de Jean Gerbeau et de Mathurine Duval, du diocèse de St.-Malo,
et Anne, fille de père et mère gentils, fille de chambre de Madame Fr. Martin.

20 septembre.

ROZARIO (Thomé), paria,
et Maria, fille de père gentil et de mère chrétienne.

22 septembre.

ROLLAND (Antoine), né à Nantes,
et Pedronille MATTHEWS, née à Madras.

30 septembre.

ENOU (Vincent), né à Ploërmel,
et Maria de SOUZA CAVANALHO.

14 octobre.

Henendal (Nicolas), né à Montereal en Lorraine, abjure sa religion. (Le nom de la femme n'est pas indiqué).

29 octobre.

Tarabillon (Jean), né à St.-Jean de Luz,
et Marie Floise, fille de chambre de Madame la Générale.

3 novembre.

Rozario (Jean, de), né à Madras,
et Maria de Monté.

4 novembre.

Crespin (Jean), de Piriac,
et Anne Baubia, de Golconde :

9 novembre.

Lamoureux (Jean), né à Chartres,
et Pascoale Pereira de Rozario.

16 novembre.

Avaine (Jean), né à Soubires, diocèse de Toulon,
et Antonique Pereira.

20 novembre.

Rozario (Nicolas de), né au Bengale,
et Maria de Rozario, née à Palliacatte.

Décès (1)

27 octobre.

Lhermite (Pierre), né à Venez près Toulon, soldat de M. de St.-Mars.

17 novembre.

Maisonneuve (de), lieutenant, tué par les Maures de Valdaour, sur lesquels il avait fait une sortie et dans laquelle il s'avança trop témérairement, sans autre suite que deux lascarins qui furent tués avec lui.

(1) Le nombre total des actes est de 5.

ANNÉE 1700.

Naissances.

15 janvier.

Lapierre (Marie),
fille de Lapierre, soldat (le nom de la mère n'est pas indiqué).

18 janvier.

Ferreira (Eleonor),
fille de Louis Ferreira, irlandais, et de Marie Ferreira.

20 janvier.

Rozario (Jean de),
fils de Antonio de Rozario et de Francisca de Monté.

21 avril.

Mallet (Pierre),
fils de Mallet, armurier.

27 mai.

Rozario (Paul César de),
fils de Pierre de Rozario et de Julienne de Rozario.
Parrain : M. Lazare de Longueville, major des troupes de la forteresse.
Marraine : Marie Orravault, femme de M. Bruno.

19 juillet.

Montero (François),
fils de Jean Montero et d'Anna Parreta.

19 septembre.

Caster (Malianne),
fille de Emmanuel Castel et de Rose Cottinet.
Parrain : Antoine Labat, marchand de la Compagnie.

25 septembre.

Jensen (Clara),
fille de Gabriel Jensen et de Suzanna de Monté.

Parrain : M. de la Chenardière, premier capitaine des troupes du Roi.

3 octobre.

Saint-Germain (François),
fils de François Saint-Germain et de Anne, ancienne fille de chambre de Madame François Martin.

Parrain : Chalonge, segond de la loge.

3 octobre.

Cosson de Lalande (Anne),
fille de Etienne Cosson de Lalande et de Nathalie de Colle.

Parrain : Pierre Lacombe, sergent-major.

10 octobre.

Tarabilhon (Jean),
fils de Jean Tarabilhon, et de Marie Françoise, fille de chambre de madame la générale.

11 octobre.

Araine (Jean),
fils de Jean Araine et d'Antonica Ferreira.

4 novembre.

Souza (Maria de),
fille de Manuel de Souza.

4 novembre.

Samson (Marie),
fille d'Antonie Samson et de Macca Faida.

Parrain : Pierre Frérot, commandant à la porte de Valdaour.

18 novembre.

Rolland (Marie Charles),
fils de Antoine Rolland et de Petronille Mathews.

22 novembre.

Costa (Pierre de),
fils de François de Costa et de Dominga de Costa.

22 novembre.

Lima (Antonio de),
fils de Pascal de Lima et de Marie de Lima.

22 novembre.

Rozario (Pierre de),
fils de Joseph de Rozario et de Francisca de Souza.

22 décembre.

Antonin (Jean),
fils de Jean Antonin et de Maria de Rozario.

26 décembre.

Laurenço (Francisca),
fille de Laurenço, soldat topas et d'une gentille.
Parrain: Louis Darnon, cuisinier des Pères Jésuites.

Mariages.

21 février.

Sylva (Francisco de), de Sadras, fils de Francisco de Sylva et de Ignacia Corréa,
et Maria de Rozario, fille de Ignace de Rozario et de Maria de Macedo.

28 avril.

Francisco, paria, et Anna.

10 mai.

Costa (Thomé de), fils de Thomé de Costa et de Maria de Monté,
et Maria Alphonso.

11 mai.

Bradage (Félix), du Hâvre, canonnier, fils de Jean Bradage et de Marguerite Biot,
et Pascoala Pereira de Rozario, fille de Pedro Pereira de Rozario et d'Elisabeth Rodriguès.

21 mai.

Souza (André de) et Anne, parias.

30 mai.

Pereira (Bartholomeo), fils de Jean Pereira et de Maria Lia,
et Antonia Dagnia.

15 juin.

Albert (Jacques Théodore), fils de Jacques Albert
et de Marie Madeleine Molle, de la paroisse de S.-Eustache,
et Marie Mainferme, fille de Florent Mainferme, et de Isabelle
Madère.

22 juillet.

Catol (Francisco), fils de Jean Catol et de Thomasia de Sylva,
et Madeleine Lopès, fille de père et mère gentils.

2 août.

Concircao (Jean de), de Goa, fils de Louis de Concircao
et de Maria Louis,
et Louisa de Monte.

4 septembre.

Antoine et Anna, parias.

24 octobre.

Cordeiro (Pascoal), de Tranquebar, fils de Pascoal Cordeiro
et d'Anna de Favia,
et Christina Gonsalves, de Madras.

Décès.

21 juin.

La Fontaine (Jean), matelot du *Postillon*. Il avait reçu
dans une batterie à bord du vaisseau, en l'absence du capitaine, un coup de sabre qui lui avait coupé jusqu'à la moitié
de la noix du cou.

... septembre.

Lecomte, prêtre, missionnaire.

6 octobre.

CLERMONT (Charles), soldat.

21 décembre.

La Parière, soldat et chirurgien, lequel s'empoisonna avec des pilules, (pensant se purger et guérir de quelque infirmité), qu'il avait faites et desquelles il fit la première expérience sur lui-même. Les ayant prises, il perdit d'abord tout le sentiment, ne vit, ne parla et n'entendit plus, quelque chose qu'on put faire.

29 décembre.

Rozario (Joseph de), soldat topas.

ANNÉE 1701.

Naissances.

18 janvier.
Domingo (Antonia),
fille de Domingo Hieronimo et de Maria Dabriou.

27 janvier.
Monté (Adriana de),
fille de Thomé de Monté et de Maria de Monté.

30 janvier.
Pailla (Jean de),
fils de Gaspar de Pailla et de Maria Lopez, parias.

5 février.
Ferreira (Gratia),
fille de père inconnu et de Josepha Ferreira, esclave.

6 février.
Manoel (Thomé),
fils de Salvador Manoel et de Dominga Manoel.

6 février.
Matto (Anna de),
fille de Bernardo de Matto et de Ursula Messia.

16 février.
Tanhaude (Jean),
fils de Jean Tanhaude et de Thomasia Debrée.

27 mars.
Aubert (François),
fils de François Aubert et de Maria Caron.

Parrain: Cuperly, neveu de Madame Martin, caissier et marchand de la Compagnie.

24 avril.

Rozario (Emmanuel de),
fils de Thomé de Rozario et de Maria, parias.

29 juin.

Bauteville (Jean-François),
fils de Bauteville.
Parrain : Chalonge, marchand de la Compagnie et juge de la chauderie.
Marraine : Marie Cuperly, femme du Gouverneur général François Martin.

31 août.

Corréa (Jeanne),
fille de Jean Corréa et de Dominga Passanha.

1er septembre.

Lima (Louis de),
fils de Sébastien de Lima et de Catherina Carnelia.

22 septembre.

Bruno (Marianne),
fils d'Antoine Bruno, capitaine de port et de Marie Ocravault.
Parrain : de Boissieux, commandant des troupes.
Marraine : Madame François Martin.

25 septembre.

Cosson de Lalande (Rose),
fils de Etienne Cosson de Lalande et de Nathalie de Colle.

1er octobre.

Rozario (François de),
fils de Manoel de Rozario et de Marie, parias.

3 octobre.

Roux (Louis),
fils d'Antoine Roux et de Francisca.

26 octobre.

Rozario (Jean de),
fils de Agostinho de Rozario et de Francisca Pascoela.

15 novembre.

CRÉPIN (Jean Antoine),
fils de Jean Crépin et de Bobia.
Parrain : Bauteville, lieutenant de la Compagnie.

15 novembre.

ANTONIO (Jean),
fille de Jean Antonio et de Maria de Rozario.

21 novembre.

ROZARIO (Gratia de),
fille de Nicolas de Rozario et de Maria de Rozario.

22 novembre.

COULON (Antoine François),
fils de Coulon François et de Isabelle Masson.
Parrain : François Desprez, secrétaire de la Compagnie.
Marraine : Marie Mainferme, femme de M. Albert, chirurgien de la forteresse.

26 novembre.

SOUZA (Jean de),
fils de Manuel de Souza et de Isabelle de Cruz.
Parrain : Labat, marchand de la Compagnie.

30 novembre.

QUINTOAL (André de),
fils de Francisco de Quintoal et de Ascania de Rozario.

28 décembre.

FERREIRA (Thomasia),
fille de Thomé Ferreira et de Louisa Madeira.

Mariages.

3 janvier.

ALVES (Jean), de Tranquebar, et Ursula PEREIRA,

31 janvier.

SOZA (Manuel de), et MADELEINE, gentils

4 avril.

PEREIRA (Gregoire) et Maria de MONTE.

5 avril.

COSTE (Pierre), paria et ANNA.

5 avril.

LOPEZ (Domingos) et MADELEINE.

7 avril.

CORDEIRO (Jean) et LOUISA.

8 avril.

LA PLANTE (François), canonnier, né à Beauvais sur Matha, près St.-Jean d'Angely,
et Anne de ROZARIO, fille de père et mère gentils.

21 avril.

ROZARIO (Laurenço de), de Negapatam et MARIA, fille de père et mère gentils.

22 avril.

MATOR (Antoine de), de Jafnapatam et Ursula MINIA, de caste pali.

25 avril.

ALFONÇO (Antoine), paria et FRANCISCA.

25 avril.

ANTONIO et MADELEINE, gentils.

2 mai.

SIGNEIRA (Louis de) et Maria DESA.

2 mai.

ROZARIO (Francisco de) et Madelcine de MONTE, parias.

9 mai.

GEMSE (Gabriel) et Suzanna de MONTE.

17 mai.

Fereira (Thomé), de Paliacatte et Louisa de Madeira.

3 juin.

Daburon (Gaspard) et Isabelle, gentils.

6 juin.

Rozario (Antonio de) et Marie de Monte, parias.

20 juin.

Antonio (Domingo) et Maria Manas.

20 juillet.

Monte (Urbano de) et Gentia de Rozario.

2 août.

Monte (Manoel de) et Marie de Rozario, parias.

4 octobre.

Ferrot (Antonio) et Marie, parias.

14 novembre.

Pedro (Adam) et Maria Hieronimo.

14 novembre.

Monte (Thomé de), paria, et Pascoale.

14 novembre.

Cruz (Laurenço de), de Negapatam, et Maria, paria.

Décès (1).

26 janvier.

Gainhou (Thomas), matelot du vaisseau *l'Agréable*, né à la Voullaye, près St.-Malo.

(1) Le nombre total des actes est de 16.

23 avril.

Le Hyre (Guillaume), soldat, du diocèse de St.-Malo.

11 octobre.

Colin (Jean), dit Tranche-Montagne, soldat, du diocèse de Vannes.

14 octobre.

Quemenhers (de), sous-marchand de la Compagnie, né à Brest.

20 octobre.

Volande (Marc), dit Beauséjour, anspessade de la Compagnie de M. Molinet, né à Pleumour, diocèse de Vannes.

ANNÉE 1702.

Naissances.

1ᵉʳ janvier.

Ribeiro (Jean),
fils de Jean Ribeiro et de Marie, parias.

9 janvier.

Barre (Marianne de),
fille de Barthélemy de Barre, Espagnol, et de Joane Norigne.
   Parrain : Barthélemy Cachar, sergent de la garnison, dit la Vigueur.

15 janvier.

Enou (Marie-Françoise),
fille de Vincent Enou, dit Espérance et de Marie Depons.
   Parrain : M. de Chaloage, premier conseiller de la Compagnie et juge de la forteresse.
   Marraine : Madame François-Martin.

19 janvier.

Alvez (François),
fils de Jean Alvez et de Ursule Pereira.

22 janvier.

Rozario (Anne de),
fille de Pedro de Rozario et de Joana de Cruz.

23 janvier.

Bastian (Abraham),
fils de Jean Bastian et de Maria de Rozario.

25 février.

Costa (Jean de),
fils de Nicolas de Costa et de d'Anne de Rozario.

27 février.

Rozario (Domingo de),
fille de Monté de Rozario et d'une gentille.

20 avril.

Aubert (Marie-Françoise),
fille de François Aubert et de Marie Caron.
Parrain : M. de Chalonge.

20 avril.

Albert (Jacques),
fils de Jacques Albert, chirurgien, et de Marie Mainferme.

20 avril.

Costa (Marie de),
fille de Pedro de Costa et d'Anna de Concircao.

27 avril.

Rozario (Dominga de),
fille de Francisco de Rozario et de Madeleine de Monté, gentils.
Parrain : Joseph Dagornac, soldat de la forteresse.

9 mai.

Lambert (Martha),
fille de Petro Lambert, de Batavia et d'une gentille.

1ᵉʳ juin.

Rozario (Maria de),
fille de Pedro de Rozario et de Catherine Pereira.

3 juin.

Silva (Philippe de),
fils de Pedro de Silva et de Nathalie de Silva.

4 juin.

Tarabilhon (Louis),
fils de Jean Tarabilhon, dit le Basque, de St.-Jean de Luz, et de Marie Floise, de Pondichéry.
Parrain : Louis Galliot, dit Latouche, capitaine de la caiche.

8 juin.

Monté (Madeleine de),
fille de Manoel de Monté et de Marie de Rozario.

8 juin.

Soza (Antonio de),
fils de Manoel de Soza, de Madras et d'Anna de Rozario.

18 juin.

Monté (Marie de),
fille de Thomas de Monté et de Pascala de Rozario.

29 juin.

Rozario (Joana de),
fille de Manoel de Rozario et de Catherine de Rozario.

16 juillet.

Daburon (Jean),
fils de Gaspart Daburon et d'Elisabeth.

6 août.

Rabouin (Marie),
fille de Pierre Rabouin, d'Oléron, et de Marie de Moraas, de Golconde.

8 août.

Rolland (Marie),
fille de Antoine Rolland, de Nantes et de Pétronille Fereira.

26 septembre.

Bastian (Manuel),
fils de Bastian, cuisinier à la loge et d'une gentille.

20 octobre.

Mathos (Antonio de),
fils d'Antonio de Mathos et d'Ursule de Mathos.

1er novembre.

Araine (Pierre),
fils de Jean Araine, de Souilla en Provence, et d'Antonia Fereira.
Parrain : Jean Baptiste Dole, soldat de la forteresse.

20 novembre.

Rozario (René de),
fils de Pedro de Rozario et de Damiana de Fretas.

Parrain: M Dublesel de Molinet, premier capitaine des troupes de la forteresse.

3 décembre.

CRESPIN (Manoël),
fils de Jean Crespin et d'Anna Baubia.

3 décembre.

ROZARIO (Elisabeth de),
fille de Pedro de Rozario et de Lucia.

8 décembre.

BASTIAN (Sebastien),
fi.s de Abraham Bastian et d'Antonia Passanha.

14 décembre.

ROZARIO (Marguerite de),
fille d'Antonio de Rozario et de Madeleine.

19 décembre.

GROUET (Paul),
fils de Paul Grouet, de Paris, et de Anna Fereira.

Mariages.

15 janvier.

OULA (Domingo) et Anna CORREA.

25 janvier.

JANSON (Abraham Bastian) et Antonia PASSANHA.

6 février.

CALDEIRO (Pedro) et Francisca.

21 février.

ROZARIO (Jean de) et Marguerite CORNOLLIS.

27 février.

RODRIGUEZ (Manuel Rodriguez de) et Suzanne de GRAÇA.

28 mai.

Pedro, soldat, et Anna, tous deux parias.

31 mai.

Grouet (Paul), né à Paris, fils de Georges Grouet et de Catherine Navare,

et Anna Fereira, née à Golgonde, fille d'Antoine Fereira et de Pascoala Alfonço.

8 août.

Monte (Lazare Manuel de), et Antonia Madeira.

29 août.

Estancelin (Pierre), né à Dieppe, fils de Pierre Estancelin et d'Anne Levasseur,

et Marie Dandrade, née à Madras, fille de Diego Ribeiro et de Gracia Dalmeïda.

4 septembre.

Martin (Antoine), né à Pontoise, fils d'Antoine Martin et de Marie de Bonneville,

et Mélisse Rabouin, fille de Pierre Rabouin et de Marie de Moraas, de Pondichéry.

18 septembre.

Gossart (Gérard), né à Gand, fils de Simon Gossart et de Marie Léonart,

et Dorothée Bernard, née au Bengale, gentille, fille de chambre de Madame la gouvernante.

2 octobre.

Rozario (Pedro de) et Anna de Lima.

2 octobre.

Rodriguez (Jean) et Maria de Rozario, gentille, de Golgonde.

9 octobre.

Forché (Pierre), né à Bourtrude, en Normandie, fils de Guillaume Forché et de Françoise Bannoisy,

et Dominga de Souza Cavanalho.

11 octobre.

HEREDIA (Maurice de), né à Merguy, fils de Joseph de Heredia et de Maria de Sylva,
et Nathalie de SOUZA, née à Madras.

27 octobre.

SUAVÈS (Antonio) et Marie de Freitas.

13 novembre.

ROUSSELET (Train), commis de la Compagnie, né à Vitry le François, fils de Claude Rousselet,
et Isabelle de SOUZA DE CARVALHO, née à Cochin.

15 novembre.

ROZARIO (Ignatio de) et Bastiane de ROZAIRE, gentils.

Décès (1).

14 janvier.

GUILHOU (Laurent), dit la Giroflée, soldat.

29 janvier.

DALNONSIO (Anselme), dit Lyonnais, soldat.

7 mars.

MALOT (Abraham), de Genève, armurier.

21 avril.

DEQUAY (François), de Paris, commis de la Compagnie.

3 juin.

MAURELET, armurier, engagé de la Compagnie.

(1) Le nombre total des décès est de 22.

8 août.

Trugon, de Lorient, matelot.

11 décembre.

Lyquaire (Francisca), fille de Louis Lyquaire, soldat et de Maria de Saa.

13 décembre.

Lyquaire (Antonia), femme d'un gentilhomme nommé Labourière, qui avait repassé en France, la laissant dans l'Inde.

19 décembre.

Henry (Laurent), dit Lafontaine, de Morlaix.

21 décembre.

Le Breton (Jean), de Morlaix, soldat.

ANNÉE 1703.

Naissances.

11 février.

Rozario (Marie de),
fille de Jean de Rozario, paria, et d'une gentille.

18 février.

Thomé (Louis),
fils de Thomé et de Marie, parias.

1ᵉʳ mars.

Xavier (Gabriel),
fils de Francisco Xavier et de Dominga de Rozario.

8 avril.

Rozario (Pascoala de),
fille de Thomé de Rozario et de Maria.

4 juin.

Rozario (Pierre de),
fils de Jean de Rozario, soldat, et de Maria, parias.

12 juin.

Monté (Andrade de),
fille de Francisco de Monté et de Francisca de Cruz.
Parrain : M. Simon de Resteau, sergent des troupes.

17 juin.

Gonzalvez (Gonzalvez),
fils de Christiano Gonzalvez et de Joanna.

18 juin.

Monté (Antonica de),
fille de Manoel de Monté et d'Antonia Madera.

21 juin.

PEREIRA (Simon),
fils de David Pereira et de Maria Pereira.

12 juillet.

Monté (Jean de),
fils de Salvador de Monté et de Dominga de Monté.

17 juillet.

CORREA (Catherine),
fille de Jean Correa, soldat, et de Dominga Passanha.

5 août.

PIERRE (Jean),
fils de Pierre, moço et de Nathalie le Torrès.

6 août.

ROZARIO (Joanna de),
fille de Pedro de Rozario et d'Anna de Limá.

7 août.

GOSSARD (Marie),
fille de Gérard Gossard et de Dorothée Bernard.

11 août.

ROZAIRE (Lucie de),
fille d'Augustin de Rozaire et de Pascala de Rozaire.

5 septembre.

TARABILHON (Paul),
fils de Jean Baptiste Tarabilhon et de Marie Condoué.
Parrain : M. Paul Grouet, bombardier.

6 septembre.

PIERRE (Jean),
fils de Pierre, moço et Nathalie Rodriguez.
Parrain : Jean Pierre, maître de la caiche.

7 septembre.

GONZALVEZ (Maria),
fille de Gérald Gonzalvez, trompette de la forteresse.
Parrain : M. Catel, capitaine de port.

21 octobre.

JENSON (Lucca),
fille de Gabriel Jenson et de Marie de Monté.

31 octobre.

Angelo (Jacobio),
fils d'Angelo, moço.

31 octobre.

Bruno (Brigitte Louise),
fille de M. Bruno.
Parrain : M. Demon, ingénieur.

1er novembre.

Rolland (Marguerite),
fille d'Antoine Rolland.

3 décembre.

Jean (Andrade),
fille de Jean, moço et de Francisca Coelho.
Parrain : Gérard Gossard, trompette de la forteresse.

7 décembre.

Bastian (Anne),
fille de Bastian, cuisinier de la loge.

11 décembre.

Rozaire (Anne Manoele de),
fille de Pierre de Rozaire et d'Hélène de Rozario.

17 décembre.

Fernandez (Dominga),
fille d'Antoine Fernandez et d'Anna.

18 décembre.

Rozario (Louis de),
fils de Laurenço de Rozario et de Maria de Rozario.

27 décembre.

Saint-Germain (Manoel Julien),
fils de M. Saint-Germain, pilote, et de sa femme Anna.

29 décembre.

Antonio (Marie),
fille d'Antonio, cuisinier de la loge et de Madeleine.

Mariages.

12 février.

Rolanto (Jean de), né au Bengale,
et Maria de Sylva, née à Madras, tous deux d'origine gentille.

18 février.

Decruz (Antoine), né au Bengale,
et Madeleine, tous deux de père et mère gentils.

18 février.

Rozario (Jean de), d'origine gentille, et Maria, paria.

18 février.

Galliot (Louis), dit Latouche, né à Vannes, fils de Mathurin Galliot et d'Etiennette Barbot,
et Françoise Le Bon, de Montmirail, fille de Germain Le Bon et de Sébastienne Coelho.

18 février.

Jean (François), de l'évêché de Lyon, fils de Gabriel Jean et d'Andrée Pannier,
et Apollonine Rabouin, fille de Pierre Rabouin et de Marie de Moraas.

19 février.

Resteau (Simon de), de l'évêché de Vannes, sergent, fils de Pierre de Resteau et de Jeanne Loriot,
et Maria Fereira, fille de Salvador Fereira et d'Anna Ribeiro, de Madras.

23 avril.

Pereira (Antonio), fils de Ignatio Pereira et de Maria Fernandez, parias,
et Barbara, de père et mère gentils.

23 avril.

Rozario (Jean de), fils de Pierre de Rozario, moço,
et Francisca de Coelho, fille de Manoel Coelho et d'Augustina de Grala, de Sadras.

30 avril.

Rozario (Domingo de), fils de Pedro Dalmeida de Rozario et de Lucia de Rozario,
et Marguerite de Souza.

7 mai.

Rodriguez (Jean), et Antonia, fille de père et mère gentils.

8 mai.

Arnould (Louis), de Biblipatam,
et Pauline de Rozario, de Tranquebar, fille de Jacob de Rozario et de Anna de Faria.

9 mai.

Passanha (Domingue), et Jeanne Figueira.

25 mai.

Mendoça (Louis de), de Tenasserim, et Anna de Rozario.

25 mai.

Belet (François), soldat, né à Oléron, fils de François Belet et de Françoise Charlot,
et Ursule, ... de Porto Novo.

29 mai.

Cruz (Manoël de), et Espérance de Sylva.

4 juin.

Rozario (Domingo de), paria,
et Marguerite Jambe, d'origine gentille.

5 juin.

Sylva (Manoël de), né au Siam,
et Louise Rodrigues, née à Golconde.

11 juin.

Ribeiro (Hieronimo), de Paliacatte, fils d'Antonio Ribeiro et de Satornilha de Costa,
et Suzanne d'Andrade, de Paliacatte, fille de Jean d'Andrade et d'Anna Antonio.

11 juin.

Rozario (Domingo de), et Maria de Sylva.

2 juillet.

Brunet (Claude), né à Bourges, fils de Louis Brunet et de Marie Laudes,

et Monique, d'origine gentille, née au Bengale.

30 juillet.

Lorrain (Pedro), fils de Paul Lorrain et de Monica Passanha, de Mazulipatam,

et Maria Gabriel, de Gingy, gentille.

30 juillet.

Montanza (Simon), et Catherine, tous deux d'origine gentille.

30 juillet.

Rozario (Pedro de), paria et Anna, gentille.

30 juillet.

Rozario (Sylvestre de), et Madeleine, de Conjimère, d'origine gentille.

31 juillet.

Torrez (Pascal de), de caste retty, et Maria de Monté.

2 août.

Costa (Jean de), d'origine gentille, et Maria de Rozario.

29 août.

Colar (Alexandre), et Julia de Monté.

Décès (1)

26 mars.

Raoul, major de la forteresse, tué à Goudelour où il était allé chercher deux déserteurs que les Anglais avaient fait arrêter. Son cheval se renversa sur lui.

(1) Le nombre total des actes de décès est de 22.

... avril.

Bourges (Jacques de), supérieur de la Mission et vicaire de l'évêque de Saint-Thomé, mort âgé de 72 ans dont 54 passés en religion.

17 mai.

Euzon, dit Lavouville, soldat, né à Ardes en Picardie.

17 juin.

Rozario (Manoel de), soldat topas, avait été mordu par un chien enragé.

5 août.

Mabin, dit la Joie, soldat.

24 août.

L'hyver (Jacques), soldat, né à Dunkerque.

29 août.

Thérond (Nicolas), dit Bouin, soldat, né en Normandie.

8 décembre.

Chalonge (Pierre-François), premier conseiller de la ville, né à Paris, mort à Madras.

11 décembre.

Le ... (François), dit Saint-Martin, né à Poitiers.

14 décembre.

Mainferme (Marie), femme de Jacques Albert, second chirurgien de la forteresse.

16 décembre.

Pierre, dit la Douceur, soldat, originaire du Quercy.

ANNÉE 1704.

Naissances.

6 janvier.

Colas (Dominique Félicien),
fils d'Alexandre Colas et de Louise de Monté.

8 février.

Siccaira (Thomé de),
fils de Louis de Siccaira et de Francisca Siccaira.

26 février.

Heredia (Joseph de),
fils de Mauricio de Hérédia et de Nathalie de Soza.

17 mars.

Rozaire (Antonica de),
fille de Dominique de Rozaire et de Marie de Silva.

17 mars.

Grouet (François-Paul),
fils de M. Grouet, bombardier.
Parrain : M. Flacourt, second de la ville.

20 mars.

Fourché (Marie),
fille de Pierre Fourché, sergent, et de Dominga de Souza Caravalho.

30 mars.

Arnou (François),
fils de Louis Arnou, soldat topas, et de Paula de Faria,

20 avril.

Rozaire (Marguerite de),
fille de Nicolas de Rozaire et de Isabelle de Rozaire.

14 mai.

Silva (François de Monté de),
fils de Domingo de Silva et de Maria de Cruz.

26 mai.

Souza (Etienne de),
fils de Manoël de Souza, caporal des topas, et d'Isabelle de Cruz.

28 mai.

Suarez (François),
fils d'Antonio Suarez et de Maria Freitas.

3 juin.

Brunet (Marie),
fille de Claude Brunet et de Maria Monique.

25 juin.

Francisco (André),
fils de Francisco et de Madeleine.

1er août.

Dalancas (Claude Ignace),
fils de Jean Dalancas, soldat.

21 août.

Rozario (Pedro de),
fils de Pedro de Rozario et d'Appolino de Monté.

22 août.

Ribeiro (Pierre),
fils de Marcelin Ribeiro.

26 août.

Frètes (Marie de),
fille de Manoël de Frètes et d'Anna de Sande.

26 août.

Pereira (Martha),
fille de Nicolas Pereira et de Annona.

27 août.

Dionisia (Louise),
fille de Dionisia, moça de M. Grouet.

23 septembre.

Costa (Francisca de),
fille de Pierre de Costa et d'Anna de Rozario.

28 septembre.

Cosson dit de Lalande (Antonia de),
fille d'Etienne Cosson dit de Lalande et de Nathalie Cocisla.

12 octobre.

Rozario (Thomé de),
fils de Manoël de Rozario et de Catherina de Roz.

13 octobre.

Lucrèce (Jean Baptiste),
fils de Lucrèce, moço de M. François Aubert.

26 octobre.

Rabouin (Bernard),
fils de Pierre Rabouin, l'aveugle, et de Maria de Moraas.

2 novembre.

Costa (Anna de),
fille de Pierre de Costa et de Jeanne.

3 novembre.

Monté (Dominga de),
fille de Christophe de Monté et de Joanna.

2 décembre.

Rodriguez (Joseph),
fils de Thomé Rodriguez et de Francisca Laida.

9 décembre.

Rozario (Thomé de),
fils d'Antoine de Rozario et d'Augustine Figuerida.

19 décembre.

Monte (Thomasia de),
fille de Isabelle de Monte, esclave de M. Cosson de Lalande.

23 décembre.

Madec (..........),
fille de Madec, cuisinier de la loge.

Parrain: M. Dardancour, conseiller du Conseil et Commissaire des troupes.

23 décembre.

Lescois (Louis Vincent),
fils de Louis Lescois, canonnier, et de Françoise Laube.
Parrain : Jullien Vincent Galliote, maître d'armes.

Mariages.

7 janvier.

Huet (Louis), armurier, né à Caen, fils de Louis Huet et de Catherine Martin,
et Catherine Marguerite Joguetto, d'origine gentille.

14 janvier.

Rodriguez (Pascal), né à Madras, fils de Domingo Rodriguez et d'Anna Pinheiro,
et Faustina de Monté, née au Bengale.

20 janvier.

Lescois (Louis), canonnier, fils de Gilles Lescois et de Jeanne Chausseblanche, né à Dussez, évêché d'Avranches,
et Françoise Laube, née à Madras.

4 février.

Sicaira (Bernardo de), fils de Francisco de Sicaira et de Jeanne, de Mazulipatam,
et Anna de Rozario.

13 août.

Canha (Jean de), fils de Domingo de Canha et de Francisca de Rozario, de Madras,
et Marie Satinha.

24 septembre.

Monté (Thomas de), fils de Thomé de Monté et d'Appollina de Rozario, de Négapatam,
et Francisca de Cruz.

30 septembre.

Paul (Claude), dit Rochefort, fils de Pierre Paul et de Gilette Jain, de l'évêché de Vannes,
et Appolline de Torrès.

30 septembre.

Bellet (François), fils de Jean Bellet et de Françoise Charlet, de l'Ile d'Oléron,
et Isabelle de Melle.

29 octobre.

Cotinho (Manoël), fils d'Antonio Cotinho et de Luzia Martins,
et Maria de Betankor.

23 novembre.

Rozario (Dominique de), et Thérèse Rodrigues, de nation télinga.

26 novembre.

Ferreira (Thomé), fils de Domingo Ferreira et de Thomasia de Canha,
et Francisca Pereira.

Décès.

6 janvier.

Madeira (Louise de), femme de Thomé Fereira, soldat topas.

7 janvier.

Blanche (Pierre), soldat, du diocèse de Vannes, « lequel, la nuit du 6 au 7, ayant eu quelque différend avec un de ses camarades et étant allé pour se battre à coups de poing avec lui, en fut tué d'un coup de bayonnette qu'il lui donna. »

9 janvier.

Pralon, dit Jolicœur, soldat, fut pendu pour avoir tué le soldat ci-dessus.

18 janvier.

Andrade (Philippa d'), fille de Lazare d'Andrade, âgée de huit jours.

24 janvier.

Martin (Thomas), matelot, né à l'Ile aux Moines.

24 janvier.

Legloire (François), dit Frappé, soldat.

25 janvier.

Lesenger (François), matelot du *Maurepas*, né à l'Ile aux Moines.

26 janvier.

Lussadon (Jean), dit Léveillé, soldat du *Maurepas*.

26 janvier.

...... (Pierre), né en Normandie.

31 janvier.

Le Moyse (Michel), quartier maître du *Maurepas*.

4 février.

Tobias (Julien), du Croisic, matelot du *Maurepas*.

7 février.

Limeau (Jean), né à Auray, matelot du *Maurepas*.

20 février.

Thomé, fils de Louis et de Francisca Lyqueira.

7 mars.

Souza (Pascoala de), femme de Manoël Cotinho.

5 avril.

Rozario (Pascoala de), femme de Thomé de Monte, soldat topas.

22 avril.

Sylva (François de),

25 avril.

Pinheiro (Jean de).

5 mai.

Finet (Pierre), dit Saint-Amand, flamand, soldat et tambour major de la garnison, lequel la nuit du 1er au 2 mai, ayant déserté pour aller à Conjimer, y fut tué comme aux portes par un soldat français, caporal du détachement, sur lequel il voulut s'avancer témérairement pour le saisir. Son corps fut conservé jusqu'au 5 pour des raisons connues des officiers.

10 mai.

Parisot (Suzanne), autrefois esclave de Nicolas Parisot.

16 mai.

Martin (Maria), veuve de Jean Rodrigués.

13 juin.

Jourdain (Joseph), dit Jourdaine, breton, soldat.

23 juin.

André, fils de Francisco et de Magdalena.

27 juin.

François, fils de père et mère inconnus.

12 juillet.

Soza (Etienne de), fils de Manoël de Soza et de Francisca de Monte.

15 juillet.

Monte (Francisca de), femme de Manoël de Soza.

18 juillet.

Harmand (Jean-Baptiste), dit le Parisien, de la paroisse de Saint-Jacques du Haut-Pas, à Paris, fils de François Harmand chirurgien et de Marie Anne Manaire.

24 juillet.

Un enfant inconnu.

5 août.

Un enfant de Manoël de Soza et d'Hélène de Monte.

8 août.

Jean François (Révérend Père), carme déchaussé, missionnaire apostolique en Perse et visiteur des couvents de leur ordre dans l'Inde.

8 août.

Un inconnu.

8 août.

Catherine.

30 août.

Mousnier ou Mounier (Charles), âgé de 22 ans, né à Silfiac barac, évêché de Vannes.

13 octobre.

STRATRO (Manuel), portugais.

16 octobre.

BONET (Bertrand), canonnier, né à Bordeaux, enterré à Ariancoupon.

19 octobre.

ARAINE (X...), fille de Jean Araine et de Antonia Fereira.

3 novembre.

RENAULT (Jean), soldat.

ANNÉE 1705.

Naissances.

17 janvier.

François,
fils d'Angelica, moça de Madame Boisdron.

16 février.

Germain (Pierre),
fils de M. Germain, pilote de la caiche, et d'Anna.

23 février.

Rozario (Appollonia de),
fille de Nicolas de Rozario et de Marie de Rozario.

30 mars.

Mendosa (Pierre de),
fils de Louis de Mendosa et d'Anne de Rozario.
Parrain : Pierre Ferrot, dit la Feuillade, sergent et commandant à la porte de Valdaour.

30 mars.

Alvez (Nathalie),
fille de Jean Alvez et d'Isabelle Pereira.

12 avril.

Crespin (René),
fils de Crespin, canonnier et d'Anna Bobia.

14 avril.

Forché (Vincent),
fils de Pierre Forché, dit Duquenel, sergent, et de Dominga de Soza de Caravalho.

15 avril.

Matos (Domingo de),
fils d'Antonio de Matos et d'Ursule de Matos.

20 avril.

Gossard (Ignatia),
fille de Gérard Gossard et de Dorothée Bernard.

22 avril.

Siqueira (Pascal),
fils de Louis Siqueira et de Maria Roland.

26 avril.

Souza (Dominga de),
fille d'André de Souza et d'Anna.

5 mai.

Fereira (Yves),
fils de Thomé Fereira et de Maria de Matos.

3 juin.

Fanoute (Marie Madeleine),
fille de Jean Fanoute, hollandais, et de Thomasia Dabres.

10 juin.

Jouhan (Marie),
fille de François Jouhan et d'Appoline Rabouin.

14 juin.

Grouet (Jean),
fils de Paul Grouet et d'Anna Fereira.
Parrain: Jean Samuel Labat, marchand de la Compagnie.
Marraine: Rosa de Castro, femme de M. Albert.

18 juin.

Cruz (Antonio de),
fils de Jean de Cruz et de Sabina.

3 juillet.

Pedro (Dominga),
fille de Pedro, moço, le jeune et d'Anna de Fretes.
Parrain: Jean Gaultier, caporal.

6 juillet.

Lima (Dominga de),
fille de Sébastien de Lima et de Catherine de Cestra.

6 juillet.
Siquaira (Anna),
fille d'Antonia Siquaira.

10 juillet.
Monté (Jean de),
fils de Francisco de Monté et d'Ignatia de Luz.

20 juillet.
Boisdron (Marie Claude),
fille de Pierre Boisdron et d'Ignatia Texeira.
Parrain : M. Labat, marchand de la Compagnie.

27 juillet.
Dalmeida (François),
fils de Mathieu Dalmeida et de Francisca Brandon.

3 août.
Tarabilhon (Pierre),
fils de Jean Tarabilhon et de Marie Condoué.

3 août.
Rozario (Pierre de),
fils de Jean de Rozario et de Maria.
Parrain : M. Latouche, maître d'armes.

8 août.
Coutinho (Catherine),
fille de Manoël Coutinho et de Maria de Bitancor.

18 août.
Bradehère (ailleurs Bradhays) (François Xavier),
fils de François Bradehere et Pascoale de Rozaire Pereira.

6 septembre.
Rolland (Rose),
fille d'Antoine Rolland et de Petronille Ferrère.

8 septembre.
Dabres (Marie),
fille de Gaspar Dabres et d'Isabelle ou Chericlay.

9 septembre.
Calderman (Jean),
fils d'André Calderman, soldat français, et de Sabine Francisqua.
Marraine : Catherine de Boutteville.

10 septembre.

Brunet (Claude François),
fils de Claude Brunet et de Maria Monica.

Parrain : M. Desprez, marchand de la Compagnie et conseiller.

Marraine : Madame Anna Desprez, femme de M. d'Ardancourt.

16 septembre.

Monté (Marie de),
fille d'Emmanuel de Monté et d'Antonia Meder.

20 septembre.

Rozario (Domingo de),
fils de Domingo de Rozario et de Theresia Rodriguez.

6 octobre.

Correa (Marie),
fille de Jean Correa et de Dominga Passanha.

Parrain : Pierre Bonnefont, chef du poste Saint-Louis.

10 octobre.

Costa (François de),
fils de Bastian de Costa et de Marguerite de Monté.

21 octobre.

Genzon (Pierre),
fils de Gabriel Genzon et de Suzanne de Monté.

22 octobre.

Ce jour, a été bénite la cloche du fort de Pondichéry, faite et fondue par les soins de M. Denis de Nyon, ingénieur.

Ont été parrain et marraine : François Martin, Chevalier de l'ordre de Saint-Lazare, Gouverneur de Pondichéry, et Directeur Général de la Compagnie Royale de France aux Indes, et Madame Marie Cuperly, sa femme.

Le nom de Marie François fut donné à la cloche.

28 octobre.

Rozario (Scolastique),
fille de Sylvestre de Rozario et de Francisca de Soza.

5 novembre.

Pedro (Antonia),
fille de Pedro, moço, et de Nathalie Torres.

23 novembre.

Scipion (. . . . . . .),
fils de Scipion et de Dorothée.

14 décembre.

Rozario (Pierre de),
fils de Domingo de Rozario et de Marguerite de Rozario.

18 décembre.

Botz (Catherine),
fille de Francisco Botz et de Maria.

27 décembre.

Rozario (Thomasia de),
fille de Thomé de Rozario et de Maria de Costa.

31 décembre.

Lima (Nathalie de),
fille de Pascal de Lima et de Maria de Rozario.
Parrain: Nicolas Le Couvreur, soldat français.

Mariages.

2 février.

Monté (Pédro de), et Anna de Souza, gentils.

10 février.

Rozario (Jean de), et Anna de Monté, d'origine gentille.

22 février.

Ardancourt (Claude Boyvin d'), conseiller au Conseil Souverain de Pondichéry, fils de Charles Boyvin d'Ardancourt, gentilhomme ordinaire de la grande Fauconnerie de France, et de demoiselle de Label,

et Agnès Desprez, de Paris, fille de Michel Desprez, bourgeois de Paris, et de Agnès Martin.

Mariage célébré par Monseigneur Marin, évêque de Tylopolis, vicaire apostolique.

22 février.

La Prévostière (André Pierre Prévost de), secrétaire du Conseil Souverain, fils de Pierre Prévost de la Prevostière, marchand, bourgeois de Paris, et de Marie Anne de Savigny,

et Marie Anne Desprez, fille de Claude Desprez et de Suzanne Dattye.

Mariage célébré par Monseigneur Marin, évêque de Tylopolis, vicaire apostolique.

23 février.

Soa (Manoël de), et Catherine de Rozario, gentils.

20 avril.

Royer (Jean), né à Nantes, fils de François Royer et de Françoise Diochette,

et Elisabeth Pereira, de Négapatam.

22 mai.

Laurent (Jean André), né à Copenhague, fils de Laurent Pierre et de Gertrude Laurence,

et Marie Bernard, du Bengale, gentille.

25 mai.

Vincent (Georges), et Marie Isabelle, tous deux originaires du Bengale, et esclaves de M. Catel.

2 juin.

Manas (Jean), fils de Manas Sarvas et de Maria Manas, et Thomasia de Monté.

8 juin.

Collas (Antonio de), fils d'Antonio de Collas, et de Manoële de Souza,

et Marie Vaz de Fretaz.

22 juin.

Parlot (Pierre), soldat, né à Paris, fils de Jean Parlot et d'Elisabeth Parlot,

et Marie Rose Robelle, de Sadras.

17 août.

Maurice, paria, et Madeleine, gentille.

12 septembre.

SILAIRE (Francisco de), malabar, né à Paliacatte, nouvellement baptisé et fait topas,

et Marie de Rozario.

12 septembre.

ROZARIO (Jean de), né à Paliacatte, fils de Francisco de Rozario et de Lucie de Rozario,

et Marie de Rozario, née à Paliacatte.

14 septembre.

JACOB (Gregoire), et Angelica de ROZAIRE, esclaves de M. Boisdron.

14 septembre.

COSTA (Manoël de), et Lucia de ROZARIO.

6 octobre.

CADOT (Charles), du Til, archevêché de Tours, fils d'Etienne Cadot et d'Elisabeth Mascarin,

et Catherine MENDEZ, fille d'Ignatio Mendez.

19 octobre.

CORDEIRA (Antonio Rodriguez), né aux Algarves, en Portugal,

et Jeanne de BITANCOR, née à Madras, fille de Francisco de Matas Faria et de Catherina Pexota.

25 octobre.

COSTA (Simon de), et Catherina de ROZARIO, gentils.

12 novembre.

CONHA (Xavier de), fils de Diégo de Conha et de Cécilia de Rozario,

et Pascala de JAVIAN, d'origine gentille.

23 novembre.

CRUZ (Laurent de), fils de Laurenço de Cruz et d'Ignatia Pereira, de Négapatam,

et Antonia PACHEICA.

Décès.

2 janvier.

Auzeau (Jean), né à Hennebon, mort à bord du brigantin l'*Olivier*.

3 janvier.

Garmache (Antoine), homme du pays et soldat de la garnison.

9 janvier.

Clouet, ancien chirurgien sur les vaisseaux de la Compagnie.

10 janvier.

Rozario (Antonio de), autrefois soldat de la forteresse.

17 janvier.

Rozario (Catherine de), femme de Thomé de Rozario, femme blanche, venue de Tranquebar.

19 janvier.

Ka... (Joseph), né en Bresse, matelot du vaisseau l'*Aurore*.

19 janvier.

Le Bon (Joseph), né à Saint-Moléon, près Saint-Malo, matelot de l'*Agréable*.

20 janvier.

Cosson de Lalande (Antonia), âgée de quatre mois, fille de Cosson de Lalande.

20 janvier.

Louet (Pierre), né à Brest, matelot de l'*Aurore*.

... janvier.

Le Mouneau (Jean), soldat de la Compagnie de M. Molinet.

23 janvier.

Tabourel (Pierre), né à Auray, matelot de l'*Agréable*.

23 janvier.

Martins (Louise), née à Madras, femme de Salvador Messian.

24 janvier.

Le Marchand (Germain), né à Quiberon, matelot de l'*Agréable*.

2 février.

Chartrin (Pierre), soldat.

3 février.

Trevet (Nicolas), né à Argentan, garde marine sur la *Mutine*, commandée par M. Dudresnay.

3 février.

Geoffroy, né en Normandie, pilote de l'*Aurore*.

11 février.

Molinet, capitaine des troupes.

16 février.

Costa (Pascoëla de), de caste bengalle *(sic.)*.

25 février.

Un enfant d'Antonio, âgé de six mois.

25 février.

Alay (Jaques), matelot, du diocèse de Dinan.

26 février.

.... (Antonio), né en France, matelot.

27 février.

Sylva (Suzanne de), femme de Simon de Sylva.

2 mars.

Pierre (Jean), fils de Pierre, moço, le jeune, âgé d'environ 2 ans.

21 avril.

Bot...(Pedro), soldat venu de Thevenepatnam.

10 juin.

Quintual (... de), femme de Francisco de Quintual, soldat topas.

12 juin.

Comper (Yver), du diocèse de Vannes, soldat de la Compagnie de M. de Lygondé.

15 juin.

Le Preux (Antonio Gonzalvez).

20 juin.

Arrede (Joseph d'), âgé d'un an et demi, fils de Mauricio d'Arrede.

17 juillet.

Henry (Guillaume), canonnier, né à Ploërmel.

23 juillet.

La Marre (Vincent), soldat, né à Lominée, diocèse de Vannes.

21 août.

Concircan (Jean), cafre.

28 août.

Blois (... dit), soldat, né à Cour près Blois, avait déserté le dimanche précédent, fut condamné à mort et exécuté.

6 septembre.

Antonica.
L'enfant d'un topas.

8 septembre.

Montreal (Jean-François), caporal, né à Chambéry.

12 septembre.

La femme d'un topas.

20 septembre.

Une femme cafre.

24 septembre.

Une enfant mort-née, fille d'Antonio, canonnier.

29 septembre.

Un enfant d'environ deux mois, fils de Dubois, canonnier.

3 octobre.

Dominga, veuve.

10 octobre.

Paule (François), soldat, né à Aix en Provence.

17 octobre.

Le Coïours ou Couïours (Louis), né à Landevant, diocèse de Vannes, soldat de la Compagnie de M. de Chardonneau,

29 octobre.

Rozario (Scolastica de), âgée de huit jours, fille de Joseph de Rozario.

2 décembre.

Le fils d'un topas, âgé de neuf mois, mort de la bichique ou petite vérole.

6 décembre.

Une femme âgée d'environ 50 ans, morte subitement.

6 décembre.

Legrand (Jacques), né à Honcourt, diocèse d'Amiens, chef du poste de la porte de Madras.

19 décembre.

Bonnefond (Raymond de), né en Gascogne, soldat de la Compagnie de M. de Chardonneau.

ANNÉE 1706.

Naissances.

11 janvier.

Soza (... de),
fille de André de Soza et d'Anna de Rozario.

18 janvier.

Dor (Marie),
fille de Jean Baptiste Dor, soldat, et de Marie Mendez.

24 janvier.

Bolet (Pierre),
fils de François Bolet, canonnier, et d'Isabelle de Mello.

24 janvier.

Heredia (Jean de),
fils de Maurice de Heredia et de Nathalie Vaz de Souza.

3 mars.

Pereira (......),
fils de Antonio Pereira et de Barbara.
Parrain : Guillaume Nicolas Flamant, soldat.

5 avril.

Estancelin (Jean),
fils de Pierre Estancelin et de Marie Feria d'Andrade.

18 avril.

Hardancourt (François Charles d'),
fils de Claude Boyvin d'Hardancourt, conseiller, et d'Agnès Desprez.
Parrain : Pedro Sacaria, marchand arménien, demeurant à Madras.
Marraine : Madame François Martin.

22 avril.

Boutteville (François Marie de),
fils de M. de Boutteville, capitaine, et de Catherine Thuart.

Parrain : M. François Flacourt, second de la forteresse et juge de Pondichéry.

Marraine : Madame de la Prévostière.

19 mai.

Christople, enfant illégitime.

21 mai.

Severain (Agnez),
fille de M. Severain et d'Isabelle de Soza Caravalho.

Parrain : M. de Ligondé, capitaine.

Marraine : Agnès Desprez, femme de M. d'Hardancourt.

31 mai.

Guillaume (Elizabeth),
fils de Guillaume, soldat anglais, et de Fleurianne.

2 juin.

« Madame Dupleix ».

Aujourd'hui, 2 juin 1706, j'ai baptisé une fille nommée Jeanne, fille de Monsieur Jacque Théodore Albert et de dame Elisabeth Rose de Castro, ses père et mère, ont été parrain Monsieur François Cuperli, marchand de la Royale Compagnie de France et marraine Madame Jeanne de Castro (1).

Singné : F. Thomas, cap. m. apost.

4 juin.

Fonseca (Marie de),
fille de Pierre de Fonseca et de Madeleine.

7 juin.

Rozario (Jean de),
fils de Domingo de Rozario et de Maria de Silva.

17 juin.

Pereira (Madeleine),
fille de David Pereira et de Marie de Rozario.

9 juillet.

Claude (Marie),
fille de Claude Paul François, soldat, et d'Appoline Mosse.

10 juillet.

Rozario (Elizabeth de),
fille de Pedro de Rozario et de Catherine Pereira.

---

(1) Dans les actes originaux, l'acte est inscrit entre le 7 et le 9 juin.

11 juillet.

MARTIN (Jean),
fils d'Antoine Martin et de Marie Rabouin.

14 juillet.

LOPÈS (Vincent),
fils de Domingo Lopès et de Madeleine Domingue.

4 août.

JOLLAIN (Marie),
fille de Jacques Jollain et de Louise Madère.

5 août.

RIBEIRO (Antoine),
fils de Jerôme Ribeiro et de Suzanne d'Andrade.

12 août.

ARAINE OU ARÈNE (Antonio),
fils de Jean Araine et de Antonique Ferreira.

13 août.

SOUZA (Dominique de),
fille de Francisque de Souza et d'Ignatia Pereira.

13 août.

FEIREIRO (Francisca),
fille de Thomas Feireiro et de Marie de Mathe.

26 août.

ROZARIO (Marie de),
fille de Pierre de Rozario et d'Appoline.

5 septembre.

MONTÉ (Rosa de),
fille de Cristophe de Monté et d'Anna de Rozaire

8 septembre.

FRETE (Jeanne de),
fille de Manuel de Frete et d'Anne de Saude.

20 septembre.

SUAREZ (Philippe),
fils d'Antonio Suarez et de Maria de Fretas.

25 septembre.

MARIE ANNE, enfant illégitime.

29 septembre.

GABRIEL, enfant illégitime.

2 octobre.

LA GRELODIÈRE (Jean-François),
fils de La Grelodière, chef du poste d'Ariancoupom et de Marie de Boussac.
Parrain : Michel François de Choranville.

7 octobre.

GAUSSART (Rosa),
fille de Gérard Gaussart, trompette, et de Dorothée Bernard.

14 octobre.

CELSE (Antonia de),
fille d'Antoine de Celse et de Marie de Fretas.

18 octobre.

PAILLE (Catherine de),
fille de Gaspard de Paille et de Marie de Rozario.

24 octobre.

COSSON DE LALANDE (Etienne),
fils d'Etienne Cosson de Lalande (de Saint-Denis d'Anjou),
et de Nathalie Lobe de Quintal. (ailleurs, 28 septembre 1704, on lit Nathalie Coeisla).

3 novembre.

LEROND (Anne),
fille de Mathieu Lerond et de Gabrielle Rodrigues.
Parrain : Pierre Daubigni.

3 novembre.

CRUZ (Marthe de),
fille de Laurent de Cruz et d'Antonia Panchaque.

10 novembre.

ROZARIO (Jeanne de),
fille de Joseph de Rozario et de Francisca de Souza.

10 novembre.

LECOURS (Rose),
fille de Louis Lecours et de Françoise Laubo.

... novembre.

ELISABETH,
fille de Antoine et de Madeleine.

14 novembre.

Costa (Thérèse de),
fille de Pedro de Costa et d'Anna de Conzes.

19 novembre.

Rozario (Maria de),
fille d'Augustin et de Pascala de Rozario.

23 novembre.

Cruz (Marie de),
fille d'Antoine de Cruz et de Francisca de Rozario.

17 décembre.

Ribeiro (Francisca),
fille de Manuel Ribeiro et de Marie de Rose.

27 décembre.

Calliot (Ignace),
fille de Jean Baptiste Calliot et de Marguerite Carlos.

28 décembre.

Pereira (Thomasia),
fille de Nicolas Pereira et d'Anne.

Mariages.

26 janvier.

Damilaville (Claude), de Guerny, diocèse de Rouen, fils de Charles Damilaville et de Catherine Saint-Paul, de Rouen,
  et Charlotte Marie, du Bengale, gentille.

7 février.

Cailho (Jean), de Marseille, fils de Pierre Cailho et de Marguerite Tharon,
  et Marguerite Carni, de Madras, fille de Daniel Carni et de Anne Figueira.

12 avril.

Bourginon (Guillaume Nicolas), de Tournay, fils de Nicolas Bourginon et de Barbe Marie,
  et Marie Corneille, fille de Goze Corneille et d'Ursule de Rozaire.

12 avril.

Ozou (Jean), né à Haarlem, fils de André Ozou et de Marguerite Dubois,

et Marie Bruel, fille d'Henri Bruel.

12 avril.

Beuvet (Claude), de Morlaix, fils de Claude Beuvet et de Jeanne Claudine de la Haye,

et Marie Carle, de Madras, fille de David Carle et d'Anne Figueira.

27 mai.

Vaz (Antonio), fils de Thomé Vaz et de Marie Var,
et Louise de Monté.

1er juin.

Rozario (André de), né à Sadras, gentil,
et Marie Vaz, née à Saint-Thomé, fille de Pedro Vaz et d'Aurélie de Rozario.

7 juin.

Monté (Thomé de), né à Sadras, gentil,
et Maria de Monté, née à Saint-Thomé, fille de Paul de Monté et de Philippa de Monté.

7 juin.

Cruz (Laurenço de), gentil, et Pascala de Lima, fille de gentils.

7 juin.

Monté (Laurenço de), né à Paliacatte, fils de gentils
et Gratia ...., née à Paliacatte, fille de gentils.

14 juin.

Pereira (Diego), né à Saint-Thomé, fils de Pascal Pereira et de Jeanne,
et Anne, née à Sadras, fille de Jean et d'Anna.

8 juillet.

Costa (Henrique André de), né à Coëlan, topas, fils de Henrique de Costa et de Jeanne d'Andrade,
et Maria, fille de gentils.

8 juillet.

CRUZ (Jean de), fils de Jean de Cruz et de Thomasia,
et ANTONIA, fille de gentils.

26 juillet.

ROZARIO (Gabriel de), né au Bengale, fils de gentils,
et Francisca COELHO, née à Sadras, fille de Manuel Coelho et
d'Augustine de Grace.

27 juillet.

COGNAS (Diogo de), né à Porto-Novo, fils de Gaspard de
Cognas et de Cécilia Diers,
et Jeanne de ROZARIO, fille de gentils.

27 juillet.

CARDOZO (Bento), et Dominga DALMEIDA.

3 août.

ROZARIO (Fernando de), né à Mozambique, fils de gentils,
et Maria SUAREZ, née à Sadras.

5 août.

ROZARIO (Françisco de), né au Bengale, fils de Joseph de
Rozario et de Marie Pereira,
et Folviana GONZALVÈS, née à Tranquebar.

25 août.

QUINTUAL (Francisco de), né à Goa, fils de Fabien de Quintual et d'Adrienne Machado,
et Ignatia de SOUZA, fille de Philippe de Souza et de Petronille de Mello.

27 septembre.

VENDRESSÈRE (Jean), né à Lille, fils d'André Vendressère,
et de Marie d'Alfado,
et Marie LOBE, née à Tranquebar, fille de Vincent Lobe et de
Dorothée d'Almeida.

30 septembre.

ROZARIO (Thomas de), né à Negapatam, fils de Thomé de
Rozario et de Assencia de Rozario,
et Leonarde de BRITTO, née à Tranquebar, fille de Jean de
Britto et de Marie de Rozario.

3 novembre.

Rodrigue (Jean Baptiste), né à Gènes, fils de Nicolas Rodrigue et de Bernarde Castel,

et Dominga Ribeiro Caravalho, née à Madras, fille de Diego Ribeiro et de Gracia d'Almeida.

25 novembre.

Henrique (André), né à Coilon, et Catherine de Mota, née à Ganjam.

27 décembre.

Boret (Simon), et Maria de Costa, fille de gentils.

Décès.

29 janvier.

Ferreira (Yves), âgé de neuf mois, fils de Thomé Ferreira et de Maria de Mattha ou Matos.

4 mars.

Rabouin (Pierre), français.

9 mars.

La Douceur, soldat, né à Gien.

10 mars.

Une enfant topas de deux ans, morte de la petite vérole.

12 mars.

La femme d'un topas.

15 avril.

Vicqueur, soldat de la Compagnie de M. Trèmes, né en Normandie.

11 mai.

Un enfant de cinq à six ans, fils de Manoël de Souza, président de la confrérie du rozaire.

12 mai.

Montagne, topas, caste paria.

1er juin.

Souza (Antonia de), mère de Manoël de Souza.

14 juin.

Le fils d'un topas, âgé de 9 mois.

16 juin.

Un enfant de trois semaines, fils de Domingue de Rozaire.

17 juin.

Un enfant de quatre ans, fils de Manoël de Monte.

20 juin.

Le Vellery (Charles), soldat, né à Guémené.

23 juillet.

Andrade (Anne d'), née à Paliacatte.

2 août.

Neveu (Claude), né à Rouen, fut trouvé noyé dans la rivière d'Ariancoupom.

5 septembre.

Péan (Pierre), soldat.

30 septembre.

La Grenandière (Madame), femme du chef de poste d'Ariancoupom. (1)

12 octobre.

Estancelin (Jean), âgé de 6 mois, fils du Pierre Estancelin, surnommé l'Espérance et de Marie d'Andrade.

22 octobre.

Henriques (Madame André), femme d'un soldat topas.

22 octobre.

Filiatre (Denis), dit Châteauneuf, soldat, né à Châtellerault.

---

(1) Madame La Grenandière fut enterrée dans la nouvelle Eglise N.-D. des Anges. C'est la première fois qu'il est fait mention de cette église. Précédemment les enterrements de notables européens se faisaient dans l'Eglise Saint-Lazare, dite encore église des Malabars, les autres dans le cimetière de la forteresse.

4 novembre.

Mendoza (Pierre de), fils de Louis de Mendoza et de Anna de Rozario.

8 novembre.

Costa (Gabriel de), fils de Pedro de Costa et de Anna, enfant.

12 novembre.

Ribeiro (Antonio), fils de Hieronime Ribeiro et de Suzane d'Andrade, enfant.

12 novembre.

Rozario (François-Xavier de), fils de Petro de Rozario et de Anna.

14 novembre.

Un enfant de ... Louis, canonnier.

3 décembre.

Saude (Anna de), femme de Manoël de Frète.

29 décembre.

Rozaire (Thomasia de), âgée d'un an environ, fille de Thomas de Rozaire et de Marie de Rozaire.

31 décembre.

François Martin.

Aujourd'hui, le 31 décembre, j'ai enterré dans la forteresse du Fort Louis de Pondichéry, Monsieur François Martin, chevalier, général et gouverneur de Pondichéry, après avoir reçu tous les sacrements de l'Eglise. Pondichéry lui a l'obligation de ce qu'il est aujourd'hui (1).

Signé : P. Laurent d'Angoulesme, Capucin, missionnaire apostolique et custode indigne.

---

(1) Cette dernière phrase est d'une autre écriture et a manifestement été ajoutée ultérieurement, mais peu de temps après le décès de François Martin.

ANNEE 1707.

Naissances.

11 janvier.

Rozario (Julien de),
fils illégitime de Natalia de Rozario.

12 janvier.

Jacob (Pierre),
fils de Grégoire Jacob et d'Angélique, esclave de M. Bodron.

26 janvier.

Souza (Pierre de),
fils de Manuel de Souza et de Catherine.

29 janvier.

Rozario (Louise de),
fille de Thomé de Rozario et d'Espérance de Costa.

30 janvier.

Nicolas (François),
fils de Guillaume Nicolas et de Marie Corneille.

2 février.

Rozaire (Domingo de),
fils de Nicolas de Rozaire et de Maria de Rozaire.

13 février.

Lima (Thomas de),
fils de Bastien de Lima et de Catherine Fesles.

19 février.

Grouet (Charles),
fils de Paul Grouet et de Anne Fereiro.

3 mars.
Monté (Francisca de),
fille de Salvador de Monté et de Dominga de Monté.

7 mars.
Rozaire (Antoine de),
fils de Manuel de Rozaire et de Catherine de Rozaire.

20 mars.
Crespin (Jean-Joseph),
fils de Jean Crespin et d'Anne Bobia.

22 mars.
Monté (Manuel de),
fils de Salvador de Monté.

1er avril.
Lopès (Antoine),
fils de Marie Lopès.

25 avril.
Coelhe (Marie),
fille de Francisque Coelhe et de Gabrielle de Rozario.

3 mai.
Sicaira (Joseph de),
fils de Louis de Sicaira et de Francisca Sicaira.

4 mai.
Lopès (Gracia),
fille de Jean Lopès et de Anne de Rozario.

4 mai.
Alvès (Pierre),
fille de Jean Alvès et d'Ursule Pereira.

15 mai.
Silva (Madeleine de),
fille de Domingue de Silva et de Gibère Tisseire.

22 mai.
Dominique, illégitime.

3 juin.
Bastian (Nicolas),
fils d'Abraham Bastian et d'Antonia Passana.

7 juin.
Scareremond (Barbe),
fille d'Andrisque Scareremond et de Sabine François.

12 juin.

Rozario (Jean Baptiste de),
fils de Domingo de Rozario et de Thérèse de Rodrigues.

26 juin.

Matos (Brigitte de),
fille de Manuel de Matos et de Louise Royer.

27 juin.

Tarabillon (Marie),
fille de Jean Tarabillon et de Marie Condoué.
Parrain : Nicolas Catelouse, lieutenant et maître canonnier.

9 juillet.

Rozario (Dominga de),
fille de Jean de Rozario et de Marie de Pailla.

27 juillet.

Mandoza (Jean de),
fils de Louis de Mandoza et d'Anna de Rozario.

3 août.

Heredia (Jeanne de),
fille de Mauricio de Heredia et de Nathalie Vas.
Parrain : De Chardonneau, capitaine.

7 août.

Rozario (François de),
fils de Pierre de Rozario et d'Anna de Rozario.

18 août.

François,
fils de Maria, esclave de M. Crespin.

2 septembre.

Rozaire (Pierre de),
fils de Pierre de Rozaire et de Louise de Rozaire.

2 octobre.

Florence,
fille d'un esclave de M. Flacourt.

13 octobre.

Rozario (Anne de),
fille de Domingo de Rozario et de Maria de Souza.

13 octobre.

Parlot (Marianne),
fille de Pierre Parlot et de Marie Ribeiro.

19 octobre.

Le Coues (Elisabeth),
fille de Louis Le Coues et de Françoise Lobo.

20 octobre.

Andrade (Francisca d'),
fille de François d'Andrade et de Maria Caravalho.

26 octobre.

Bodron (Jeanne),
fille de Pierre Bodron et d'Ignatia Tesser.
Parrain : Olivier Pichot de Tremes ou Tremais, capitaine de la Compagnie.

29 octobre.

Buret (Nicolas Charles),
fils de Charles Buret et de Maria Carle.
Parrain : M. Nicolas Manouchi, ci-devant médecin de Cha Alem, fils aîné d'Aureng Zeb.

3 novembre.

Cruz (Catherine de),
fille de Jean de Cruz et de Sabine de Rozario.

7 novembre.

Almeide (Bastien d'),
fils de Bastien d'Almeide et d'Espérance de Rozaire.

10 novembre.

Galliot (Maria),
fille de M. Galliot, dit Latouche, capitaine du *Miron*, bâtiment de la Compagnie, et de Françoise Lebon.

12 novembre.

Brunet (Jean),
fils de Claude Brunet, maître d'hôtel du gouverneur, et de Maria Monica.

12 novembre.

Quintual (Marie de),
fille de Francisco de Quintual, soldat, et d'Ignatia de Souza.

1er décembre.

Pereira (André),
fils de Antoine Pereira et de Barbe Pereira.

3 décembre.

Borges (André),
fils de Siméon Borges et de Marie de Costa.

11 décembre.

Bradhays (Marie),
fille de François Bradhays et de Pascala de Rozaire.

21 décembre.

Dulivier (Jean Baptiste),
fils de Pierre Dulivier, gouverneur de Pondichéry, et de Françoise Moisy.

Parrain : M. de Boissier, commandant des troupes.
Marraine: Madame Vve François Martin.

24 décembre.

Fernandez (Maria),
fille d'Antonio Fernandez et d'Anna.

24 décembre.

Monté (Yves Noel de),
fils de Manuel de Monté et de Marie de Rozaire.

28 décembre.

Monté (Manuel de),
fils de Thomé de Monté et de Francisca de Cruz.

Mariages.

24 janvier.

Albert (Louis) et Louise de Rozario.

7 février.

Legalais (Julien), fils de Laurent Legalais et de Jeanne Mordreu,
et Thomasia Pachèque, de Saint-Thomé, fille de Louis Pachèque et de Thomasia Pigner.

21 février.

Penpoullo (Nicolas), de l'évêché de Vannes,
et Anne Caravaille, fille d'Antoine Caravaille et d'Antonia de Rozario.

28 février.

Cordeiro (Jean) et Maria de Rozario, fille de père gentil et de mère chrétienne.

22 mars.

Costa (Paul de) et Marie Cretta.

16 mai.

Rodriguez (Pascal) et Antonica Siqueira.

8 juin.

Borges (Antoine) et Dominga Fereire.

20 juin.

Mogredien (Pierre), né à Amiens, fils de Jean Mogredien et d'Anne Bangel,
et Marie Carron, née à Saint-Paul (Ile Bourbon), veuve de François Aubert, fille de Louis Carron et de Monique Pereire.

27 juin.

Rozario (Pierre Manuel de), fils de Manuel de Rozario et de Suzanne de Rozario,
et Marthe Gonzalvès, fille d'Augustin Gonzalvès et de Catherine de Rozario.

10 juillet.

Hysset (Jean), né en Bretagne, fils de Jean Hysset et de Jeanne Gauter,
et Dorothée Martins, fille de Jean Martins et de Marie Lopez.

1er août.

Sylva (Francisco de), né à Saint-Thomé, fils de Thomé de Sylva et d'Anna,
et Francisca d'Almeida, née à Saint-Thomé, fille de Jean d'Almeida et de Maria de Rozario.

3 août.

Ribeiro (Thomé), né à Saint-Thomé, fils de Espéranço Ribeiro et de Francisca de Zalada,
et Thomasia de Rozario, de Golconde.

8 août.

Le Blanc (Robert), né à Dublin, fils de George Blanc et de Jeanne Quesbrocque,
et Ignacia Barié, fille de Jacques Barié et d'Ignatia Téxeida.

26 septembre.

Passagne (Gabriel) et Félicia de Canua.

7 novembre.

Mendoça (Pedro de) et Isabelle de Souza.

Décès.

15 janvier.

Sica (Francisca), veuve.

16 janvier.

Michelet (Claude) dit Beaupré, né à Lyon, sergent de la Compagnie de M. Pourville.

28 janvier.

Lepinez (Julien de), né à Vannes.

3 février.

Un enfant mort né.

5 février.

Rozario (Domingo de), fils de Nicolas de Rozario et de Marie de Rozario, enfant.

7 février.

Un esclave, de M. Joly, chirurgien, âgé de 12 ans.

2 mars.

Moran (François), âgé d'environ 40 ans, né en Provence.

7 mars.

Caravailho (Francisca), veuve de M. Severin et belle-mère de Duquesnel.

17 mars.

Freta (Marthe de), femme de Barthélemy de Souza,

18 mars.

Fogo (Caralo).

20 mars.

Bernard, enfant, fils de père et mère gentils.

25 mars.

Fonda (Helena), femme de Pierre Rierra, canonnier.

... mars.

Ardancourt (Charles François d'), âgé d'environ 15 mois, fils de M. d'Ardancourt, conseiller de la Compagnie.

16 avril.

Joanny (Paul), matelot, né à la Guadeloupe.

17 avril.

Vendressère (Jean), né à Bourbon, fils d'André Vendressère et de Marie d'Alfado.

18 avril.

Lebre (Marie), femme de Jean Lébre ou autrement Jean de Rozario.

27 avril.

Un enfant, nommé Antoine, fils d'Anna.

9 mai.

Dupré (Madame), femme d'un commis de la Compagnie.

28 mai.

Rague (Madame).

17 juin.

Lopez (Jean), soldat.

24 juin.

Cadost (Elisabeth), âgée de quatre jours.

7 juillet.

Couet (Antoine), né à Brignolles.

15 juillet.

CHARLES (Alexis), né à Paris, soldat de la Compagnie de M. de Ligonès.

26 juillet.

Une moça de Madame Boutteville.

1ᵉʳ septembre

JACOB (Laurent), flamand, soldat, fut enterré sur le bord de la rivière d'Archivac, où il s'était noyé.

15 septembre.

ROZARIO (Antonia de) âgée de 40 ans, femme d'Antonio de Rozario.

16 septembre.

BASTIANE, femme d'un soldat nommé Ignace.

17 septembre.

Un enfant d'origine inconnue.

19 septembre.

ROZAIRE (François de), âgé de 5 ans, fils de Manoël de Rozaire et de Marie de Rozaire.

25 septembre.

BONNEFOND (Nicolas), caporal français.

15 octobre.

PEREIRA (Madeleine), âgée d'un an, fille de David Pereira et de Marie Pereira.

24 octobre.

ROZARIO (Pierre), âgé d'un an, fils de Dominique de Rozario et de Guida de Rozario.

4 novembre.

ROZARIO (Thomé de), âgé de 4 ans, fils de Pedro de Rozario et de Lusique de Monte.

9 novembre.

RODRIGUEZ (Madame Antonio), femme d'un portugais.

13 novembre.

RAGUÉ, né à Paris, engagé de la Compagnie.

25 novembre.

Un enfant de 5 à 6 mois, fille d'une moça, aya (1) de la fille de M. Albert.

28 novembre.

Rotrou, chef du poste de la porte de Madras.

11 décembre.

Borges (André), âgé de 8 jours, fils de Siméon Borges et de Marie de Costa.

15 décembre.

Une femme nommée Milicia.

15 décembre.

Une femme inconnue.

24 décembre.

Cruz (Isabelle de), âgée d'un an, fille d'Antonio de Cruz et de Madeleine de Rozario.

(1) Domestique.

ANNÉE 1708.

Naissances.

22 janvier.

Rozaire (Louise de),
fille de François de Rozaire et de Florianne de Rozaire.

22 janvier.

Ribeiro (Anne),
fille de Jean Ribeiro et de Suzanne d'Andrade.

23 janvier.

Corréa (Marie Madeleine),
fille de Jean Corréa et de Dominga Passagne.

13 février.

Rozaire (Agathe de),
fille de Nicolas de Rozaire et Marie de Rozaire.

20 février.

Caldeiro (Brigitte),
fille de Pierre Caldeiro et de Catherine Pereira.

15 mars.

Henrique (Joseph),
fils d'André Henrique et de Catherine de Monte.

18 mars.

Albert (Marie Françoise), née à Madras vers le 8 mars, fille de Jacques Théodore Albert, chirurgien de la Compagnie, et d'Elisabeth Rose de Castro.

Parrain: M. Nicolas Manouchy, né à Venise, suppléé par M. Desprez, marchand, conseiller, garde-magasin, procureur du roi et juge de la Compagnie.

Marraine: Françoise Moisy, femme de M. Dulivier, gouverneur.

21 mars.

Costa (Nathalie de),
fille de Pierre de Costa et de Anne de Rozaire.

25 mars.

Martin (Marie Elisabeth),
fille d'Antoine Martin, de Pontoise, et de Marie Rabouin, de Pondichéry.

26 mars.

Damilaville (Jean),
fils de Claude Damilaville et de Marie Charlotte.

29 mars.

Rozaire (Thomas de),
fils de François de Rozaire et de Madeleine Gomès.

18 avril.

Fereiro (Antoine),
fils d'Antoine Fereiro et de Flora Monteiro.
Parrain : Pierre Frérot, sergent de la Compagnie.

25 avril.

Passagne (Ignatia),
fille de Thomé Passagne et de Claire de Menezes.

1er mai.

Belet (Marie),
fille de François Belet et d'Isabelle de Mello.

6 mai.

Cadost (Jean),
fils de Charles Cadost et de Catherine Manes.

6 mai.

Dole (Marguerite),
fille de Jean Baptiste Dole, soldat français, et de Marie Mendez.
Parrain : André Fournier, sergent.

14 mai.

Crépin (Marianne),
fille de Jean Crépin et d'Anne Baubia.
Parrain : Pierre Catelouze, commis de la Compagnie.

20 mai.

Ardancourt (Marie Agnès d'),
fille de M. d'Ardancourt, marchand, conseiller de la Compagnie, et commissaire des troupes, et d'Anne Agnès Desprez

Parrain : M. Desprez, marchand à Paris, suppléé par François Desprez, marchand et garde-magasin du comptoir.

Marraine : Madame Vve François Martin.

9 juin.

ANDRADE (Lazare d'),
fils de Lazare d'Andrade et d'Anna de Rozaire.

12 juin.

COSTA (Jeanne de),
fille de Pierre de Costa et de Jeanne Gonzalvès.

24 juin.

PENPOULLO (Christophe Henri),
fils de Nicolas Penpoullo et d'Anne Caravaillo.

14 juillet.

SAMSON (Mathieu),
fils d'Antoine Samson et de Marie ...

17 juillet.

FEREIRE (Antonica),
fille de Thomé Fereire et de Marie de Monte.

25 juillet.

ROUSSELET (......),
fils de Vrain Rousselet et d'Isabelle de Caravalho.

Parrain : Jean François Dumay, aide-major de la garnison.

30 juillet.

JEANCE (Guillaume),
fils de Gabriel Jeance et de Jeanne de Monté.

17 août.

SOUZA (Laurence de),
fille d'André de Souza et d'Anna de Rozario.

20 août.

VANDER (Marguerite),
fille de Jean Vander et de Marie Bouville.

30 août.

GAUSSART (Marguerite),
fille de Gérard Gaussart et de Dorothée Bernard.

3 septembre.

BRUNO (Antoine),
fils de Claude Bruno, capitaine de port, et de Marianne Cuero.

Parrain : M. Hébert, chevalier de l'ordre militaire de Saint-Lazare, gouverneur de Pondichéry.

8 septembre.

Cognhet (Marie Agnès),
fille de Charles Cognhet et de Marie Boilesve.

9 septembre.

Le Gallec (Mare),
fils de Julien Le Gallec et de Thomase Pachèque.

9 septembre.

Audibere (......),
fils de Jean Audibere, dit Bouteville, capitaine, et de Catherine Tuart.

Parrain : M. Pierre Dulivier, ancien gouverneur de Pondichéry.

17 septembre.

Monté (Thomasia de),
fille de Thomé de Monté et de Maria de Rozaire.

20 septembre.

Pereira (Thomas),
fils de Diégo Pereira et d'Anne.

24 septembre.

Lopès (Pierre),
fils de Domingo Lopès et de Madeleine de Rozaire.

25 septembre.

Costa (Marie de),
fille de Jean de Costa et de Maria de Rozaire.

26 septembre.

Le Borgne (François Guillaume),
fils de Mare le Borgne et d'Anne d'Almeide.

16 octobre.

Manas (Francisca),
fille de Jean Manas et de Thomasia de Monté.

18 octobre.

Gerbaut (Olivier),
fils d'Olivier Gerbaut et d'Anne ...

Parrain: M. Cuperly, marchand de la Compagnie.

21 octobre.

Passagne (François),
fils de Domingos Passagne et de Jeanne de Rozario.

27 octobre.

Joseph, fils d'une moça de M. Boutteville.

29 octobre.

Rozario (François de),
fils de Manuel de Rozario et d'Ignatia Gibethe.

1ᵉʳ novembre.

Gabrios (Dorothée),
fille de Thomasia Gabrios.

8 novembre.

Le Roux (Jean Mathieu),
fils de Mathieu Le Roux et de Gabrielle ...
Parrain : M. Jean Baptiste Dugué, lieutenant.

12 novembre.

Cognhe (Jean),
fils de Domingo Cognhe.

18 novembre.

Cruz (Jean de),
fils de Antonio de Cruz et de Francisca de Rozario.

25 novembre.

Rozaire (François de),
fils d'Antoine de Rozaire Violette et de Lucie de Monté.

29 novembre.

Rozaire (Ignatia de),
fille de Pedro de Rozaire et de Catherine Pereira.

13 décembre.

Ribeiro (Jean),
fils de Jacob Ribeiro et de Madeleine Siqueira.

15 décembre.

Cosson de Lalande (Olivier Emmanuel),
fils d'Etienne Cosson de Lalande et de Nathalie Coelho.

26 décembre.

Rozario (François de),
fils de Thomé de Rozario, soldat, et de Maria de Rozario.

Mariages.

6 février.

Fernandez (Philippe) et Isabelle Dabrio.

13 février.

Michel et Suzanne, née à Batavia, tous deux gentils, esclaves.

13 février.

Sulpicio et Dorothée, née à Mazulipatam, gentils, esclaves.

13 février.

Domingos et Madeleine, née à Mazulipatam, gentils, esclaves.

6 mai.

Rodriguez (Manuel), né à Ceylan, et Osonie Rodriguez, née à Malacca.

10 mai.

Siméon et Marie, gentils.

4 juin.

Rilhart (Jean), né à Ruffec, fils de Jean Rilhart, et de Florence Dalançon,
et Maria de Rozario, de Saint-Thomé.

6 juin.

Monté (Jean de) et Anne de Soa, née à Madras.

10 juin.

Olivara (Gonzalves d'), né au Cap-Vert, gentil, et Isabelle Ribeiro, née à Tevenapatam.

2 juillet.

Jeannot (Louis), de Vannes, et Françoise Cotigne, de Colombe.

2 juillet.

Claude (François), né au Bengale, et Grace de Monté, de Paliacatte.

4 juillet.

Glissant (Jean), né a Honfleur, et Marguerite Ribelle, née à Tranquebar.

13 juillet.

Lopès (Pedro Viera), né au Portugal, et Julia de Souza, de Tranquebar.

6 août.

Pereira (Thomé) et Hélène de Rozario.

6 août.

Rozario (Balthazar de) et Marie Meder.

13 août.

Almeida (Thomé d') et Anna Vapoza.

18 août.

Fraboulet (Jacques), fils de Jacques Fraboulet et de Jeanne Rispelle,
  et Marie Lopez.

22 août.

Cotinho (Jean) et Marie Pereira, gentils.

2 septembre.

Le Monneau (Jean-Baptiste), marin, et Marie Sobrale, née à Paléamcotta.

10 septembre.

Leseralle (Jacques), néc à Querevant, évêché de Tréguier, fils de Jacques Leseralle, et de Marie de Mader,
  et Marie Rose Catel, fille de Manuel Catel et de Rose Cottinet.

30 octobre.

Fereira (Sylvestre), né en Espagne, et Laurence Coutinho.

26 novembre.

Rozario (Pascal de), né à Madras, et Anna de Rozario, née à Pondichéry.

Décès.

4 janvier.

Martin Rodriguez.

4 janvier.

Pellerin (Laurent), soldat, né à Hennebon, enterré àAriancoupom.

7 janvier.

Cosson de Lalande (Anne), âgée de sept ans, fille de Cosson de Lalande et de Natalie Lobo.

9 janvier.

Un enfant de Franscisco de Costa et de Minga de Costa.

9 février.

Bourseaux (Antoine), dit Clerveaux, né à Clerveaux, en Poitou, soldat de la Compagnie de M. de Boutteville.

22 février.

Ribère (Anne), âgée d'un mois, fille de Jérôme Ribère et de Suzanne d'Andrade.

22 février.

Valériane, âgée d'environ 70 ans.

23 février.

Andrade (Suzanne d'), âgée d'environ 16 ans.

25 février.

Rozaire (Jean de), topas.

27 février.

Pereira (Thomase et Marie), âgée la première de 9 ans, la seconde de 7 à 8 mois, filles d'Antoine Pereira.

28 février.

Mendoza (Aguida), âgée de quatre jours.

25 mars.

Rozario (Marguerite de), femme de Jean de Rozario.

31 mars.

Rozario (... de), topas.

... avril.

Suisson (Floriane), fille de Suisson et de Dorothée Pereira.

8 mai.

Un enfant de trois jours, fils de Charles Cadost et de Catherine Manès.

25 mai.

Costa (Esperante de), femme de Thomé de Rozaire.

4 juin.

Un esclave de Joanna Catherina.

8 juin.

Caldairo (Brigitte), âgée d'environ 4 mois, fille de Pierre Caldairo et de Catherine Pereira.

9 juin.

Disnard (Joseph), dit Lavigne, breton, soldat de la Compagnie de M. de Termes.

13 juin.

Dessceaux (Jean), né au Grand Torcy, Normandie, soldat de la Compagnie de M. Chardonneau.

12 juillet.

Un enfant de 18 mois, nommé Pierre, fils d'un esclave de M. Bodron.

19 août.

Calais (Philippe), dit la Tulipe, bourguignon, soldat.

26 septembre.

Un petit enfant, fille d'une esclave d'Antoine Mendez.

3 octobre.

La Serre (Julien), né à Quimperlé, soldat de la Compagnie de M. d'Hervilliers, noyé dans la rivière d'Ariancoupom.

5 octobre.

Antonica, esclave.

22 octobre.

Cruz (Jean de), né à Manille, soldat.

ANNÉE 1709.

Naissances (1).

6 janvier.

Costa (Thomé de),
fils de Pedro de Costa.

7 janvier.

Rozario (Guilbert de),
fils de Marie de Rozario.

8 janvier.

Rozario (François de),
fils de Nicolas de Rozario et de Maria de Rozario.

13 janvier.

Monté (Manuel de),
fils de Manuel de Monté et d'Antonia Madeira.

18 janvier.

Cruz (Etienne-François de),
fils de Laurent de Cruz et d'Antonia Panchèque.

7 février.

Floriana,
fille de Magdalena, esclave.

14 février.

Thomé,
fils d'une moça ou esclave.

23 février.

Souza (Antoine de),
fils de Jean de Souza et de Jeanne de Souza.

(1) Un certain nombre d'actes de cette année, environ une dizaine, sont dans un si mauvais état de conservation qu'il a été impossible de les reconstituer.

4 mars.

CADOT (Anne-Françoise),
fille de Charles Cadot et de Catherine Domingue.

4 mars.

BACHELIER (Claude),
fils de Pierre Bachelier et de Suzanne Hisparan.

5 mars.

DABRÉE (Gaspard),
fils de Gaspard Dabrée et Isabelle de Cruz.

16 mars.

ROZARIO (Dominga de),
fille de Jean de Rozario et d'Anna de Matos.

21 mars.

ALBERT (Agnès Marguerite),
fille de M. Albert et de Rose de Castro.

21 mars.

ROYER (Marie),
fille de Jean Royer, dit la Rose et d'Isabelle Pereira.

19 avril.

MARIE,
fille de Siméon et de Marie.

6 mai.

MONTÉ (André de),
fils de Jean de Monté et d'Anna de Soza.

27 mai.

SELLES (Manuel de),
fils d'Antonio de Selles et de Marie Vas de Fretas.

4 juin.

COSTA (François de),
fils de François de Costa et de Dominga de Costa.

6 juin.

SUAREZ (Maria),
fille de Antonio Suarez et de Maria de Fretas.

9 juin.

ALMEIDA (Antoine d'),
fils de Thomas d'Almeida et d'Anna Vapoza.

9 juin.
Rozaire (Laurent de),
fils de Domingo de Rozaire et de Thérèse.

24 juin.
Souza (Jeanne de),
fille de Francisco de Souza et de Maria de Rozario.

27 juin.
Ribeiro (Jeanne),
fille de Manuel Ribeiro et de Marie de Rozario.

2 juillet.
Rozario (Jean de),
fils de Jean de Rozario et de Maria de Costa.
Parrain : M. Audibert, dit Boutteville, capitaine.

18 juillet.
Jeanin (Mathurin),
fils de Louis Jeanin et de Françoise Cotinho.

18 juillet.
Rozario (Pierre de),
fils de Bastien de Rozario et de Marguerite, sa femme.

22 juillet.
Lobo (Francisca),
fille de Antoine Lobo et de Madeleine Viera.

4 août.
Gonsalvès (Manuel),
fils de Joseph Gonsalvès et d'Anne de Rozaire.

26 août.
Rozaire (Marie de),
fille de Pierre de Rozaire et d'Anne.

8 septembre.
Parlot (Elisabeth),
fille de Pierre Parlot et de Marie Rebelle.

21 septembre.
Fraboulet (Jacques Vincent),
fils de Jacques Fraboulet et de Marie Lopès.

27 septembre.
Cotinho (Jeanne),
fille de Jean Cotinho et de Marie Fereire.

7 octobre.

Bastien (Antonia),
fille de Bastien et d'Isabelle Cordié.

8 octobre.

Rozario (Julienne de),
fille de Gabriel de Rozario et de Francisca Coela.

14 octobre.

Ardançourt (Madèleine),
fille de M. d'Ardançourt, conseiller et d'Agnès Desprèz.
Parrain : Guillaume André Hébert, gouverneur de Pondichéry.
Marraine : Marie Desprez, femme de M. de la Prévostière.

23 octobre.

Passagne (Dominique),
fils de Gabriel Passagne et de Félicie de Caigna.

23 octobre.

Lagrange (Maurice),
fils de Maurice Lagrange et de Hieronima Rodrigues.

8 novembre.

Royer (Maria),
fille de René Royer et d'Elisabeth Vas.

22 novembre.

Rozaire (Dominique de),
fils de Domingue de Rozaire et de Marie de . . . .

24 novembre.

Martin (Marie),
fille d'Antoine Martin et de Marie Rabouin.

5 décembre.

Cruz (Jean de),
fils de Jean de Cruz et de Sabine.

10 décembre.

Rozario (Jean Baptiste de),
fils de Manuel de Rozario et de Catherine de Rozario.

11 décembre.

Pereira (Jean),
fils de Thomé Pereira et d'Hélène de Rozario.

12 décembre.

Rozario (Dominga de),
fille de Pedro de Rozario et d'Anna de Rozario.

15 décembre.

Bruno (Geneviève),
fille d'Antoine Bruno ......

17 décembre.

Alvez (Martin),
fils de Jean Alvez et d'Ursule Perreira.

29 décembre.

Monté (Maria de)
fille de Francisco de Monté et d'Ignatia Louise.

Mariages.

31 janvier.

Royer (René), né à Angers, fils de Guillaume Royer et de Louise Pelletier,
et d'Isabelle Vaz, fille d'André Vaz et de Francisca de Frérot.

9 février.

Pierre (Félix-Xavier), et Françoise, tous deux esclaves.

11 février.

Le Galec (Julien), fils de Louis le Galec,
et Sabine Pereira, fille de Domingo Pereira et de Pascala de Rozaire.

11 février.

Rozaire (Antonio de), et Marie de Monté, gentils.

12 février.

Rozario (Jean de), et Anna de Matto, gentils.

9 avril.

Lescuier (François), né à Vannes, fils d'Alain Lescuier, et Isabelle Daguière, fille de Barthélémy Daguière, et d'Espérance Péchot.

9 avril.

Pereira (Antoine), fils de Pedro de Rozaire Pereira et de Isabelle Rodriguez,
 et Sabine Corneille, fille de Pedro Corneille.

10 avril.

Fereira (Francisco), né à Madras, fils de Julien Fereira et d'Antoinette Azibeda, de Madras,
 et Francisca Vapoza.

11 avril.

Soza (Jérome de), né à Madras, fille de Guillaume de Soza et de Marie de Monté,
 et Marie Pigneiro, fille de Paul Pigneiro et de Dominga Bassin.

22 avril.

Ferrant (Jean), de Rotterdam, et Anne Caravalho, veuve de Nicolas Pempoullo.

22 avril.

Monté (Thomé de), et Marie de Lima.

23 avril.

Samson (Abraham), de Rotterdam, fils d'Abraham Samson et de Paula Guerdice,
 et Marie Pereira, fille de Manuel Pereira et de Cécilia de Rozario.

24 avril.

Lopez (Manuel), de Saint-Thomé, et Isabelle Dabret, de Golconde.

8 mai.

Rozaire (Ignace de), de Saint-Thomé, et Anne de Monté.

13 mai.

Joseph Charles, né au Bengale, et Marie de Rozaire, de Madras.

28 mai.

Keranguiader (François), né en Cornouailles, et Dominga Martin.

11 juin.

Ficher (Jean), né à Barchin, en Angleterre, et Maria de Matto, née aux Mascareignes.

25 juin.

Monté (Francisco de), de Porto-Novo, et Isabelle, de Negapatam.

3 juillet.

Herbaut (Jacques), né à Mur, évêché de Quimper, fils de Louis Herbaut et de Marie Olivier,

et Marie Gonsalvez, de Madras, fille de Domingo Gonsalvez et de Marie de Souza.

9 juillet.

Pradelle (Jean Baptiste), né à Selle, en Auvergne, fils d'Antoine Pradelle et de Marie Deldebesse,

et Louise de Rozaire, fille d'Antoine de Rozaire et de Marie de Monté.

20 août.

Allard (Christophe), de Loumalo, évêché de Vannes, fils de Gilles Allard et de Catherine Laisné,

et Marianne Glissant.

3 septembre.

Kerjean (Jacques), (1).

13 septembre.

Nicolas, paria, et Ignacia Ribeiro.

30 septembre.

Fretes (Manuel de), fils de Philippe de Fretes, de Tranquebar,

et Francisca de Monté.

14 octobre.

Guiet (Etienne François), chevalier et seigneur de la Solaye, né à Concarneau, fils de Charles Guiet, et de Louise Dupont,

et Ignatia Quenety, de Tranquebar, fille d'Antonio de Soza Quenety et de Marguerite Ribelle.

28 octobre.

Rozario (Louis de), et Marie de Souza.

(1) Les autres indications ont disparu.

28 novembre.

Antonio et Anna, esclaves de Madame Cadet.

28 novembre.

Pedro et Catherine, esclaves de Madame Cadet.

Décès (1).

16 février.

Faria (Milicia de), morte subitement.

17 février.

Levesq (Michel), soldat de la Compagnie de M. de Trèmes.

17 février.

Placide de Vendome (R. P.), missionnaire apostolique.

27 février.

Pempoulot (Charles), soldat.

4 mars.

La fille d'un topas nommé Agostinho, morte de la petite vérole.

9 mars.

Chilé Cary, servante de Thomé Ferreira.

14 mars.

Un enfant topas, âgé de six à sept ans, fils d'Augustin.

14 mars.

Un enfant topas, âgé de quatre à cinq ans, fils du même.

20 mars.

Pierre (Anna), fille de Pierre, moço.

(1) Les actes de décès manquent depuis le 22 octobre 1708 jusqu'au 16 février 1709. Ils tenaient exactement deux pages dans le manuscrit original. — Cela représente de 25 à 30 décès.

20 mars.

Antonica, femme d'un topas.

1er avril.

Le fils de M. Séverin.

2 avril.

Une fille topas, âgée d'environ un an et demi, nommée Dominga.

9 avril.

Le fils de Manoël de Monte et de Antonica de Cruz.

28 avril.

Un enfant de Laurenzo de Cruz.

16 mai.

Préjean (Jean), dit la Musette, soldat, né en Bretagne.

20 mai.

Jean, dit Amable, ancien serviteur de M. Labat.

27 mai.

Félicien, lascar et commis de la Compagnie.

4 juin.

Rozario (Jean de), dit la Montagne, soldat topas.

12 juin.

Adrian, soldat topas.

12 juin.

Deux enfants de Domingo de Rozaire et de Thérèse.

14 juin.

L'enfant d'une moça.

18 juin.

Le Bon, dit communément M. Germain, engagé de la Compagnie.

18 juin.

Une moça, nommée Anna.

... juillet.

Rozario (Thomé de), soldat topas.

16 juillet.

Maurice (Louis), soldat, ancien matelot du *Saint-Louis*, venu du Pérou, né aux environs de Bruges.

19 juillet.

Viera (Madgadela), femme d'Antonio Lobo, soldat.

4 août.

Gomez (Laurenço), soldat, né à Chatigan (Bengale).

19 septembre.

Marello (Louis), topas.

21 septembre.

Bozet (Louis), matelot, né à Saint-Servan.

26 septembre.

Un enfant de deux ans, fils de Manoel Ribeiro.

9 octobre.

Une moça, nommée Magdalena.

18 octobre.

La fille de Jean de Canha.

21 octobre.

Un enfant naturel nommé Henri.

12 novembre.

Moisy (Catherine), femme de M. Dulivier, ancien directeur au Bengale, morte à la suite d'une maladie de 5 à 6 jours dans laquelle elle fut soignée à contre temps.

12 novembre.

Une femme topas.

... novembre.

Un ancien soldat de la forteresse, devenu fou et mort subitement.

21 novembre.

Un enfant de 3 à 4 ans, fils de Jean de Rozaire.

27 novembre.

Un topas, nommé Thomas de Costa.

28 novembre.

Sicaire (Fernando de).

29 novembre.

Matan (Antonio de), soldat, mort de paralysie.

4 décembre.

Bidon (Etienne), soldat, né à Paris.

24 décembre.

Un enfant de Pierre Viera.

ANNÉE 1710.

Naissances.

11 janvier.

Rozario (Françoise de),
fille de Pedro de Rozario et de Louise de Rozario.

24 janvier.

Sicaire (Appoline),
fille de Louis Sicaire, soldat, et de Francisca Rotan.

28 janvier.

Forché (Nicolas),
fils de Pierre Forché, sergent, et de Dominga de Rozario.
Parrain : M. Manouchy, ancien médecin de Cha Alem, empereur Mogol.

28 janvier.

Soza (Maria de),
fille de Pedro de Soza et de Francisca Alvès.

12 février.

Monté (Manuel de),
fils de Thomé de Monté et d'Adrienne Vapoza.

23 février.

Belet (Françoise),
fille de François Belet et d'Isabelle de Mello.

11 mars.

Rodriguez (Elisabeth),
fille d'André Rodriguez et de Dominga de Silva.

23 mars.

Cogna (Marie de),
fille de Diego de Cogna et de Jeanne de Rozaire.

3 avril.

Thérèse, fille d'une esclave.

10 avril.

Soza (Manuel de),
fils de Manuel de Soza et d'Eléonore.

17 avril.

Pierre,
fils de Anne de Rozario, moça.

24 avril.

Estancelin (Pierre),
fils de Pierre Estancelin, canonnier, et de Marie d'Andrade.
Parrain : Pierre Elie de la Naupalière, second secrétaire.

13 mai.

Hervault (Dorothée),
fille de Jacques Hervault et de Maria Gonzalvès.

13 mai.

Grouet (François),
fils de Paul Grouet, bombardier et d'Anne Fereira.
Parrain : François Cuperly, marchand et garde-magasin.

18 mai.

Padeiro (Francisca),
fille de Jean Padeiro et de Gracia de Monté.

1er juin.

Ficher (Jean),
fils de Jean Ficher et de Maria de Matos.

3 juin.

Cosson de Lalande (Jean Baptiste),
fils de M. Cosson de Lalande et de Nathalie Lobo Quintual.
Parrain : M. Dulaurent, marchand particulier.

20 juin.

Monté (Dominique de),
fils d'Emmanuel de Monté et de Marie de Rozaire.

8 juillet.

Le Borgne (Jean Marie),
fils de Marc Le Borgne et de Anne d'Almeida.

19 juillet.

Lapse (Dominique),
fils de Jean Lapse et de Anne de Rozaire.

30 juillet.

Pereira (Marie),
fille d'Antoine Pereira et de Barbe Pereira.

1er août.

Le Couesse (Louise),
fille de Louis Le Couesse et de Françoise Lobo.

10 août.

Rozaire (Marie Suzanne de),
fille de Louis de Rozaire et de Marie de Saz.

25 août.

Monté (Jacques de),
fils de Thomé de Monté et de Marie de Lima.

31 août.

Paul (Louise),
fille de Claude Paul et d'Appoline Mouse.

10 septembre.

Cordero (Elisabeth),
fille de Pascal Cordero et de Christine Gonsalvès.

11 septembre.

Rozario (François de),
fils de Dominique de Rozario.

25 septembre.

Kerjean (Marie),
fille de Jacques Kerjean et d'Anne Ferrère.
Parrain : Antoine Martin.

11 octobre.

Tierce (Thomas),
fils d'Abraham Tierce et de Marie Pereira.

28 octobre.

GERBEAU (Marianne),
fille d'Olivier Gerbeau et de Anne Françoise.

Parrain : Nicolas François le Noutre de la Morandière, sous marchand de la Compagnie.

30 octobre.

CORREAU (Christine),
fille de Jean Correau et de Dominica Passagne.

2 novembre.

MATTE (Jean de),
fils d'Emmanuel de Matte et de Marie de Rozaire.

2 novembre

ROZAIRE (François de),
fils de Dominique de Rozaire et d'Ursule de Monté.

4 novembre.

SOZA (Francisca de),
fille de Domingo de Soza et d'Antonia Cotinho.

24 novembre.

BERNIN (Pierre),
fils de Claude Bernin et de Marie Monique.

25 novembre.

MONTÉ (Françoise de),
fille de Marie de Monté.

1er décembre.

TARABILLON (Jean),
fils de Jean Tarabillon et de Marie Françoise.

Parrain : M. Frairot, chef de poste de la porte de Madras.

Mariages.

28 janvier.

IGNACE et MARGUERITE, malabars, esclaves de M. Concaribault.

29 janvier.

FRANCISCO XAVIER et HYACINTHA, esclaves de M. Duprez.

2 février.

SERBIN (Gabriel), dit Saint-Laurent, né à Toulon, fils de Denis Serbin, et de Catherine Bonne Grace,

et Marie Catherine BOUTTEVILLE, née au Bengale, fille de Jean Audibert dit Boutteville, et de Catherine Tuart.

3 février.

GONSALVEZ (Francisco), de Tranquebar,
et Maria MACHADA, de Madras.

5 février.

CHARTIER (Gilles), de Vannes, soldat, fils de Jean Chartier et de Gilette Serille,

et Aurélie de ROZAIRE, de Tranquebar, fille de François de Rozaire et de Francisca Gossale.

9 février.

LE GUERN (Jacques), de Quimper, fils de Jean Le Guern, et de Mathurine Laurent,

et Juliana BAYIER, fille de Jacques Bavier et de Ignatia Texer.

24 février.

Thomé de ROZARIO et Anna de ROZARIO, gentils.

25 février.

PEREIRA (Ignace), de Négapatam, fils de Pierre de Rozario, Pereira et d'Izabelle Rodriguez,

et Maria ALVÈS.

3 mars.

CRUZ (Thomé de), et Petronille CATTEL.

12 mai.

CRUZ (Domingo de), malabar, et Marie GOMEZ, gentille.

13 mai.

CORDEIRA (Louis), fils de Bastien Cordeira et d'Isabelle Cordeira,

et Suzanne GOMEZ, de Saint-Thomé.

16 juin.

RIBEIRO (Hieronimo), et Anna de MONTÉ, tous deux de Paliacatte.

24 juin.

Monté (Manuel de), de Surate, et Lucretia de Rozario, de Saint-Thomé.

26 juillet.

Pinson (Julien), né à Hennebon, fils de Jean Pinson, et de Gillette Diraizon,

et Francisca Pierre, fille de Pierre, moço, et de Nathalie Torrès.

28 juillet.

Olivier (François), de Gènes, fils de Cyprien Olivier et de Catherine Castin,

et Casselda Cordeira, de Goudelour.

18 août.

Hyrigoyen (Martin), de Saint-Jean de Luz, fils de Bernard Hyrigoyen, et de Marie Dominique,

et Anne Royer, de Sainte-Suzanne (Ile de Bourbon), fille d'Antoine Royer et de Marguerite Teixera.

8 septembre.

Rozaire (Thomas de), et Jeanne de Monté, gentils.

30 septembre.

Cattelouze (Nicolas), né à Caën, lieutenant et maître d'artillerie,

et Petronille Mathews, de Madras, fille de Mathieu Mathews et de Marie Fereire.

13 octobre.

Ribello (Julien), et Maria de Paina.

4 novembre.

Ouelche (Jean), de Londres, fils de Jean Ouelche et de Anne Médam,

et Marguerite Texeira, née à Daman, fille de Domingue Texeira, et d'Andrée de Rozario, veuve de Mathurin Garnier.

27 novembre.

Rozario (Domingo de), et Andrée de Rozario, tous deux nés à Saint-Thomé.

Décès.

2 janvier.
Une lépreuse nommée Paule.

5 janvier.
Une moça de M. Latouche, âgée d'environ 18 mois.

9 janvier.
Mariane, femme d'un topa.

29 janvier.
Guinet (Germain), né dans le comité d'Avignon, chirurgien major sur le *Saint Jean-Baptiste*.

2 février.
Garnier (Mathurin).

5 février.
Albert Marie, fille de Louis Albert, topa.

6 février.
Gonzalvez, cafre, soldat.

17 février.
Une fille de Julien, soldat français.

19 février.
Sylvestre, cafre, soldat.

3 mars.
Un enfant de Francisco de Rozario, âgé d'environ un an et demi.

3 mars.
Doriguy.

5 mars.
Almeida (Marie d'), née à Cochin.

11 mars.
Leroy, 2ᵉ capitaine du vaisseau de Saint-Malo dit *La Guinguette* ou *Bien-Aimé*.

.. mars.

Un fils de Manoel Cordeiro.

22 mars.

Fereira (Thomé).

23 mars.

Une esclave nommée Monica.

9 avril.

Barreau (Pierre), soldat.

26 avril.

Estancelin (Pierre), âgé de 2 jours ou de 4 (*sic*).

6 mai.

Beauchamp, soldat.

13 mai.

Souza (Emmanuel de), topa, ancien soldat.

20 mai.

Gama (Elisabeth de), âgée d'environ 10 ans.

23 juin.

Une fille d'un topa, nommée Maria, âgée d'environ 2 ans.

24 juin.

La fille aînée de M. Albert, chirurgien-major, âgée d'environ 2 ans et demi.

1er juillet.

Bernard (Basile), sous-marchand.

6 juillet.

...... (Louis), né en Bresse, soldat.

8 juillet.

Souza (Maria de), âgée de 6 mois.

12 juillet.

Basse (Angela), femme de Jean Martin, âgée de plus de 50 ans.

24 août.
Bertereau, second chirurgien.

24 août.
Bourneval (Louis), né à Dieppe, soldat.

13 septembre.
Delalande, officier du vaisseau ......

16 septembre.
...... (René), dit Saint-Maurice, né à Quimper, soldat.

16 septembre.
Pençon ou Pencelon (Noël), né à Saint-Malo, matelot.

3 octobre.
Ferreira (Anna), femme de Jacques Kerjean, soldat, morte en couches.

25 octobre.
Ribeiro (Thomé), topa, soldat.

29 octobre.
Une esclave nommée Floriane.

1ᵉʳ novembre.
Une esclave nommée Ignacia.

20 novembre.
Johannot (Mathurin), âgé d'environ 2 ans.

20 novembre.
Bruno (Antoine), capitaine du port.

4 décembre.
Un enfant de topa, âgé de 2 mois.

5 décembre.
Cordeiro (Pascale).

15 décembre.
Louisa, femme d'Alexandre.

16 décembre.

Un enfant de Manoël RODRIGUEZ.

20 décembre.

CATEL (Manuel), ancien capitaine de port.

22 décembre.

DUCLOST (Jean), second canonnier, né à Saint-Brieuc.

22 décembre.

LE TOLFE (Louis), né dans le diocèse de Vannes, matelot du *Maurepas*.

ANNÉE 1711.

Naissances.

4 janvier.

ARDANCOURT (Louise Catherine d'),
fille de M. d'Ardancourt, commissaire des troupes et marchand de la Compagnie et de Anne Desprez.

Parrain : Louis Boyvin d'Ardancourt, commissaire député de la Compagnie.

Marraine : Catherine Dulivier.

5 janvier.

RODRIGUEZ (Jean-Baptiste),
fils de Jean-Baptiste Rodriguez et de Dominica Caravalho Ribeiro.

5 janvier.

ANDREZA,
fille de Christina, esclave de Madame Morineau.

6 janvier.

JACQUES,
fils de Catherina, esclave de Madame Baudron.

6 janvier.

JEAN FRANÇOIS,
fils de Catherine, esclave.

9 janvier.

RAVET DE PINA (Antonica),
fille de Francisque Ravet de Pina et de Anna Feraire d'Andrade.

9 janvier.

SALVÈS (Francisque),
fille de Francisco Salvès et de Maria Machades.

18 février.

Monte (Emmanuel de),
fils de Dominique de Monte et de Betica de Gomès.

26 février.

Monte (Sebastien de),
fils de Salvador de Monte et de Dominica de Monte.

12 mars.

Le Rou (Jeanne),
fille de Mathieu Le Rou et de Gabrielle Rodrigues.
Parrain : Jacques Albert.
Marraine : Jeanne Albert.

12 mars.

Pigmento (François),
fils de Jean Pigmento et de Catherine de Saudé.

28 mars.

Hamonneau (Marie Anne),
fille de Jean Hamonneau et de Marie Corinval.

5 avril.

Forché (Françoise Elisabeth),
fille de Pierre Forché dit du Quesnel, sergent, et de Dominga Caravailho.

8 avril.

Francisca,
fille de Theodosa, esclave.

12 avril.

Andrade (Maria d'),
fille de Domingos d'Andrade et de Clara de Fonseque.

13 avril.

Estancelin (Pierre),
fils de Pierre Estancelin, canonnier et de Marie d'Andrade.

13 avril.

Cadot (Antonique),
fille de Charles Cadot et de Catherine Mendès.

15 avril.

Rozaire (Marie de),
fille de Thomé de Rozaire et de Marie de Rozaire.

21 avril.

Soza (Jeanne Rose de),
fille de Francisco de Soza et de Marie de Rozaire.

14 mai.

Lopès (Jean),
fille de Emmanuel Lopès et de Elisabeth de Souza.

24 mai.

Lima (Philippe de),
fils de Bastien de Lima et de Catherine de Foster.

24 mai.

Fereira (Antonio),
fils de Thomé Fereira et de Maria de Matos

1ᵉʳ juin.

Ribeiro (Dominique),
fils de Jerôme Ribeiro et d'Anne de Monte.

14 juin.

Ficher (Julianne),
fille de Jean Ficher et de Mariane de Matos.

15 juin.

Conha (Joanna de),
fille de Diogue de Conha et de Joanna de Rozaire.

29 juin.

Albert (Marie Madeleine),
fille de M. Albert, chirurgien et de Elisabeth Rosa de Castro.
Parrain : André Hebert, fils de M. Hébert, gouverneur.
Marraine : Mlle Marie Agnès d'Hardancourt.

18 juillet.

Soza (François de),
fils d'André de Soza et de Anna de Monte.

29 juillet.

Cordier (......),
fils de Louis Cordier et de ...... Gomès.

13 août.

Cosson de Lalande (Laurence),
fille de Etienne Cosson de Lalande et de Natalie Lobès de Quintual.

14 août.

Monte (Dominique de),
fils de Jean de Monte et de Ignatia.

23 septembre.

Dot (Jean Baptiste),
fils de Jean-Baptiste Dot et de Marie Mandès.

27 septembre.

Buret (Jean-Baptiste),
fils de Charles Buret et de Marie Charle.

4 octobre.

Cotigne (François),
fils de Jean Cotigne et de Marie Fereire.

11 octobre.

Caillot (Marie),
fille de Jean-Baptiste Caillot et de Marguerite Péronne.

14 octobre.

Janot (Julianne),
fille de Louis Janot et de Françoise Cotine.

20 octobre.

Rozaire (Emmanuel de),
fils de Pierre de Rozaire et de Catherine Fereira.

20 octobre.

Le Borgne (Catherine),
fille de Marc Le Borgne et de Anna d'Almeda.

1er novembre.

Bachelier (Suzanne),
fille de Pierre Bachelier et de Anne Hisanne.

13 novembre.

Catherine,
fille de Marie, esclave.

16 novembre.

Carneiro (Petronille),
fille de Emmanuel Carneiro et d'Isabelle de Rozaire.

19 novembre.

Dominique,
fils de Antonica, esclave.

25 novembre.

Marie,
fille de Catherine, esclave de M. Baudron.

1er décembre.

Vantre (Jean-Baptiste),
fils de Jean Vantre et de Marie Buret.

8 décembre.

Pereire (Anne),
fille de Diego Pereire et de Anne Pereire.

Mariages.

19 janvier.

Petit (Jacques-Gabriel), de Touret en Toscane, fils de Charles Petit et de Marguerite Sarette,
et Marie Jeanne Cotinet.

20 janvier.

Francisque et Anne, esclaves.

27 janvier.

Louis (Alberto), de Paliacate, et Marcelina Ribeira, de Madras.

3 février.

Butel (Robert), de Fermanville en Normandie,
et Victoire Several, de Pondichéry.

10 février.

Sicaira (Domingo), et Luzia Rokera,

12 février.

Rozaire (Pierre de), et Anne Dabri.

16 février.

Combalbert (Gilbert), de Lyon,
et Rose Cattel, de Madras.

16 février.

Sylva (Domingos de), de Colombo,
et Dominga de Rozario, de Sadras.

13 avril.

Balière (Pierre), et Catherine Manouchi.

17 avril.

Gama (Miguel de), de Pondichéry, d'origine gentille, et Maria de Monte, d'origine gentille.

19 avril.

Amelin (Edme), et Suzanne, d'origine gentille.

20 avril.

Seine (Jean de), de Middelbourg, et Hélène Viera, d'origine gentille.

28 avril.

La Morandière (Nicolas François le Noutre de), fils de Jean le Noutre, banquier, bourgeois de Paris et de ... Bresset,
et Marie Anne Hoiréau, veuve de Antoine Bruno, de l'Ile Bourbon.

11 mai.

Vaz (Emmanuel), et Christine de Corré.

12 mai.

Rebeire (Jean), et Anastasia de Rozaire.

18 mai.

Gaignou (Jean), de Saint-Gilles, évêché de Vannes, et Suzanne de Souza, de Sadras.

28 mai.

Sylva (Antonio de), né au Siam, et Isabelle Ribeira, née à Goudelour.

15 juin.

Monté (Thomé de), d'origine gentille, et Marie de Monté.

15 juin.

Legal (Yves), de l'évêché de Vannes, et Isabelle Rodriguez.

30 juin.

Souza (Léandro de), né à Tranquebar, et Léonor de Brito, née à Négapatam.

6 juillet.

Le Brun (Guillaume), né à Carré, évêché de Cornouailles,
et Joanna Rozario, née à Pondichéry.

27 juillet.

Gravier (Gilles), né à Quervenac,
et Rose de Monté.

4 août.

Lélan (Gilles), soldat, né à Hennebon,
et Anne Soneval, de Paliacate.

5 août.

Thomas (Alain), de Saint-Pierre de Recouvrance, évêché
de Saint-Pol de Léon,
et Louise de Rozaire, née à Madras.

3 septembre.

Le Blond (Jean), de Saint-Germain, évêché de Vannes,
et Catherine Gonzalvez, née à Madras.

26 octobre.

Rodriguez (Domingos), né à Tranquebar,
et Lucia de Souza, née à Sadras.

9 novembre.

Riou (Yves), de Croizon, en Bretagne,
et Françoise Mendez, de Gingy.

Décès.

2 janvier.

Un enfant topa âgé d'environ cinq ans.

4 janvier.

Un enfant mort-né, fils de Pedro Viera.
Alvez (Martin), âgé de 4 à 5 mois.

12 janvier.

Le fils d'une esclave, âgé de 4 à 5 jours.

14 janvier.

Rebère (Raymond), âgé de 2 ans.
Une femme venue de Tevnapatam.

18 janvier.

Salvez (Francisco), âgé de 10 jours.

23 janvier.

Alvez (Ursule), femme de Jean Alvez.

25 janvier.

Bouteville (......), fils de M. Bouteville.

29 janvier.

Salvez (Pierre),

3 février.

Aujourd'huy 4e février 1711, moi soussigné, ai enterré en la chapelle du fort, Madame Marie Cuperly, veuve de M. le Chevalier Martin, directeur général de la Royale Compagnie de France du commerce des Indes Orientales et gouverneur aussi bien que fondateur de la ville et forteresse de Pondichéry, décédée le troisième à onze heures de nuit après avoir reçu tous les sacrements de l'Eglise et fait paraître une entière désignation à la volonté de Dieu.

Signé : Frère Esprit, *supérieur, capucin, missionnaire et apostolique.*

10 février.

Le fils d'un esclave de Madame Albert.

14 février.

Un fils de M. Saint-Yves, âgé de huit jours.

15 février.

Jean, né à Sainte-Anne d'Auray, soldat de la Compagnie de M. Bouteville.

3 mars.

Lopez (Marie), femme de Jacques Fraboulet.

18 mars.

Mèle (Jean de),

28 mars.

Piquet (Mathurin), soldat.

28 avril.

Kerjean (Marie), âgée d'environ 2 mois, fille de Kerjean, soldat.

10 mai.

Monte (Lorenço de), soldat topa.

18 mai.

Marucca (Anne),

24 mai.

Lermite (Joseph), né à Saint-Christophle, évêché de Toulon.

26 mai.

Rodriguez (Jean Baptiste), enfant.

5 juin.

Béatrix, veuve d'Ignatio Mendez.

8 juin.

Monte (Anna de), femme de Ribeire Monte.

11 juin.

Bolet (Maria), fille de Francisco Bolet, canonnier, âgée de 2 ans.

21 juin.

Alvez (Francisco), âgé d'environ 10 ans.

23 juin.

Madeleine, femme d'Ignace, caporal topa.

24 juin.

Augustine.

4 juillet.

Royer (René), soldat, noyé dans la rivière d'Ariancoupom.

4 août.

Costa (Marguerite de),

7 août.

Clara, femme de Andraze.

12 août.

Parlot (Elisabeth), âgée de 20 jours.

20 août.

Paula, esclave.

4 septembre.

Repoza (Francisca), femme de Francisco Ferrère.

9 septembre.

Un enfant de Jean de Cruz, âgé d'environ cinq ans.

18 septembre.

Rozario (Antoine de), noyé dans la rivière.

6 octobre.

Guet (Etienne).

11 octobre.

Costa (Etienne de), âgé de 3 à 4 mois.

1er novembre.

Rodriguez (Emmanuel), portugais.

8 novembre.

Un enfant nommé Michel, esclave (1).

---

(1) Les registres de l'année 1711 s'arrêtent à cette date et passent ensuite au 15 juillet 1714, avec une interruption de six pages, dans le manuscrit original (page 31 à 36). Ces pages ont entièrement disparu.

ANNÉE 1712.

Naissances.

3 janvier.

Suarez (Lucretia),
fille d'Antonio Suarez et de Maria de Fretes.

6 janvier.

Coste (Marie de)
fille de Jean de Coste et de Marie de Rozaire.

18 janvier.

Françoise,
fille de Francisque et de Francisca.

19 janvier.

Hamolain (Marie Françoise),
fille de Jayme Hamolain, soldat, et de Suzanne.

19 janvier.

Bolet (Guillaume),
fils de François Bolet, canonnier, et de Elisabeth ...

1er février.

Rozario (Francisca de),
fille d'Emmanuel de Rozario et de Catherine de Rozaire.

3 février.

Coste (Françoise de),
fille de Pedro de Coste et d'Anna de Rozario.

4 février.

Almedo (Francisca d'),
fille de Thomas d'Almedo et d'Anna Rapaz.

6 février.

Rozaire (François de),
fils de Pierre de Rozaire et d'Anne de Monte.

15 février.

Ganou (Georges),
fils de Jean Ganou, soldat, et de Suzanne de Soza.

21 février.

Siqueira (Françoise),
fille de Domingos de Siqueira et de Ursule de Rozaire.

6 mars.

François,
fils de gentils.

8 mars.

Rousselet (Julienne),
fille de Verin Rousselet de d'Isabelle de Soza.

14 mars.

Sine (Jean de),
fille de Jean de Sine et de Hélène Viera.

18 mars.

Viera (Mariane),
fille de Pierre Viera et de Julie de Soza.

29 mars.

Gama (Ignace de),
fils de Michel de Gama et de Maria de Monte.

3 avril.

Crespin (Petronille),
fille de Jean Crespin et d'Anne Bobia.

5 avril.

Le Rou (Catherine),
fille de Mathieu Le Rou et de Aurelia Rodriguez.

12 avril.

Parlot (Etienne),
fils de Pierre Parlot et de Marie Rose.

17 avril.

Gravier (Claude),
fils de Gilles Gravier, soldat, et de Rosa de Monte.

5 mai.

Martin (Antoine),
fils de Antoine Martin et de Marie Rabouin.
Parrain : Bongré, marchand et conseiller de la Compagnie.

22 mai.

Olivier (Dorothée),
fille de François Olivier et de Catherine Cordeire.

22 mai.

Monte (Elisabeth de),
fille de Thomé de Monte et de Maria de Monte.

28 mai.

La Morandière (François Nicolas Le Noutre de),
fils de M. Le Noutre de la Morandière, sous marchand et teneur des livres et de Mariane Houarault.
Parrain : Boudet, second chirurgien.
Marraine : Mlle Mariane Bruno.
Parmi les signataires de l'acte, se trouve pour la première fois le nom de Lefaucheur.

1er juin.

Galet (Julien),
fils de Julien Galet, soldat, et de Thomase Panchet.

14 juin.

Théo (Martin),
fils de André Rodriguez Théo et de Domingue.

19 juin.

Souza (Francisca de),
fille de Jeronimo de Souza et de Marie Pinhera.

21 juin.

Rozaire (Nathalia de),
fille de Jean de Rozaire et de Marguerite Corneil.

2 juillet.

Hervault (Jacques),
fils de Jacques Hervault et de Marie Gonsalvez.

2 juillet.

Le Gat (Ignatia),
fille de Yves Le Gat et d'Isabelle Rodriguès.

3 juillet.

Julienne,
fille d'Angelique, esclave.

10 juillet.

MONTE (Marie Charles de),
fille de Thomé de Monte et de Marie de Cruz.

12 juillet.

BRUNET (Claude),
fils de Claude Brunet et de Marie Monique.

20 juillet.

SIQUAIRE (Thomas),
fils de Louis Siquaire et de Francisca Rotan.

26 juillet.

BUTET (Marguerite),
fille de Robert Butet et de Victoire Sonneval.

19 août.

LE COUES (Joseph),
fils de Louis Le Coues et de Françoise Lobo.

25 août.

RODRIGUES (Louis),
fils de Jean Baptiste Rodrigues, soldat, et de Dominique Ribeire.

3 septembre.

RIBEIRO (Gaspar),
fils de Jacob Ribeiro et de Madeleine Sicaira.

3 septembre.

CRUZ (François de),
fils de Jean de Cruz et de Sabina.

10 septembre.

FRANÇOIS,
fils de père gentil et d'une mère chrétienne.

27 septembre.

GOSSART (Michel),
fils de Girard Gossart et de Dorothée Bernard.

4 octobre.

ROZARIO (Francisca de),
fille de Pedro de Rozario et de Anna.

8 octobre.

ROCHER (Jacques),
fils de Jérôme Rocher et de Anne de Rozaire.

13 octobre.

Licet (Julienne),
fille de Yves Licet, soldat, et de Dorothée d'Almeida.

24 octobre.

Le Blanc (Jean Baptiste),
fils de Jean Le Blanc et de Christine Gonzalvez.

27 octobre.

Flacourt (Jean Baptiste de),
fils de Charles de Flacourt, marchand, et de Florianne.

28 octobre.

Xavier (Marie de),
fille de Francisco de Xavier et de Joseph Pereire.

14 novembre.

Gonsalvez (Elisabeth),
fille de Francisco Gonsalvez et de Maria de Monte.

15 novembre.

Le Borgne (Maria),
fille de Marc Le Borgne et de Anna d'Almeida.

16 novembre.

Samson (Catharina),
fille de Antonio Samson et de Maria Tarda.

16 novembre.

Rozario (Elisabeth de),
fille de Ignace de Rozario et de Elisabeth ......

16 novembre.

Ferreire (Elisabeth),
fille de Thomé Ferreire et de Hilaire de Rozario.

18 novembre.

Souély (Ignace),
fille de Anna Souély.

22 novembre.

Forché (Marie),
fille de Pierre Forché, dit Duquesnel et de Dominga Caravalho.

21 décembre.

Monte (Nathalie de),
fille de Emmanuel de Monte et de Marie de Rozaire.

25 décembre.

MONTE (... de),
fille de Salvador de Monte et de Dominga de Monte.

26 décembre.

CADEAU (Catherine),
fille de Charles Cadeau, soldat, et de Catherine Meindre.

Mariages.

11 janvier.

RABOUIN (Jean), né à Pondichéry,
et Marie Anne CATTEL, née à Pondichéry.

17 janvier.

FRANÇOIS XAVIER (de Gingy), d'origine gentille,
et JOSEPHA, esclave.

1er février.

FRANÇOIS XAVIER (de Tanjore), d'origine gentille,
et Catherine de ROZAIRE, d'origine gentille.

8 février.

DEGRUM (Manoël), né à Paliacate,
et Clara de MONTE.

5 mai.

GALLIOT DE LATOUCHE (Louis), né à Vannes, capitaine de port,
fils de Mathurin Galliot et de Etiennette Barbot,
et Barbe AUDIBERT, fille de Jean Audibert, dit Boutteville,
capitaine des troupes et de Catherine Tuart.

5 mai.

SAUDE (Antonio de), né à Tranquebar,
et Lucia de COSTA, née à Sadras.

9 mai.

FERNANDEZ (Martino), d'origine gentille, né à Négapatam,
et Maria de SOUZA, tous deux esclaves.

9 mai.

RIBEIRO (Antonio), né à Paliacate,
et Francisca PINTO, né à Tranquebar.

9 mai.

Fraboulet (Jacques), né à Caradex Tregomel, évêché de Vannes,
et Anne Coïque, née à Galles.

11 mai.

Souza (Manoël de), né à Tranquebar,
et Ursule Pereira, née à Tranquebar.

23 mai.

Ferrot (Antonio), né à Pondichéry,
et Marie Françoise.

29 juin.

Dorgas de Moraas (Jean), espagnol, soldat de la Compagnie,
et Helena Mendez.

30 juin.

Hans (André), né à Milkensen (Saxe), marié in extrèmis en sa maison avec ...

4 juillet.

Fournier (André), né à Saint-Christofle, évêché de Toulon,
et Apollonine Rabouin, née à Pondichéry.

11 juillet.

Larbre (Joseph de), né à Bruxelles,
et Anne de Saa, de Pondichéry.

4 août.

Campo (Jean de), né à Porto Novo.
et Ursule de Costa, née à Madras.

22 août.

Alvès (Jean), né à Tranquebar,
et Luzia de Rozario, de Paliacate.

3 novembre.

Rozario (Mathieu de), né au Bengale,
et Louiza Denis, née à Paliacate.

23 novembre.

Louis (Francisco), né à Paliacate,
et Madeleine Paule, de Paliacate.

ANNÉE 1713.

Naissances.

9 janvier.
Passanha (Manuel),
fils de Gabriel Passanha et de Félicia de Cunha.

17 janvier.
Souza (Pierre de),
fils de Manoël de Souza et d'Ursula Pereire.

31 janvier.
Setas (Albina de),
fille d'Antonio de Setas et de Flavia de Freitas.

8 février.
Rozaire (Jean de),
fils de Catherine de Rozaire, esclave.

10 février.
Rozario (François de),
fils de Nicolas de Rozario et de Marie de Rozario.

27 février.
Cordier (Jean),
fils de Louis Cordier et de Suzanna Gomez.

5 mars.
Cæsario,
fils de Francisco et de Catherina, esclaves de Mme de Boussac.

5 mars.
Jase (Dominiqua),
fille de Gabriel Jase et de Suzanne de Monté.

17 mars.
Buret (Marie-Charles),
fille de Charles Buret et de Marie Charles.

22 mars.

GALLIOT (Catherine),
fille de Louis Galliot, ancien capitaine de vaisseau et de Barbara Audibert.

22 mars.

ROSE,
fille de Janicque et d'Espérance, esclaves.

25 mars.

HAMOSTAIN (Martin),
fils de Emmanuel Hamostain, garde du gouverneur, et de Suzanne.

27 mars.

TRABILLON (Jeanne Dorothée),
fille de Jean Trabillon et de Marie Françoise.

6 mai.

FOURNIER (André),
fils de Fournier, sergent, et de Appoline Rabouin.

9 mai.

JOANNO (Louis),
fils de Louis Joanno, soldat français et de Françisca Cotin.

12 mai.

LOPÈS (Pascoale),
fille de Jean Lopès et de Anna de Rozario.

15 mai.

GESLAULT (Madeleine),
fille de Jean Geslault, chef de poste et de Marguerite Charle.

7 juin.

BACHELIER (François),
fils de Pierre Bachélier et de Suzanne Esparon.

13 juin.

ALBERT (François Xavier),
fils de M. Albert, chirurgien major et de Elisabeth Rosa de Castro.

15 juin.

RIBEIRO (Ursule),
fille de Domingo Ribeiro et de Maria d'Almeida.

23 juin.

RIBEIRE (Ignace),
fils de Emmanuel Ribeire et de Maria de Soza.

11 juillet.

Le Granier (Apollonia),
fille de Gilles Le Granier et de Rosa de Monté.

31 juillet.

Boeri (Ignacia),
fille de Jean Boeri, soldat français et de Victoire, esclave.

1er août.

Le Brun (Julienne),
fille de Guillaume Le Brun, tambour, et de Jeanne de Rozaire.

2 août.

Caldeiro (Françoise),
fille de Pedro de Caldeiro et de Catherine Pereire.

9 août.

Calderman (Joseph),
fils de André Calderman et de Sabina Francisca.

25 août.

Claudio (Francisca),
fille de Francisco Claudio et de Gratia de Lima.

6 septembre.

François,
fils de Louis et de Yvanna.

18 septembre.

Rozario (Pierre de),
fils d'Antonio de Rozario et de Maria Rubina.

23 septembre.

Emoneau (Jacques),
fils de Jean Baptiste Emoneau, soldat, et de Marie Sobral.

24 septembre.

Hirigoyen (Jean Baptiste),
fils de Martin Hirigoyen et de Anne Royer.

28 septembre.

Suzanne,
fille d'une moça de M. Morineau.

28 septembre.

Angelique,
fille de Gregoire, esclave de M. de Lagroye.

2 octobre.

GENOIX (André),
fils de André Genoix et de Catherine de Monte.

5 octobre.

LE ROUX (François),
fils de Mathieu Le Roux, soldat, et de Aurelle Rodriguèz.

14 octobre.

ANNA,
fille de Francisco Louis et de Madeleine Paule.

23 octobre.

REBELLE (Francisca),
fille de Julien Rebelle et de Maria de Païva.

7 novembre.

POULET (François),
fils de Domingue Martin Poulet et de Anna Rodriguez.

18 novembre.

CRUZ (Emmanuel de),
fils de Jean de Cruz et de Sabina.

19 novembre.

LÉTAN (Françoise),
fille de Gilles Létan, soldat, et de Anne Souval.

3 décembre.

SOUZA (Francisca de),
fille de Domingos de Souza et de Maria de Rozario.

13 décembre.

LUERS (Jean),
fils d'Abraham Luers, hollandais, et de Marie Pereire.

18 décembre.

ALVAREZ (Domingos),
fils de Jean Alvarez et d'Elvira de Rozario.

24 décembre.

PARLOT (Charles Thomas),
fils de Pierre Parlot et de Marie Rebelle.

24 décembre.

COSSON DE LALANDE (Marianne),
fille de Cosson de Lalande et de Natalie Lobez de Quintal.

Mariages.

23 janvier.

Frètès (Manuel de), de Tranquebar, et Louisa Lopès.

7 février.

Alves (Domingos), et Dominga Pimenta de Negapatam.

23 février.

Souza (Bartholomeo de), de Tranquebar,
et Maria Cotinho de Negapatam.

27 février.

Huyboux (Yves), garde du gouverneur, breton,
et Isabelle de Rozaire, de Negapatam.

27 février.

Ribeiro (Domingos), de Madras,
et Marie de Aalmëïda, de Madras.

27 février.

... (Louis), né à Saumur,
et Isabelle Rodriguez, née à Porto Novo.

3 mai.

Rozario (Etienne de), de Congimer,
et Anna Figueira, de Madras.

9 mai.

Lima (Cornelio de), de Paliacate,
et Clara Sans, de Pondichéry.

10 mai.

Laurent, cafre, et Marguerite de Souza.

.. mai.

Sicaire (Santiago), de Tuticorin,
et Julia Fereira, de Madras.

22 mai.

Le Gallou (Arène), né à Saint-Pol de Léon,
et Isabelle Vaz, née à Madras.

22 mai.

Séverain (Jean), né à Negapatam,
et Maria Cordier, née au Bengale.

22 mai.

Jean, de caste canara, cuisinier,
et de Catherine de Rozario, de Pondichéry.

5 juin.

Damilaville (Claude), fils de Charles Damilaville et de Catherine de Saint-Paul, né à Guerny, archevêché de Rouen,
et Louise Glissant, fille de Jean Glissant et d'Elisabeth Florentine, née à Mazulipatam.

5 juin.

Rozario (Gabriel de), né au Bengale,
et Thomase de Saude, née à Negapatam.

20 juin.

Martin (Jean), né à Cochin,
et Lucia de Rozaire, de Negapatam.

29 juin.

Sylva (Louis de), de Negapatam, et Laurenço de Souza.

28 août.

Souza (Joseph de), de Congimer,
et Lucia de Rozario, de Saint-Thomé.

26 septembre.

Vaguenar (Guillaume), de Saint-Hergoul, archevêché de Malines,
et Sebastienne Fereire, de Madras.

30 octobre.

Olivier (François), né à Gènes,
et Anne Martins, née à Porto Novo.

23 décembre.

Rodriguez (Pascal), de Madras,
et Andrée Focino, de Porto Novo.

ANNÉE 1714.

Naissances.

4 janvier.

Rozario (Joseph de),
fils de Estevan de Rozario et de Anna Figueira.

7 janvier.

Gavian (Joanna),
fille de Manoel Gavian et de Isabelle de Aburan.

13 janvier.

Mele (Jean de),
fils de Guillaume de Mele et de Natalie de Monté.

15 janvier.

Borges (Laurentia),
fille de ... Borges et de Maria de Costa.

15 janvier.

Rozario (Rose de),
fille de Mathos de Rozario et de Gratia Dionisia.

17 janvier.

Cotinho (Dominique),
fils de Jean Cotinho et de Marie Ferreira.

18 janvier.

Gahnou (Dorothée),
fille de Jean Gahnou et de Suzanne de Soza.

2 février.

Dominique,
fille de Chauroy et de Palaye, malabars.

16 avril.
HERVAULT (Anna),
fille de Jacques Hervault, soldat, et de Marie Gonzalvès.

16 avril.
RAGUETTE (François),
fils de Pedro Raguette et de Tchanday.

1er mai.
SOZA (Thomas de),
fils de André de Soza et de Anna de Rozario.

5 mai.
RODRIGUEZ (Theresia),
fille de Jean Baptiste Rodriguez et de Domingo Ribeiro Caravalho.

16 mai.
MONTE (Jean de),
fils de Salvador de Monté et de Dominga de Monté.

21 mai.
GONZALVES (Francisca),
fille de Joseph Gonzalves et de Anna de Rozario.

21 mai.
LE GALLOU (Catherine),
fille de ... Le Gallou et de Elisabeth Vaz.

... juin.
MONTÉ (Pascoale de),
fille de Thomé de Monté et de Marie de Lima.

5 juin.
FANTOSA (Dominique),
fils de Theodosa Fantosa.

7 juin.
FAGENAR (Marguerite),
fille de Guillaume Fagenar, flamand, et de Sebastienne Ferreire.

16 juin.
FICHER (Louise),
fille de Jean Ficher, anglais, et de Marie Anne de Mathe.

24 juin.
ALBERT (Jean Baptiste),
fils de Gilbert Côme Albert et de Rosa Cothinet.

3 juillet.

Rozario (Francisca de),
fille de André de Rozario et de Maria.

9 juillet.

Gonzalvès (Anne), et Gonzalvès (Françoise),
filles de Jean Gonzalvès et de Elisabeth de Melle.

12 juillet.

Ballot (Augustin),
fils de Jean Ballot et de Madeleine Payé.
Parrain : Augustin de Bernapré, capitaine du *Saint-Louis*.
Marraine : Marie Monique de Bruix, femme de M. Dulivier, gouverneur.

28 juillet.

Soza (Barbe de),
fille de François de Soza et de Maria de Rozario.

1er août.

Alexandre,
fils d'un esclave de M. Lagroye.

4 août.

Bastien (Dominique),
fils de Abraham Bastien et de Antonia Passanha.

16 août.

Le Couesse (Marie),
fille de Louis Le Couesse et de Françoise Lobo.

19 août.

Le Blond (François),
fils de Jean Le Blond, caporal, et de Christine Gonzalvès.

2 septembre.

Un esclave de M. Le Blanc, commissaire des vaisseaux du roi.

10 septembre.

Rozario (Catherine de),
fille de Thomas de Rozario et de Marie de Rozario.

11 septembre.

Rozario (Francisca de),
fille de Gabriel de Rozario et de Angela.

13 septembre.

CANHA (Jeanne de),
fille de Jean de Canha et de Maria.

15 septembre.

LATOUCHE (Françoise-Xavière),
fille de M. Latouche, capitaine d'armes et de Elisabeth Eurescon.

25 septembre.

OLIVIER (François),
fils de François Olivier et de Anna Madelin.

25 septembre.

SOZA (Marie de),
fille de Diego de Soza et de Francisca de Soza.

1er octobre.

SAMSON (Francisca),
fille de Antoine Samson et de Maria Chaira.

4 octobre.

GOSSART (Pierre François),
fils de Gérard Gossart et de Dorothée Bernard.

21 octobre.

MONTE (Joseph de),
fils de Francisco de Monte.

30 octobre.

ROZARIO (Jean de),
fils de Pedro de Rozario et de Catherine Pereire.

3 novembre

TARABILLON (Joseph),
fils de Jean Tarabillon et de Marie Vadoire.

15 novembre.

BRUNET (Rosa),
fils de Claude Brunet et de Marie Monique.

15 novembre.

OUZOU (Marie Anne),
fille de Jean Ouzou, hollandais, et de Marie Buret.

19 novembre.

Rozario (Philippe de),
fils de Nicolas de Rozario et de Marie de Rozario.

23 novembre.

Cadot (Madeleine),
fille de Charles Cadot et de Catherine Mendès.

24 novembre.

Le Gal (Anne),
fille de Yves Le Gal et d'Isabelle Rodriguès.

29 novembre.

Senne (... de),
fils de Jean de Senne, dit Verdure, adjudant canonnier, et de Hélène Viera.

30 novembre.

Marguerite,
fille d'une esclave de M. Desprez.

2 décembre.

Gamas (Jean),
fils de Thomas de Gamas et de Marie de Monté.

6 décembre.

Rozario (Hyacinthe de),
fille de Louis de Rozario et de Marie de Saa.

15 décembre.

Sylva (François-Xavier de),
fils de Francisco de Sylva et de Francisca de Rozario.

Mariages.

21 janvier.

Rodriguez (Manuel), né à Daman,
et Suzanne de Quintual, de p. et m. gentils.

15 février.

Roneys (Augustin), né au Bengale,
et Isabelle de Rozaire, née à Négapatam.

8 avril.

Carvalho (Jean), et Maria de Faria.

2 juillet.

Rosso (Henrico), cafre, né au Cap Vert,
et Marie Alvez, née à Pondichéry.

9 juillet.

Pigeon (Guillaume), né à Port-Louis, évêché de Vannes,
et Géneviève de Matos, née à l'Ile Bourbon.

13 août.

Bongré (Edme), marchand et conseiller de la Compagnie,
né à Mantes, fils de Edme Bongré et de Marie Ribault,
et Marie Anne de Lagroye, née au Bengale, fille de Pierre
de Lagroye et de Anne Bilesing.

5 novembre.

Balaye (Jean), né à la Chapelle des Pots, évêché de Saintes,
et Françoise de Castro, née à Madras, fille de Thomas Lopès
et de Jeanne de Castro.

1er décembre.

La Charie de la Haye de Villiers (Paul), né à Paris, fils de
François de la Haye et de Françoise Besselard,
et Marie Rabouin, veuve d'Antoine Martin, née à Golconde.

1er décembre.

Moral (Jean), né en Gueldre,
et Elisabeth Viera, née à Tranquebar.

Décès.

15 juillet.

Angelique, fille d'Antoine et de Brianda, âgée de 11 mois.

20 juillet.

Une enfant topa nommée Francisca, âgée de 5 jours.

23 juillet.

Poyer (Madeleine), femme de Jean Balaye.

27 juillet.

Combalbert (Jean-Baptiste), âgé de 36 jours.

28 juillet.

Le Dourté (François), né à Auray, (qui ayant demeuré hébété plus de six mois est enfin mort de mort subite).

12 août.

Martin (Antoine), tonnelier, né à Pontoise.

15 août.

Saison (Georges), matelot.

17 août.

Janson (Dominga), âgée de 8 mois ou environ.

20 août.

Monté (François de), âgé de 3 mois.

23 août.

Barrier (Julienne), femme de Guern, caporal.

4 septembre.

Le fils de Baptiste, canonnier, âgé d'environ 2 ans.

4 septembre.

La femme d'un Hollandais, morte subitement.

5 septembre.

Joseph, cafre, né à Madagascar.

14 septembre.

Boussac (Maria), femme de Jean de Canha.

18 septembre.

La femme de M. Latouche, capitaine d'armes.

22 septembre.

Pierre (Yves), dit Duquesnel, sergent.

22 septembre.

Une esclave de Francisco Pereira.

24 septembre.

Un enfant topa.

26 septembre.

Masson (Michel), né à Pezenas, soldat sur le vaisseau *Le Jason*.

2 octobre.

Latouche, maître d'armes.

3 octobre.

Le Bihan (Michel), soldat, né à Querviniac, diocèse de Vannes, noyé dans la rivière d'Ariancoupom.

20 octobre.

Hieronimo, topa, mort subitement.

28 octobre.

Une femme veuve nommée Antonia.

3 novembre.

François-Xavier, topa.

4 novembre.

Un enfant âgé de 7 mois, fils d'une moça.

13 novembre.

Louis, topa, âgé de 10 à 11 ans.

13 novembre.

Cruz (Ignacio de), âgé de 3 ans.

21 novembre.

Rozario (Joseph de), âgé d'environ 1 an.

21 novembre.

Le fils d'un soldat français, âgé d'environ 2 ans.

22 novembre.

La femme de Gabriel de Rozario, soldat topa.

1er décembre.

Pimento (François), fils de Jean Pimento.

4 décembre.

Vierre (François), fils de Pierre Vierre.

9 décembre.

Pereira (Marie), femme d'Abraham Kerque, hollandais, soldat de la forteresse.

10 décembre.

Cruz (Andreza de), âgée de 6 ans, fille d'un soldat topa.

12 décembre.

Melle (Jean de), âgé de 3 à 4 mois.

12 décembre.

Le fils de Jean Leblond, âgé d'environ 2 ans.

12 décembre.

Ouzou (Marianne), âgée d'environ 1 mois.

13 décembre.

Ferreira (Jean), cafre, né à Goa, âgé d'environ 60 ans, (qui avait été 15 ans parmi les insulaires de Madagascar, d'où il passa ici sur les vaisseaux du roi que commandaient MM. du Coudray, Guymon et de Saint-Auban, nommés, l'*Eclatant* et *Le Jason*.

19 décembre.

Laurent, fils d'une esclave.

21 décembre.

Joseph, fils d'une esclave.

26 décembre.

Lucretia, esclave.

29 décembre.

Gobichet (Vincent), du diocèse de Saint-Brieuc, soldat.

ANNEE 1715.

Naissances.

3 janvier.

Latouche (Louis François),
fils de M. Latouche, capitaine de port, et de Barbe Audibert.

7 janvier.

Fournier (Françoise),
fille de M. Fournier, sergent, et de Apollonine Rabouin.

7 janvier.

Le Borgne (Julie),
fille de Marc Le Borgne et de Marie d'Almeida.

7 janvier.

Caravailho (Alphonse),
fils de Joseph Caravailho et de Maria de Bitancour.

8 janvier.

Pierre,
fils de Francisca, moça.

6 février.

Hamelin (Nicolas),
fils de Edme Hamelin, dit le Bourguignon et de Suzanne.
Parrain : Nicolas Olivier Lefaucheur.

11 février.

Lopès (Pierre),
fils de Pedro Lopès et de Anna de Rozario.

12 février.

Dierra (Luc),
fils de Laurent Dierra et de Elisabeth Pangot.

... février.
SICAIRA (Emmanuel),
fils de Louis Sicaira et de Marie Rottan.

14 février.
MARIE,
fille de Francisco et de Lucretia.

23 février.
LOUISA,
fille de Louis et de Joanna, esclaves de M. Bongré.

24 février.
ROZARIO (Dominga de),
fille de Jean de Rozario et de Marie de Rozario.

7 mars.
ALVEZ (François Xavier),
fils de Gaspard Alvez et de Marie de Rozaire.

12 mars.
CRESPIN (Jean Baptiste),
fils de Jean Crespin, canonnier, et de Anne Bobia.
Parrain : Jean Evangeliste Cordier, lieutenant.

27 mars.
FRANCISCO (Marie),
fille de Jean Francisco et de Gratia de Monte.

29 mars.
JEAN,
fils de Marthe, esclave de M. Coignet.

30 mars.
JULIENNE,
fille de Gracia, esclave.

6 avril.
FERAIRE (Marie),
fille de Thomé Feraire et de Hélène de Rozario.

8 avril.
JEAN,
fils d'un cafre, originaire du Cap, et de Marie Louise.

3 mai.
ALBERT (Louise Brigitte),
fille de Albert Louis et de Marceline Ribère.

16 mai.

Lima (Pascoale de),
fille de Pascoal de Lima et de Marie de Conha.

18 mai.

Pereira (Marie),
fille de Diego Pereira et de Anne de Rozario.

13 juin.

Rozario (Madeleine et Marthe),
filles de Thomé de Rozario et de Catherine d'Almeida.

16 juin.

Rozario (Francisco de),
fille de Pedro de Rozario et de Anna de Rozario.

20 juin.

Roché (Apollonia),
fille de Jérôme Roché et de Anna de Rozaire.

1er juillet.

Rozario (Gabriel de),
fils de Jean de Rozario et de Anna de Rozario.

7 juillet.

Costa (Jeanne de),
fille de Jean de Costa, soldat, et de Maria.

11 juillet.

Monté (Françoise de),
fille de Emmanuel de Monté et de Marie de Rozaire.

23 juillet.

Alvès (François),
fils de Domingo Alvès et de Dominga Pimenta.

23 juillet.

Ribère (Antonia),
fille de Jacques Ribère et de Madeleine Sicaire.

29 juillet.

Monte (Apollonie de),
fille de Thomé de Monte et de Francisca de Cruz.

4 août.

Costa (Dominga de),
fille de Pedro de Costa et de Anna de Rozaire.

12 août.

Le Blanc (Robert),
fils de Robert Le Blanc et de Ignacia Barière.

16 août.

Gallet (Laurent),
fils de Cosme Gallet et de Marie Rose Cottinet.

25 août.

Dias (Louis),
fils de Estevan Dias et de Dominga Vegaz,

14 septembre

Pigeon (Marie),
fille de Guillaume Pigeon, écrivain de la Compagnie, et de Geneviéve de Matte.

28 septembre.

D'Amilaville (Catherine Elisabeth),
fille de Claude Damilaville, soldat, et de Louise Glissant.

29 septembre.

Sylva (Barthèlemy de),
fils de Louis de Sylva et de Laurencia de Souza.

3 octobre.

Heredia (François de),
fils de Maurice de Heredia et de Nathalia Vaz du Soza.

4 octobre.

Rebel (Marguerite),
fille de Julien Rebel et de Marie Charles.

4 octobre.

Mesle (Marie de),
fille de Guillelme de Mesle et de Natalie de Mesle.

8 octobre.

Maria,
fille de Ursula, moça.

8 octobre.

Thomas,
fils de Francisca, esclave,

14 octobre.

Maria,
fille de Dominga, moça.

18 octobre.

LE BRUN (Marie Françoise),
fille de Guillaume Le Brun et de Jeanne de Rozaire.

18 octobre.

ROZAIRE (Jean de),
fils de Antonio de Rozaire et de Anna de Rozaire.

23 octebre.

SUAREZ (Anna),
fille d'Antonio Suarez et de Maria de Fretes.

27 octobre.

LIDOUR OU LEHUIDOUR (Louis),
fils de Yves Lidour, soldat, et d'Isabelle Pereire.

8 novembre.

OUZOU (Jacques),
fils de Jean Ouzou et de Maria Burette.

9 novembre.

ROZAIRE (Jacques de),
fils d'Etienne de Rozaire et de Anna Figueira.

9 novembre.

PASSANHA (Adrian),
fils de Thomé Passanha et de Clara de Mendes.

12 décembre.

DORIN (Lousia),
fille de Jean Dorin et de Maria Cordier.

17 décembre.

LAZARO,
fille d'Angelica, moça.

21 décembre.

VIERA (Thomasia),
fille de Pierre Viera et de Julia de Soza.

25 décembre.

ALMEIDA (Nathalie d'),
fille de Thomé d'Almeida et de Anna de Rozaire.

29 décembre.

SOZA (Antoine de),
fils de Emmanuel de Soza et de Ursula Pereira.

Mariages.

5 février.

Rozario (Antonio de), né à Paliacate,
et Marie de Rozaire, née au Bengale.

10 février.

Siqueira (Thomè), né à Goudelour,
et Anne de Sylva, née à Pondichéry.

11 février.

Paulo (Georges), né à Paliacate,
et Sylvestra de Monté, née à Pondichéry.

24 février.

Ribeiro (Jérôme), né à Paliacate,
et Anne de Monté, née à Pondichéry.

6 mars.

Assenaire (Christian de), né à Berlin,
et Berthe Suarez, née à Saint-Thomé.

6 avril.

Souza (André de), de p. et m. gentils, né au Bengale,
et Nathalie de Rozario.

13 mai.

Rozario (Gabriel de),
et Angelique de Rozario.

20 mai.

Oliveira (Louis de), né à Saint-Thomé,
et Madeleine de Monte, née à Sadras.

2 juin.

Siqueira (Thomé de), né à Madras,
et ...

12 juin.

Pereira (Domingos), né à Negapatam,
et Antonia de Monte.

1er juillet.

Francisco Xavier, de p. et m. gentils, né à Painour,
et Antonia de Costa, de Pondichéry.

8 juillet.

Souza (Pierre de), né à Negapatam,
et Francisca de Monte, née à Pondichéry.

29 juillet.

Piros (Domingos),
et Maria de Rozario, née à Paliacate.

19 août.

Mendes (Jean),
et Antonia Passanha, tous deux nés à Paliacate.

8 octobre.

Paulo (Antonio), né à Paliacate,
et Dominga de Abreo, née à Pondichéry.

14 octobre.

Martins (Antonio), né à Pondichéry,
et Pascoale de Miranda, née à Madras.

22 octobre.

Monte (Pierre de), né à Pondichéry,
et Jeanne de Monte, née à Valdaour.

30 octobre.

Gonzalvès (François), né à Cochin,
et Catherine de Rozario, née à Negapatam.

11 novembre.

Téxeira (Mathieu), portugais, né à Saint-Thomé,
et Elisabeth de Sylva, né à Saint-Thomé.

25 novembre.

Mendez (Ignatio), né à Madras,
et Maria Dabreo.

Décès.

1er janvier.

Une veuve, nommé Jeanne.

8 janvier.

Brandan (Manoël).

14 janvier.

Une fille de Thomé de Monté, âgée de 3 mois.

22 janvier.

Rosa, âgée d'environ un an, fille d'un topa.

23 janvier.

Un fils de Fournier, sergent.

29 janvier.

Le Gallais, capitaine en second du vaisseau *Le François d'Argonge*, commandé par M. Delavigne.

2 février.

Catharina, veuve de Simon de Sylva.

8 février.

Une esclave, nommé Catherine.

8 février.

André.

15 février.

Rozario (François de), fils de Pedro de Rozario.

28 février.

Gens (Suzanna).

28 février.

Un enfant de sept jours.

2 mars.

Leroux (Jeanne), fille du sergent Leroux dit Laviolette, âgée de 4 ans.

3 mars.

Cottard (Henri), matelot, marié à Saint-Malo.

4 mars.

Fernandez (Antonio), topa.

16 mars.

Teixeira (Marguerite), femme de M. Oualche et ci-devant veuve de Concaribeault.

19 mars.

Alvez (Marie), femme de Gaspard Alvez, portugais.

22 mars.

Leroux (Catherine), fille de Mathieu Leroux, sergent, âgée de 3 ans.

3 avril.

Le Blond (François), âgé de sept mois 1/2, fils de Jean Le Blond, caporal.

7 avril.

Melle (Anna de), fille de Elisabeth de Melle.

7 avril.

Chardonneau, premier capitaine des troupes, mort d'apoplexie.

12 avril.

Albert (Agnès-Marguerite), âgée de 6 ans, seconde fille de M. Albert, chirurgien, et de Rosa de Castro.

16 avril.

Almeida (Anna d'), femme de Marc Le Borgne, pilote.

20 avril.

Perrot (Pierre), né à Port Louis, évêché de Vannes, matelot sur le vaisseau de M. Bois-Laurent.

20 avril.

Bunthorne (James), anglais, mort (après avoir fait abjuration de l'hérésie.

25 avril.

Gossart (Pierre), âgé de 6 mois, fils de Gérard Gossart, trompette.

25 avril.

Arraine (Pierre), âgée de 12 ans, fille de Jean Arraine, boulanger.

27 avril.

Lopez (Anna).

8 mai.

Castre (Francisca de), femme de Jean Balaye dit Saint-Onxe.

10 mai.

Philippe, âgé de 6 mois, fils d'un topa.

10 mai.

Olivier (François), âgé d'environ 6 mois, fils d'Olivier, génois.

16 mai.

Sellier (Louis), commis, inspecteur de la cantine des soldats.

17 mai.

Pinpoüllot (Guillaume), âgé de 7 ans 1/2, fils de Pinpoullot, soldat.

30 mai.

Robert, fils d'Anna Robina.

7 juin.

Une enfant mort-née, fille de Pinçon.

7 juin.

Ribeiro (Louis), fils de Domingos Ribeiro.

4 juillet.

Bourguignon (.....), âgé de 9 mois.

21 juillet.

Paneze, breton, matelot de *La Paix*.

28 juillet.

Bonnefond (Guillaume), né en Gascogne.

28 juillet.

. Cattelouze, (Nicolas), autrefois nommé de Rambour, né à Caen, maître d'artillerie et lieutenant d'une Compagnie.

5 août.

Jean, paria, tambour de la garnison.

5 août.

Sylveste, esclave de Maria de Castro, âgé d'environ 8 ans.

5 août.

Rose, fille de claude Brunet.

13 août.

Une fille de Manoël de Monte, âgée d'environ 8 mois.

18 août.

Pédre (Maria), moça de Salvador Peraire.

20 septembre.

Boussac (Joanna), femme de Sebastiano Teixeira.

23 septembre.

Porteira (Franscisca).

25 septembre.

Morty, beau-père de Monsieur Dulivier, chevalier de l'ordre de Saint-Lazare et gouverneur de Pondichéry.

7 octobre.

Monté (Marie de), fille d'Emmanuel Rodrigues et de Suzanna de Graça.

1er novembre.

Elizabeth, femme de Pedro de Rozario.

7 novembre.

Kerjean (François-Guillaume), soldat originaire de Bretagne.

17 novembre.

Bradaire dit Dubois (François), natif de la paroise de Notre Dame de Grace, évêché de Rouen.

26 novembre.

Marcelline, esclave de Joanna de Castro.

28 novembre.

Thomazia, belle-mère de Louis Lorlogeur.

1er décembre.

Ribeiro (Jean), soldat topa,

2 décembre.

Toupalier (Elie de la),

9 décembre.

Daznedo (Paulo),

ANNÉE 1716.

Naissances.

2 janvier.
Marineau (Marie),
fille de M. Marineau et de Suzanne Esparon.

12 janvier.
Caillault (Anne),
fille de Jean Baptiste Caillault et de Marguerite Charle.

12 janvier.
Alvès (Catherine),
fille de Jean Alvès et de Louiza de Rozaire.

13 janvier.
Saudé (François de),
fils de Antonio de Saudé et de Luzia de Costa.

21 janvier.
Louise,
fille d'une servante de M. Halard.

25 janvier.
Rodriguès (Paul),
fils de Jean Baptiste Rodriguès et de Dominga Ribeire de Caravaillo.

25 février.
Rozaire (André de),
fils de Pedro de Rozaire et de Anna de Rozaire.

1er mars.
Galliot Latouche (Michel),
fils de Louis Galliot Latouche, capitaine de port et de Barbe Audibert.

8 mars.

Hervault (Apollonie),
fille de Jacques Hervault et de Marie Gonzalvès.

23 mars.

Sylva (François de),
fils de Domingo de Sylva et de Dominga Rozario.

23 mars.

Paulo (Domingue),
fils de Antonio Paulo et de Domingo Hieronimo.

1er avril.

Joanneau (Genéviève),
fille de Louis Joanneau, soldat, et de Francisca Cotinho.

8 avril.

Rebeire (Madeleine),
fille de Jean Rebeire et de Roza de Silva.

11 avril.

Amelain (Marie),
fille de Edme Amelain et de Suzanne.

16 mai.

Monte (Francisca de),
fille de Miguel de Monte et de Anna de Rozario.

19 mai.

Le Blond (Jérôme),
fils de Jean Le Blond et de Christine Gonzalvès.

26 mai.

Lélan (René),
fils de Gilles Lélan (d'Hennebon) et de Anna Sobral.

1er juin.

Brunet (Joseph),
fils de Claude Brunet (du bourg de Girou, en Berry), et de Maria Monica (du Bengale).

2 juin.

Pol (Catherine),
fille de Claude Pol (de Vannes), et de Apollonia, moça.

4 juin.

Monte (Janna de),
fille de Domingo de Cruz de Monte et de Maria Gomès.

6 juin.

Pereira (Madeleine),
fille de Domingo Pereira et de Antonia de Monte.

6 juin.

Le Roux (Catherine),
fille de Mathieu Le Roux (d'Hennebon), et de Aurelia Rodriguez.

7 juin.

Bagnard (Maria),
fille de Guillaume Bagnard (de Bruxelles), et de Sebastienne Ferreira.

10 juin.

Sabina,
fille de Miguela, moça de M. Albert.

10 juin.

Rozario (Marthe de),
fille de Nicolas de Rozario et de Marie de Rozario.

11 juin.

Rozario (Francisco de),
fils de André de Rozario et de Nathalie de Rozario.

23 juin.

Rozario (Jeanne de),
fille de Matheos de Rozario (du Bengale), et de Luiza de Lima.

3 juillet.

Monte (Francisco de),
fils de Manuel de Monte (de Sadras), et de Maria de Rozario.

15 juillet.

Cordeiro (Maria),
fille de Luis Cordeiro et de Suzanna Gomès.

15 juillet.

Albert (Louis Jacques),
fils de Jacques Albert (de Paris), et de Rose Elisabeth de Castro, née à Saint-Thomé.

Parrain: Cordier, lieutenant.

Marraine: Jeanne Albert (plus tard Madame Dupleix). La signature de Jeanne Albert se trouve au bas de l'acte avec celles de MM. Cordier, de Lagroyes, Latouche et Dujarry.

22 juillet.

Martins (Francisca),
fille de Antonio Martins (de Madras), et de Pascoela Damiranda.

31 juillet.

Rozario (Ignacio de),
fils de Manuel de Rozario (de Négapatam), et de Catherine de Rozario.

3 août.

Monté (Francisco de),
fils de Thomé de Monté et de Maria de Lima.

12 août.

Guignoux (Jean),
fils de Jean Guignoux (d'Hennebon), et de Suzanne de Souza.

19 août.

Rozario (Isabelle de),
fille de Ignacio de Rozario et de Maria Alvès.

9 octobre.

Parlau (Joseph),
fils de Pierre Parlau (de Paris), et de Maria Rebelle (de Sadras).

10 octobre.

Andrique (Marianne),
fille de André Andrique et de Christiane de Monte.

12 octobre.

Rozario (François de),
fils de Jean de Rozario et de Marguerite de Costa.

14 octobre.

Andrade (Francisca d'),
fille de Lazaro d'Andrade et de Anna de Rozario.

15 octobre.

Thomé,
fils de Archangela, topase.

29 octobre.

Ribeiro (André),
fils de Antonio Ribeiro (de Conjimer), et de Anna ...

7 novembre.

Gonzalvès (Dorothée),
fille de Francisque Gonzalvès (de Cochin), et de Catharina de Rozario.

21 novembre.

Manas (Dominique),
fils de Jean Manas (de Paliacate), et de Thomasia de Monte.

22 novembre.

Maria,
fille de Anna, moça de M. Flacourt.

5 décembre.

Ribeiro (Dominga),
fille de Hieronimo Ribeiro et de Anna de Monte.

14 décembre.

Gaman (Julia),
fille de Manoel Gaman (de Tranquebar), et de Isabelle de Magalhiens.

23 décembre.

Cadeau (Etienne),
fils de Charles Cadeau (de Dieppe et de Catharina Mendès.

Mariages.

28 janvier.

Souza (Bastian de), né à Paliacate,
et Thomasia Ferreira, née à Pondichéry.

10 février.

Le Gallou (René), né à Guipara, en Bretagne,
et Marie Rabouin.

25 février.

Bury (Antoine), né à Versailles,
et Elisabeth Cosson de Lalande, née à Goudelour.

27 avril.

Déchant (Clément), soldat, né à Saint-Quentin,
et Francisca Mendès, née à Gingy.

5 mai.

Cruz (Louis de), de p. et m. gentils, né à Pondichéry,
et Margarita Soudrinho, de p. et m. gentils, née à Tranquebar.

15 mai.

Honoré (Louis), né à Béziers,
et Josepha Cordeira, née à Thevenepatam.

16 mai.

Pitre (Antonio), né à Paliacate,
et Jeanne de Rozario, née à Thevenepatam, de p. et m. gentils.

8 juin.

Almeida (Antonio d'), né à Sadras,
et Romana Barreira, née à Tranquebar, de p. et m. gentils.

6 juillet.

Beuret (Charles), né à Morlaix,
et Catherine Oliveira, née à Goudelour.

8 juillet.

Léal (Miguel), né à Tranquebar,
et Pascoale de Lima, née à Pondichéry.

15 juillet.

Cristianissimo (Joseph), né à Masulipatam, de p. et m. gentils.
et Adrienne de Quintual, née à Saint-Thomé.

17 juillet.

Deville (Nicolas Martin), né à Paris,
et Pascoale de Rozario Pereira.

... septembre.

Monte (Thomé de), né à Sadras,
et Maria Samson, née à Pondichéry.

17 novembre.

Gomez (Joseph), né à Saint-Thomé,
et Maria de Monte, née à Sadras.

Décès.

1er janvier.

Coalho (Thomé), mort subitement.

4 janvier.

Pouessou (Etienne), matelot, né à Marennes.

11 janvier.

Frède (Antonia de), esclave.

11 janvier.

Saudé (François de), enfant, fils de Antoine de Saudé et de Louzia Corneilli.

15 janvier.

Langlois (Philippe), de Saint-Paul du Verne, évêché de Bayeux.

17 janvier.

Le Moine (Joseph), natif de Dinan, charpentier sur le vaisseau *les Deux Couronnes*, commandé par M. du Demaine.

17 janvier.

Gonsalvez (Joseph), soldat.

14 février.

Marin (François), né à Toulon.

18 mars.

Laroze (Jacques), soldat, né à Paris, noyé dans la rivière d'Ariancoupom, pendant qu'on faisait la pêche.

3 avril.

Francisca, enfant, esclave.

30 avril.

Lavigne (Jean), caporal, né à Rouen.

9 mai.

Carpentier (Louis), âgé d'environ 48 ans, né à Arras.

10 juin.

Gourlai dit le Chatelain (Hervé), soldat, âgé d'environ 40 ans, né à Kinsiot (Bretagne).

14 juin.

Rozario (Louis de), soldat, âgé d'environ 50 ans.

15 juin.

Passanha, (un enfant nouveau-né de Gabriel,)

15 juin.

Ficher, (un enfant nouveau-né de M.)

15 juin.

Luis, (un enfant nouveau-né d'Albertho,)

18 juin.

Ficher (Marie), femme de Monsieur Ficher, âgée d'environ 20 ans.

11 juillet.

Botresle dit Francœur (Gabriel), caporal, âgé d'environ 65 ans.

19 juillet.

Coelho (Anna), âgée d'environ 35 ans.

19 juillet.

Galliot dit Latouche (Michel), âgé de 5 mois, fils de Louis Galliot dit Latouche.

6 août.

Monté (Francisco de), âgé de 3 jours, fils de Thomé de Monté.

10 août.

Canha (Joanna de), âgée d'environ 2 ans, fille de Joan de Canha.

11 août.

Costa (Dominga de), âgée d'environ 50 ans.

11 août.

Ce 12 août 1716, sur les 6 heures du soir, est morte senhora Joanna de Castro, belle-mère de M. Albert, âgée d'environ 50 ans, après avoir reçu tous les sacrements de l'Eglise et a été enterrée le 13 dans notre Eglise de Notre Dame des Anges par moi soussigné.

Père Eutrope de Saumur, Cap. Miss. apl. Sup.

11 août.

Cruz (Sabina de), femme de Joan de Cruz.

9 septembre.

Sylva (Francisca de), âgée de 12 heures, fille de Paul de Sylva.

10 septembre.

Passanha (Manoël), âgé de 2 ans, fils de Luis Passanha.

11 septembre.

Rodriguez (Manoël), cafre, âgé d'environ 50 ans.

13 septembre.

Rozario (Anna de), âgée d'environ 26 ans, femme de Pedro de Rozario.

14 septembre.

Sylva (....), fille de Mathieu de Sylva, âgée d'environ 10 heures.

16 septembre.

Saint-Brieuc, soldat, âgé d'environ 30 ans, né à Saint-Brieuc.

17 septembre.

Perreira (Constancia), âgée d'environ 60 ans.

19 septembre.

Rozario (Ignacio de), âgé d'environ 2 mois.

11 octobre.

Catharina, âgée de 4 à 5 ans, fille d'un topa.

18 octobre.

Esope (Bertrand), serrurier ou armurier, né en Bretagne, âgé d'environ 40 ans.

7 novembre.

Pedro, moço, âgé d'environ 35 ans.

6 décembre.

La Haye, (un fils de Monsieur), mort 2 heures après sa naissance.

9 décembre.

Rozario (Maria de), âgée de plus de 70 ans.

10 décembre.

Rozario (un petit enfant de Pedro de).

19 décembre.

Rebello (André), âgé d'environ 75 ans.

20 décembre.

Joanneau (Géneviève), âgée d'environ 4 mois, fille de Louis Joanneau.

ANNÉE 1717.

Naissances.

3 janvier.

HERIGOIEN (François Xaxier Benoit),
fils de Martin Herigoien (de Saint-Jean de Luz), et de Anne Royer (de l'Ile Bourbon).

Parrain : Benoit Dumas, (né à Paris), le futur gouverneur de nos Etablissements.

15 janvier.

DESCHAMPS (Antonia),
fille de Clément Deschamps (de Saint-Quentin), et de Françoise Mendès.

24 janvier.

CRÉPIN (Jacques Yves),
fils de Jean Crépin (de Piriac), et de Anna Bobia (de Golconde)

25 janvier.

LEGOU (François),
fils de Alexandre Legou (de Tours), et de Marie Audibert.

27 janvier.

LECUYER (Marguerite),
fille de François Lécuyer (d'Heunebon), et de Isabelle Dagnias (de Porto Novo).

3 février.

CUNHADESSA (Joseph),
fils de Manoel Cunhadessa, portugais, et de Eugenia Suares d'Albuquerque,

3 avril.

GRAVIER (Henri),
fils de Gilles Gravier (de Vannes), et de Rosa de Monte.

3 avril.

Fournier (Anne),
fille de André Fournier (de Toulon), et de Apollonia Rabouin.

12 avril.

Lima (Francisca de),
fille de Cornelio de Lima et de Clara Janse.

13 avril.

Combalbert (Jacques),
fils de Gilbert Combalbert (de Lyon), et de Rose Cottinet.

14 avril.

Vieira (Jean), —
fils de Pedro Vieira et de Julia de Souza.

21 avril.

Rozario (Maria de),
fille de Thomé de Rozario (de Saint-Thomé), et de Maria de Rozario.

26 avril.

Madeiro (Anna),
fille de Jean Madeiro et de Gracia Pereira.

5 mai.

Honoré (Françoise),
fille de Louis Honoré, soldat, et de Josepha Cordeiro

10 mai.

Le Couesse (Thomase),
fille de Louis Le Couesse, canonnier, et de Francisca Lopès.

15 mai.

Christianissimo (Dorothée),
fille de Joseph Christianissimo (de Masulipatam), et de Adriana Quintual (de Saint-Thomé).

16 mai.

Rodriguez (Francisca),
fille de Manoel Rodriguez, cafre et de Suzanna de Quintual (de Pondichéry).

16 mai.

Léal (Gabriel),
fils de Miguel Léal et de Pascoale de Lima.

6 juin.

Sicaira (Dominga),
fille de Luis Sicaira (de Paliacate), et de Francisca Rotan.

10 juin.

François,
enfant trouvé.

25 juin.

Tarabillon (Adrien),
fils de Jean Tarabillon, canonnier, et de Marie Françoise.

27 juin.

Pigeon (Joseph Guillaume),
fils de Joseph Pigeon, commis de la Compagnie (de Port-Louis), et de Géneviève de Matte.

10 juillet.

Le Gallan (Apolonia),
fille de René Le Gallan (de Saint-Pol de Léon), et de Marie Rabouin.

13 juillet.

Monté (Dominga de),
fille de Emmanuel de Monté et de Marie.

16 juillet.

Alvès (Marianne),
fille de Domingos Alvès et de Dominga Pimento.

18 juillet.

Rozario (Francisca de),
fille de Pedro de Rozario (de Tevenepatam), et de Anna de Rozario.

19 juillet.

Rebello (André),
fils de Julien Rebello (de Sadras), et de Maria de Païva.

26 juillet.

Saude (Gaspard de),
fils de Antonio de Saude et de Luisa de Costa.

26 juillet.

Le Roux (Jeanne Rose),
fille de Mathieu Le Roux, sergent, et de Aurelle Rodriguès

29 juillet.

AGNÈS,
fille de Catherine Porcelle, esclave de M de Lagroye.

3 août.

RODRIGUEZ (Dominga),
fille de Domingos Rodriguez et de Lucie d'Andrade.

6 août.

JANSE (Jean),
fils de Gabriel Janse (de Paliacate) et de Suzanne de Monté.

9 août.

ROZARIO (Laurenço de),
fils d'Anna de Rozario.

18 août.

ROZARIO (Francisca de),
fille de Balthazar de Rozario et de Maria Madeira.

4 septembre.

BURET (Edme),
fils de Charles Buret et de Catherine ...

18 septembre.

LEGAL (Louis),
fils de Yves Legal et de Isabelle Rodriguez.

19 septembre.

ALVÈS (Emmanuel),
fils de Jean Alvès (de Tranquebar), et de Louise de Rozario.

21 septembre.

VÉRONIQUE,
fille de Francisco Xavier et de Josepha.

29 septembre.

ICHAC (Jean),
fils de Jean Ichac (de Guingamp), et de Bastienne Sobral.

5 octobre.

GALLIOT (Pierre Benoit et Louis Nicolas),
fils jumeaux de Louis Galliot dit Latouche et de Barbe Audibert.

Parrain : Pour le premier, Benoit Dumas ; pour le second, Louis Nicolas Arnaud, de Paris,

7 octobre.

François,
fils de Monica, esclave de M. de la Morandière.

8 octobre.

Le Brun (Jean),
fils de Guillaume Le Brun (de Carhaie), et de Jeanne de Rozario.

12 octobre.

Soza (Françoise de),
fille de Pedro de Soza et de Françoise de Monté.

15 novembre.

Cruz (Jean de),
fils de Manuel de Cruz (de Goudelour), et de Anna de Monté.

22 novembre.

Monté (Marie de),
fille de Michel de Gama et de Maria de Monté.

12 décembre.

Rozario (Emmanuel de),
fils de Gabriel de Rozario et de Catherine de Rozario.

Mariages.

18 janvier.

Rozario (Philippe de), né à Golconde, de p. et m. gentils
et Rosa de Cruz, née à Masulipatam, de p. et m. gentils.

25 janvier.

Boeri (Jean-Baptiste), né à Hennebon,
et Maria Pereira née à Pondichéry.

3 février.

Rozario (Jean de), né à Pondichéry,
et Théodosia de Godrim, née à Tranquebar, de p. et m. gentils.

8 février.

Audin (Antoine), né à Manosque,
et Jeanne Pereira, née au Bengale, de p. et m. gentils.

8 février.

Alexandre (Jean), né à Masulipatam, de p. et m. gentils, et Julia Gomez, née à Porto Novo,

12 avril.

Rozario (Pédro de), né au Bengale,
et Ursule de Rozario, née à Chinglepet.

10 mai.

Canha (Lazaro de), né à Madras,
et Dominga de Souza née à Sadras.

17 mai.

Le Guern (Jacques), né à Langoët,
et Rosa Cosson de Lalande, née à Pondichéry.

26 juillet.

Rozario (Manoël de), né à Goudelour,
et Cathérine Correia, née à Pondichéry.

10 août.

Lemoigne (Marc), né à Beaux, évêché de Vannes,
et Antonica Sobral, née à Pondichéry.

30 août.

Courtet (Hervé), né dans l'évêché de Vannes,
et Francisca de Souza, née à Pondichéry.

13 septembre.

Mitre (Etienne), né à Toulon,
et Ursule de Rozario née à Pondichéry,

25 octobre.

Lima (Antonio de), né à Pondichéry,
et Marie de Rozario, née à Goudelour.

Décès.

2 janvier.

Canha (Catharina de), âgée d'environ 35 ans.

3 janvier.

Un petit enfant de Catharina, moça.

3 janvier.

Passanha (Adrien), âgé d'environ 2 ans, fils de Thomé Passanha.

5 janvier.

Rozario (Assenca de), âgé d'environ 50 ans.

15 janvier.

André, esclave, âgé d'environ 18 ans.

16 janvier.

Un petit enfant, âgé d'environ 8 mois, nommé André, fils d'Anna.

20 janvier.

Isabelle, âgée d'environ 25 ans, esclave de M. Albert.

22 janvier.

Souza (Francisco de), enfant, fils de Casimir de Souza.

25 janvier.

Pereira (Diégo), âgé d'environ 35 ans, soldat topa.

25 janvier.

Bonne-Joie (Jean François de), âgé d'environ 30 ans, soldat, né à Romans.

18 mars.

Lebrun (Elisabeth-Françoise), âgée d'environ 17 mois.

21 mars.

Cardoza (Domenga), âgée d'environ 35 ans.

25 mars.

Rozario (Paschoal de), âgé d'environ 7 ans, fils de Catharina de Rozario.

8 avril.

PETIT (Pierre), fils de Jaques Gabriel Petit et de Anne Marie Catel.

25 avril.

CREPIN (Petronille), âgée d'environ 5 ans.

28 avril.

DAVIS (Joanno), espagnol, âgé d'environ 50 ans.

23 mai.

CAILLY (Louis), âgé d'environ 11 ans, fils de feu Vincent Cailly, marchand de la Compagnie.

10 juin.

COSTA (Thomasia de), veuve, âgée d'environ 60 ans.

22 juillet.

RABOUIN (Marie), âgée d'environ 18 ans, femme de René le Gallan.

25 août.

PARDELLE (Jean Baptiste), âgé d'environ 40 ans.

13 septembre.

ROZARIO (Anna de), âgée d'environ 35 ans, femme de Estevan de Monté.

25 septembre.

DENIZAR dit CHAMPAGNE (Thomas), âgé d'environ 38 ans.

16 octobre.

ALBERT (Louis Jacques), fils de M. Jacques Albert, chirurgien major, et de Rosa de Castro, âgé d'un an et demi.

17 octobre.

CORRÉA (Jean), soldat topa.

18 octobre.

LOPÈS (Thomé), lequel pendant près de 40 ans a été maître à Madras.

2 novembre.

ROYAL (André), soldat, né à Dacca.

2 novembre.

Costa (Simon de), âgé de 3 jours, fils de Thomé de Costa.

3 novembre.

Un enfant mort-né, fils de Philippe, soldat, et de Marthas.

26 novembre.

Rodriguez (Jean-Baptiste), italien, canonier, âgé d'environ 40 ans.

3 décembre.

Rozario (Nathalia), âgée d'environ 20 ans, femme de André.

5 décembre.

Rozario (Jeanne de), âgée d'environ 30 ans.

18 décembre.

Illac (Jean), soldat.

25 décembre.

Un enfant de Pedro de Rozario, âgé d'un an.

26 décembre.

Matos (Marguerite de), âgée d'environ 14 ans.

ANNÉE 1718.

Naissances.

1er janvier.
Antoine,
fils de Cécile de Ataide.

3 janvier.
Hamelin (François),
fils de Edme Hamelin (de Chablis), et de Suzanne de Rozario (du Bengale).

11 janvier.
Glodo (Antonia),
fille de Francisco Glodo (du Bengale), et de Gracia de Monte.

13 janvier.
Alexandre (Jean-Baptiste),
fils de Jean Alexandre (de Masulipatam), et de Julia Gomès.

25 janvier.
Hirigoyen (Antoine),
fils de Martin Hirigoyen et de Anne Royer.

30 janvier.
Lopès (François),
fils de Manuel Lopès (de Saint-Thomé), et de Isabelle Gomès.

30 janvier.
Monte (Dorothée de),
fille de Thomé de Monté et de Francisca de Cruz.

15 février.
Petit (Marguerite Christine),
fille de Jacques Gabriel Petit (de Tours), et de Marie Catel (du Bengale),

20 février.

Ferraire (Dominique),
fils de Thomé Ferraire et de Maria de Païva.

14 mars.

Pimenta (Antonio),
fils de Jean Pimenta et de Catherine de Saude.

17 mars.

Souza (Thomas de),
fils de Barthélemy de Souza et de Maria Cotinho.

19 mars.

Gonzalvez (Marguerita),
fille de Francisco Gonzalvès et de Catharina de Costa.

26 mars.

Rocher (Marie),
fille de Jérôme Rocher et de Anne de Rozaire.

15 avril.

Audin (François),
fils de Antoine Audin (de Manosque), et de Jeanne Pereira.

19 avril.

Ribeiro (Manoel),
fils de Jacques Ribeiro et de Madeleine Siquaira.

26 avril.

Passagne (Daniel),
fils de Thomé Passagne et de Clara de Saz.

7 mai.

Hervaux (Louis),
fils de Jacques Hervaux (de Quimper), et de Marie Gonsalvès.

8 mai.

Ribeiro (Thomé),
fils de Domingos Ribeiro et de Maria d'Almeida.

8 mai.

Fournier (André),
fils de André Fournier, sergent, et d'Apollonie Rabouin.

10 mai.

Dias (Alexandre),
fils de Estevan Dias (de Madras), et de Dominga Diego.

19 mai.

Delavigne (François André),
fils de M. Delavigne, directeur général du commerce des Indes pour la Compagnie de Saint-Malo, et de ... Duhamel.

Parrain: M. Hébert, Président du Conseil supérieur et Général de la nation.

Marraine: Marie Monique de Gruix (de Bayonne), femme de M. Dulivier, chevalier de l'ordre de Saint-Lazare.

1er juin.

Auzou (Dorothée),
fille de Jean Auzou et de Marie Burelle.

4 juin.

Bachelier (Anne),
fille de Pierre Bachelier et de Suzanne Esparon.

16 juin.

Bury (Jean Jacques),
fils de Antoine Bury (de Versailles), et de Elisabeth Cosson de Lalande (de Goudelour).

16 juin.

Rozario (Marie de),
fille de Pedro de Rozario et de Anna Sultana.

16 juin.

Sorna (Jeanne de),
fille de Jean de Sorna et de Hélène Viera.

20 juin.

Lélan (Gracia),
fille de Gilles Lélan et de Anne Soneval ou Sobral.

21 juin.

Souza (Dominga de),
fille de Manoel de Souza et de Ursula Pereira.

10 juillet.

Cunha (Bernard de),
fils de Diego de Cunha (de Porto Novo), et de Jeanne de Rozario.

16 juillet.

Gomès (Francisca),
fille de Joseph Gomès et de Marie de Monte.

17 juillet.

Maria Ludovica,
fille de Maria Margarita, moça de M. de la Haye.

19 juillet.

Bagnard (Daniel),
fils de Guillaume Bagnard (de Bruxelles), et de Bastiana Fereira.

3 août.

Liveira (Dominga de),
fille de Louis de Liveira (de Saint-Thomé), et de Madeleina de Monte.

6 août.

Dominga,
fille de Maria, moça.

... août.

Souza (Alfonso de),
fille de Jean de Souza et de Thomasia Fereira.

23 août.

Rozario (Maria de),
fille de Pedro de Rozario, soldat, et de Anna de Rozario.

3 septembre.

Gossart (Ignace),
fils de Girard Gossart et de Dorothée Bernard.

5 septembre.

Christine,
fille de Anna de Rozario.

7 septembre.

Brunet (Simon),
fille de Claude Brunet et de Marie Monique.

13 septembre.

Joseph,
fils de Francisca Anna.

17 septembre.

Abraham,
fils de père et mère gentils.

17 septembre.

Rozaire (François de),
fils de Estève de Rozaire et de Anna Figueira.

21 septembre.

Louis,
fils de père et mère gentils.

29 septembre.

Costa (Sebastien de),
fils de Jean de Costa et de Moniça de Rozario.

4 octobre.

Joly (Pierre François),
fils de François Joly et de Anne ...

8 octobre.

Ganhou (François),
fils de Jean Ganhou et de Suzanne de Souza.

8 octobre.

Rozaire (Helena de),
fille de André de Rozaire et de Marie de Rozaire.

10 octobre.

Legrand (Jacques),
fils de Henry Legrand (du Cap Vert), et de Marianne Louis.

17 octobre.

Diguet (Anna),
fille de Jean Baptiste Diguet et de Marie Laplante.

20 octobre.

Damilaville (Luc),
fils de Claude Damilaville et de Louise Glissant.

22 octobre.

Jeanne,
fille de Louise, esclave.

26 octobre.

Caillau (Jacques),
fils de Jean Baptiste Caillau, sergent, et de Marguerite Charles.

octobre.

Pigeon (Monique),
fille de M. Pigeon, sous marchand.

3 novembre.

Le Roux (François),
fils de Mathieu Le Roux et de Gabrielle Rodriguès.

7 novembre.

Anna,
fille de Gibeira.

24 novembre.

Cruz (Jean Baptiste de),
fils de Domingue de Cruz et de Marie Gomès.

25 novembre.

Gama (Jean Baptiste de),
fils de Michel de Gama et de Marie de Monte.

1^{br} décembre.

Albert (Suzanne Ursule),
fille de Jacques Albert, chirurgien major, et de Rose Elisabeth de Castro.

Parrain : M. Delavigne Buisson, directeur de la Compagnie de Saint-Malo.

Marraine : Mme de la Prévostière, femme du gouverneur.

11 décembre.

Rozaire (Philippe de),
fils de Matheos de Rozaire et de Louisa Madère.

14 décembre.

Manas (Nicolas),
fils de Jean Manas et de Thomase de Monte.

24 décembre.

Hamelin (Antoine),
fils de M. Edme Hamelin dit Bourguignon et de Suzanna de Rozario.

29 décembre.

Grout (Monique),
fille de M. Grout, lieutenant, et de ... Guinetin.

Mariages.

10 janvier.

Lenoir (Jacques), né à Surate, fils de Jacques Lenoir de Sainte-Croix, et de Maria Nazareth,
  et Jeanne Hordel, née à Pondichéry.

10 janvier.

Payl (Joannès), né à Colombo,
  et Maria Duquenel, née à Pondichéry.

24 janvier.

Grouet (Paul), lieutenant, né à Paris,
  et Agnès de Soura-Quenelin, née à Tranquebar.

24 janvier.

Aragon (Joseph d'), né à Condecourt (Normandie),
  et Félicia Gonéa, née à Madras.

31 janvier.

Rodriguez (Gaspard), né à Porto Novo,
  et Dominga Ribeira Carvalho, née à Madras.

31 janvier.

François (Bertrand), né à Lorient,
  et Anna Moço, née à Pondichéry.

7 février.

Ferron (Nicolas), né à Sainte-Herme, évêché de Laon,
  et Françoise-Isabelle Rousselet, née à Pondichéry.

28 février.

Souza (Joseph de), né à Pondichéry,
  et Pascoale de Rozario, née à Pondichéry.

2 mai.

Butel (Robert), né à Jumerville, (évêché de Coutances),
  et Marie Rodriguez.

2 mai.

Andrade (Francisco d'), né à Pondichéry,
  et Técla de Souza, née à Tranquebar.

9 mai.

François Marie, né en Pologne,
et Theresa Rodriguez.

12 mai.

Remignac (Adrien), né à Lorient,
et Catherine Coutinho, née à Pondichéry.

29 mai.

Honoré (Louis), né à Béziers,
et Maria Rosa Lopez, née à Madras.

30 mai.

Cruz (Jean d'), né à Goudelour, de p. et m. gentils,
et ...... née à Porto Novo.

Décès.

28 mars.

Pachique (Jean), âgé de 8 ans, fils de Francisco Pachique et de Madeleine de Rozaire.

1er avril.

Joanno (Françoise), âgée de 25 ans.

13 avril.

Koetin (Manoël), âgé d'environ 50 ans.

16 avril.

Domingos, (un fils de Pedro), soldat topa, mort à Ariancoupom.

17 avril.

Un enfant, mort-né, de Jacques Ribeiro.

26 avril.

Ferreira (Marie), femme de Simon du Rustaut, âgée d'environ 54 ans.

6 mai.

Hèvres (Marie de), femme de Domingue Jéronimo, âgée de 30 ans.

18 mai.

Monté (François de), âgé de 50 ans, noyé dans la rivière d'Ariancoupom.

20 juin.

Rozario (Domenga de), âgée d'environ 70 ans.

20 juin.

Bachelier (Suzanne), âgée d'environ 30 ans, femme de Pierre Bachelier dit Marino.

27 juin.

Rozario (Espérança de), femme de Jean Martin, âgée d'environ 40 ans.

29 juin.

Farot dit la Feuillade (Pierre), âgé d'environ 68 ans, enseigne, né en Normandie.

1er juillet.

Dubois (Jean), né dans la diocèse de Saint-Malo mort à bord d'un vaisseau danois. « Il y avait quelque jours qu'il avait le « flux de sang ; il commençait à se mieux porter, mais ayant « mangé du cochon frais, son mal s'augmenta et il mourut ».

30 juillet.

Guilloux (Alain), né à Guémené, soldat, âgé d'environ 35 ans.

12 août.

Domenga, fille de Maria, moça.

3 septembre.

Margarita, âgée de 6 mois, fille d'esclave.

11 septembre

Un enfant de 7 à 8 ans, esclave.

23 septembre.

Silva (Maria de), âgée de 3 jours.

24 septembre.

Lopèz (Joseph), âgé de 5 ans.

9 octobre.

Morquesa (Pascale),

12 octobre.

Rozario (Francisca), âgée d'environ 5 mois.

25 octobre.

Vase (Manoël), soldat, né à Manille.

2 novembre.

Rozario (Marie de), âgée de 4 mois.

9 novembre.

Ferreira (Antonica), femme de Jean Avaine.

16 novembre.

Monte (Maria de), âgée d'environ 20 mois.

21 novembre.

Chartier (François), né à Hennebon, âgé d'environ 30 ans.

12 decembre.

Cruz (Severina de), veuve, âgée de plus de 70 ans.

20 décembre.

Un homme âgé de 70 ans, nouvellement baptisé.

22 décembre.

La fille d'une moça, âgée de 8 jours.

22 décembre.

Le Blond (Jérôme), âgé de 2 ans et 8 mois, fils de Jean Le Blond.

25 décembre.

Une petite fille de père et mère gentils.

26 décembre.

Antonio, fils de Gibelle, topa, âgé de 2 mois.

27 décembre.

Rozario (Anna de), fille de Antoine de Rozario, et de Gibella de Rozario, âgée de 2 mois.

ANNÉE 1719 (1).

Naissances.

Le centre et la presque totalité des pages 1 et 2 des actes originaux ont disparu. Elles devaient comprendre de douze à quatorze actes. On peut cependant encore relever en marge dans la première page l'indication de cinq baptêmes, ceux de :

GRACIA, esclave.
COTIGNE (Catherine).
FAUSTE.
FRANCISCA, fille de père et mère gentils.
LEMOINE.

3 mars.

SILVA (Christine de),
fille de Francisco de Silva ...

16 avril.

CHARTIER (Jean),
fils de Gilles Chartier, soldat, et de Olive Martin.

(1) Avec cette année, commence dans les archives originales de Pondichéry, un nouveau volume allant du 6 janvier 1719 au 26 août 1729. D'après la table des noms, il y aurait eu dans cet espace de temps 1177 baptêmes et 18 abjurations. Les 1177 baptêmes représentent un peu plus de la moitié des actes de naissance véritables ; l'autre moitié comprend des actes de baptême d'esclaves d'âges fort différents. Parmi les abjurations, nous citerons celles d'Abraham Guerre, calviniste, (7 août 1720), et de Marie Gertaude Van Zyll, luthérienne, femme de M. Dumas, conseiller au Conseil Supérieur et plus tard gouverneur de Pondichéry (21 janvier 1724).

Les actes tant de baptêmes que d'abjurations tiennent 208 pages du volume ; la table va de la page 209 à 224. Un grand nombre de ces actes a déjà disparu en tout ou en partie par l'effritement du papier ; dans quelques années, il n'en restera presque plus.

9 mai.

DE LAVIGNE BUISSON (Jeanne Catherine),
fille de M. de Lavigne Buisson, Directeur général du commerce des Indes pour Messieurs les Directeurs généraux de Saint-Malo et de Jeanne Du Hamel.

6 juin.

ROZARIO (Maria de),
fille de Manoel de Rozario et de Catherine de Rozario.

7 juin.

FOURNIER (Marguerite Jeanne),
fille de André Fournier, sergent, et de Apolline Rabouin.

12 juin.

COSTA (Antoine de),
fille de Sebastien de Costa et de Dominga Rodriguez.

18 juin.

PAUL (Julienne),
fille de Claude Paul et de Apolline Moça.

.. juillet.

LOPEZ (Dominique),
fils de Pedro Lopez et d'Anna de Rozario.

19 juillet.

SAMSON (Maria),
fille d'Antoine Samson et de Maria Taida.

19 juillet.

ROZARIO (Petronille de),
fille de Maria de Rozario.

5 août.

FERREIRE (Antonia),
fille de Thomas Ferreire et de Helène de Rozario.

12 août.

CRUZ ......,
fils de Jean de Cruz et de Dominga de Cruz.

3 septembre.

PAULO (Antoine Pierre),
fils de Pierre Paulo et de Marie Rebelle.

6 septembre.

Gonsalves (Manoel),
fils de Francisco Gonsalvès et de Catherine de Rozario.

11 septembre.

Galiot dit La Touche (Rosa),
fille de Louis Galiot dit La Touche et de Barbe Audibert.
Parrain : M. Vincens.
Marraine : Madame Albert.

11 septembre.

Rozaire (Pierre de),
fils de Pedro de Rozaire et de Ursula de Rozario.

2 octobre.

Brunet (Marie),
fille de Claude Brunet et de Marie Monica.

4 octobre.

Melo (Jacques de),
fils de Guilhem de Melo et de Natalie de Monte.

29 octobre.

Rozario (Dominique de),
fils de Bastien de Rozario et de Martha Gomez.

9 novembre.

Hyrigoien (Anne Marie),
fille de Martin Hyrigoien et de Anne Royer.

10 novembre.

Rozario (Manoel de),
fils de Petro de Rozario et de Anna de Rozario.

15 novembre.

Ribeira (Antonia),
fille de Hiérome Ribeira et de Anna de Monte.

20 novembre.

Jean René (Pierre),
fils de Jean René, (de l'évêché de Toulon), et de Sebastienne Sauverage.

26 novembre.

Bury (Jacques),
fils de M. Bury, lieutenant des troupes et d'Elisabeth . . . .
Parrain : M. Vincens.
Marraine : Madame Albert.

2 décembre.

Quintual (Marguerite),
fille de Francisco Quintual et d'Ignacia de Souza.

Mariages.

9 janvier.

Rhen (Jean), et Bastiane Connesane.

9 janvier.

Berger (Jean Olivier), et Marie Dorothée Gossard.

10 janvier.

Jense (Pitre), né à Rotterdam,
et Marie Monique, née au Bengale de père et mère gentils.

12 février.

Delarche (Jean Marie), capitaine d'infanterie, né à Paris,
et Marie Rolland, née à Pondichéry.

17 avril.

Moreau (Mathurin), né à Saint-Brieuc,
et Barbe Calderman, née à Pondichéry.

4 mai.

Souza (André de), né à Chandernagor,
et Marguerite de Rozario, née à Sadras, de père et mère gentils.

.. juin.

Aujourd'hui, .. juin 1749, j'ai publiquement et solennellement marié dans l'église de Notre Dame des Anges de Pondichéry, après 3 publications faites par 3 dimanches consécutifs au prône de la grand'messe, sans qu'il se soit présenté aucun empêchement, le sieur Jacques VINCENT, fils de sieur Jacques Vincent, et de dame Jeanne Ramesse, natif de...... avec dame Jeanne ALBERT, fille de M. Jacques Albert, chirurgien major de cette place et de dame Elisabeth de Castro, née à Pondichéry.

Ont été témoins les soussignés :

Père Esprit de Tours, capucin, missionnaire apostolique, custode et curé ;

Agnès Desprez, veuve d'Ardancourt.

Albert.

11 septembre.

CORDIER (Jean), fils de Jean Cordier et de Anne Arnoult, né à Pondichéry,

et Marguerite ROLLAND, fille de Antoine Rolland et de Petronille Mathieu, née à Pondichéry.

Ont signé l'acte : DELARCHE, HÉBERT, DULIVIER, DE LA TOUCHE, MARIE LEGOU.

23 octobre.

ROZARIO (Emmanuel de), né à Tranquebar,
et Domingue CORDIER, fille de Sebastien Cordier et d'Isabelle Cordier, née à Pondichéry.

30 octobre.

MONTE (Joseph de),
et Madeleine de ROZARIO, née au Bengale,

30 octobre.

SAUDE (Christiano de),
et Anna de ROZARIO, née à Negapatam.

13 novembre.

SOUZA (Louis de), né à Cochin,
et Gracia XAVIER, fille de François Xavier, née à Pondichéry.

Décès.

12 février.

ROZARIO (Pascoalle de), âgée d'environ un an, fille de Thomé de Rozario et de Maria de Rozario.

12 février.

Monté (Maria de) femme de Pascoal Torrès.

12 mars.

Pereira (Francisca), veuve.

15 mars.

Rodrigues (Théresia), femme de François Marie polonais, de nation.

26 mars.

Guestin (Joseph), né à Vannes, mort subitement d'une apoplexie.

24 avril.

France (Hélène), âgée de 6 mois, fille d'André France.

30 avril.

Oliveira (Domenga), âgée d'environ un an, fille de Louis Oliveira, soldat topa.

7 mai.

Du Hamel (Jeanne), femme de M. de la Vigne Buisson, Directeur Général pour Messieurs les Directeurs Généraux du commerce des Indes.

10 mai.

Seuval (Marie), femme de Jean Baptiste Hémonain.

19 mai.

Hevene (Jacques), né à l'Ile Groix.

20 juin.

Ribeiro (Antonio), soldat topa, âgé d'environ 26 ans.

30 juin.

Une petite fille de 3 ans, Emmelie, fille d'un nommé Jean, natif du Bengale.

9 juillet.

Saa (Elizabeth de), femme de Thomé Sagança.

15 juillet.

Martins (Marie), femme d'Antoine Martins.

17 juillet.

VIERA (Pierre), canonnier, mort subitement; « il était un homme de vie honnête et réglée ».

21 juillet.

Un jeune homme, d'environ 25 ans, caste pally et serviteur ou esclave de M. Dumas, qui fut pendu pour vol fait de nuit au greffe avec fracture.

1er août.

LIGNIER (Manoël), âgé de 6 ans, fils de Louis Lignier et de Marie de Rozario.

4 août.

FOURNIER (Anne), âgée d'environ 2 ans, fille d'André Fournier, sergent, et d'Apoline Rabouin.

8 août.

Un enfant âgé d'un an, nommé Barnabé, fils de Jacques de Cogné, topa, et de Jeanne de Rozario.

12 août.

MARCELLA, âgée de 10 ans, esclave, de Pondichéry, fille d'un soldat de la garnison.

14 août.

SUARES (Espérança), âgée d'environ 60 ans.

26 août.

ALMEIDA (Francisco d'),

30 août.

SOUZA (Domenga de), âgée d'un an, fille de Emmanuel de Souza.

1er septembre.

2 enfants, le premier, un garçon, âgé d'un an et demi, nommé Jean; le second était une fille, âgée d'environ un an, fille de Joseph Christianissimo.

14 septembre.

BOTTÉ (Christophe), enfant, fils de Francisco Botté et de Bastiane Ficher.

16 octobre.

La femme d'un soldat topa, nommée Anna.

19 octobre.

Rozario (Antonio de), fils d'un portugais de Macao.

28 octobre.

Jense (Jean), né la veille, fils de Pitre Jense et de Monique.

2 novembre.

Ribeiro (Marie), veuve d'Ignacio Ribeiro.

9 novembre.

Soza (Domengos de), matelot, natif du Bengale, qui en était parti en cette qualité sur le vaisseau de Malabar pour aller aux Maldives; le vaisseau ayant échoué à Coelon, les matelots en vinrent ici, du nombre desquels était le sus nommé; étant malade, il mourut.

22 novembre.

Calderman (Hendrix ou André), né à Ostende, canonnier.

25 novembre.

Rozario, soldat.

28 novembre.

Une femme de 60 ans, nommée Andréza, née à Timor.

4 décembre.

Maria, âgée de 5 mois, fille de Samson, soldat.

27 décembre.

Une pauvre femme nommée Emmelina, âgée d'environ 80 ans.

ANNÉE 1720 (1).

Naissances.

4 janvier

Delarche (Henri Alexandre),
fils de M. Delarche, capitaine des troupes et de Marie Rolland.

5 janvier.

Leroux (Olivier Antoine),
fils de Mathurin Leroux et d'Aurele Rodriguez.

17 janvier.

Petit (Jean Baptiste),
fils de Jacques Gabriel Petit, sergent, (né en Toscane), et de Jeanne Marie Catel.

21 janvier.

Lebrun (Rosa),
fille de Guillaume Lebrun et de Jeanne de Rozaire.

19 février.

Viera (Louise Brigitte),
fille de Pierre Viera et de Julie de Souza Quenelin.
Parrain : M. Dumas, conseiller.
Marraine : Madame de la Morandière.

---

(1) A partir de cette année et jusqu'au 26 août 1729 pour les naissances, jusqu'au 30 pour les décès, il existe aux archives de Pondichéry un autre registre où se trouvent non plus en original mais en copie faite en 1730, les actes de naissance et de décès des années 1720 à 1729. Les actes de mariage font défaut. Comme ce registre est relativement en bon état, il nous a été possible de reconstituer à peu près tous les actes qui manquaient dans le registre original, et il y en avait un fort grand nombre, surtout pour les décès.

21 février.

Lecouesse (Jeanne),
fille de Louis Lecouesse, canonnier, née à Ducè, (évêché d'Avranches), et de Françoise Laubo.

25 avril.

Ribeiro (Louis),
fils de Manoel Ribeiro et de Marie de Rozario.

1er mai.

Athanase,
fils d'Archangelo de Reposo, esclave.

2 mai.

Vincent (Jacques François),
fils de M. Vincent et de Jeanne Albert.

10 mai.

Paul (Manoel),
fils de Antoine Paul et de Dominga Hyeronima.

15 mai.

Caldere (Marie),
fille de Pedro Caldere et de Catherina Pereira.

... mai.

Moreau (Mathurin Louis),
fils de Mathurin Moreau et de Barbe Kerdreman.

1er juin.

Tarabillon (Alexis),
fils de Jean Tarabillon, canonnier, et de Marie Françoise.

5 juin.

Dor (Marie Eléonore),
fille de Jean Baptiste Dor, tambour-major de la garnison et de Marie Mendès.

21 juin.

Monte (Joanna de),
fille de Thomas de Monte et Maria de Monte.

25 juin.

Gravier (Françoise),
fille de Gilles Gravier et de Rosa de Monte.

30 juin.

Pille (Nicolas),
fils de Jean Pille, hollandais, et de Marie Dukenel-Forget.

4 juillet.

Cordier (Marguerite Petronille),
fille de Jean Cordier, lieutenant et de Marguerite Rolland.

12 juillet.

Hamolin (Suzanne),
fille de Pierre Hamolin, soldat et de Suzane.

15 juillet.

Sicaira (Marie),
fille de Louis Sicaira et de Maria Vattan.

19 juillet.

Gavian (Elisabeth),
fille de Manoel Gavian et d'Isabelle de Magaliones.

25 juillet.

Legou (Christine),
fille de M. Legou, marchand, et conseiller et de Marie Audeber.

26 juillet.

Leal (Jacques),
fils de Jacques Leal et de Pascoala de Lima.

26 juillet.

Soza (Dominica de),
fille de Barthelémy de Soza et de Marie Cotigna.

4 août.

Costa (Francisco de),
fils de Maria de Costa.

4 août.

Lima (Dominique de),
fils de Corneille de Lima et de Clara de Gense.

4 août.

Rozario (Francisca de),
fille de Manoel de Rozario.

4 août.

Monte (Jeanne de),
fille de Joseph de Monte et de Madeleine de Rozario.

21 août.

Sébastien (Sébastienne),
fille d'Abraham Sébastien et de Anna Passagne.

23 août.

Rozaire (Jean de),
fils de André de Rozaire et de Maria Vase.

8 septembre.

Grouet (Alexandre),
fils de Paul Grouet, lieutenant des troupes (né à Paris), et de Agnès de Souza.

14 septembre.

Rozario (Marthe de),
fille de Nicolas de Rozario et de Marie de Rozario.

16 septembre.

Lemoine (Catherine),
fille de Marc Lembine et d'Antoinette Soberal.

19 septembre.

Albert (Rosa-Eléonore),
fille de Jacques Albert, chirurgien-major, et de Rosa de Castro.
Parrain et marraine : M. Eléonor Grave et Madame Vincent.

29 septembre.

Soza (Maria de),
fille de Manoel de Soza et de Ursula Pereira.

4 octobre.

Rozaire (Michaël de),
fils de Francisco de Rozaire.

10 octobre.

Rodriguez (Marie),
fille de Domingos Rodriguez et de Louisa de Souza.

20 octobre.

Lelant (Jeanne),
fille de Gilles Lelant et de Anne Soverale.

21 octobre.

Saude (Alexandre de),
fils de Antonio de Saude et de Louisa de Costa.

24 octobre.

Gossard (Jean-Olivier),
fils de Gérard Gossard et de Marie Dorothée.

31 octobre.

Fraboulet (Jeanne),
fille de Jacques Fraboulet et de ...

1ᵉʳ novembre.

De Cruz (Dominique),
fils de Laurent de Cruz et de Antonia de Rozario.

2 novembre.

Fournier (Charles),
fils de François Fournier, sergent, et de Apolline Rabouin.

5 novembre.

Martin,
fils de Francisca, esclave.

11 novembre.

Soza (Rose de),
fille de Louis de Soza et de Gracia Fereira.

Parrain : Joachim Rouault, chevalier, comte d'Arnay de Gamache, lieutenant de la garnison.

21 novembre.

Lenoir (Jean-Jacques),
fils de Jacques Lenoir, dit Sainte-Croix, soldat, et de Jeanne Oudel.

21 novembre.

Soza (Johanna de),
fils de André de Soza et de Marguerite de Monte.

24 novembre.

Rozario (Pierre de),
fils de Pedro de Rozario et de Anna de Rozario.

Il avait été baptisé à la maison par un malabar chrétien à raison du danger de mort dans lequel il était. Mais comme ces gens la peuvent ignorer la forme du baptême, je l'ai baptisé sous condition. Signé : Père Antoine de la Chatre.

24 novembre.

Baguenard (Jean Baptiste),
fils de Guillaume Baguenard, flamand, et de Bastienne Fereira.

30 novembre.

RODRIGUEZ (Marie Petronille),
fille de Gaspard Rodriguez et de Dominga Ribeira.

30 novembre.

JENSE (Marguerite),
fille de Pitre Jense, hollandais, et de Marie Monique.

9 décembre.

SOUZA (François de),
fils de Zephyrin de Souza et de Isabelle de Campo.

13 décembre.

ALVEZ (Marie),
fille de Jean Alvez et de Louise de Rozario.

14 décembre.

ROZARIO (Mathieu de),
fils de Maria de Rozario.

22 décembre.

DIGUES (Rose),
fille de Jean Baptiste Digues, né à Vannes, et de Marie Laplante, née à Madras.

27 décembre.

ARVANT (Pierre),
fils de Jacques Arvant, né à Quimper, et de Marie Gonzalvès.

30 décembre.

BURY (Pierre-Benoît),
fils de M. Bury, lieutenant, et de Isabelle Cosson de la Lande.

Mariages.

23 janvier.

RIBEIRO (Jean), né à Madras,
et Francisca FERREIRA, fille de Thomé Ferreira, née à Pondichéry.

5 février.

PRADO (Manoel d'Almeida de), né à Tranquebar,
et Thérèze de MONTE, née au Bengale.

5 février.

Le Gallou (René), fils de .... et de Catherine Marie, né dans l'évêché de Saint-Paul de Léon,
et Marie Dabreau, née à Pondichéry.

....

Rozario (de),
et Maria La Garto, née à Madras.

22 avril.

Alves (Domingos), et Marie de Rozario.

20 mai

Baltazar (Francisco), né à Paliacate,
et Francisca de Rozario, née à Calcutta.

28 juillet.

Rozario (Joseph de), né à Coblan,
et ...., de père et mère gentils.

28 juillet.

Cruz (Bastian de), né à Goa,
et Luzia Jeansen, né à Pondichéry.

19 août.

Saude (Antonio de),
et Floriana de Monté.

20 août.

Mollandin (André), fils de André Mollandin, et de Renée de Niort, né à Tours,
et Louise Brigitte Bruno, fille de Antoine Bruno et de Mariane Hoareau, née à Pondichéry.

16 septembre.

Rozario (Francisco de), fils de Pedro de Rozario, né à Pondichéry,
et Ignacia de .... fille de père et mère gentils.

... septembre.

Guerre (Abraham), fils de Gabriel Guerré et de Marie né à Mulhouse en Suisse,
et Marie Brunet, fille de .... Brunet et de Marie Monique, née à Pondichéry.

Ont signé l'acte : Hébert, Vincens, Dugué.

25 novembre.

Rozario (Francisco de), fils de Francisco Xavier de R. et de Maria de Monte,

et Marguerite de Rozaire, fille de Agostino Rodriguez.

25 novembre.

Tobie (Frédéric), fils de Nacin Tobie et de Anne Marie, né à Lindoo, en Brandebourg,

et Jeanne Gargain, née à Masulipatam.

30 novembre.

Monte (Pedro de), né à Negapatam,

et Maria de Rozario.

Décès.

3 janvier.

Theresia, âgée de 7 à 8 ans, esclave.

5 janvier.

Couelho (Anna), femme de Fraboulet, morte de la morsure d'un chien.

13 janvier.

Denis (Pierre), dépensier du navire l'*Indien*, commandé par Monsieur Gravé.

14 janvier.

Un topa, nommé Domengos.

18 janvier.

Sanché (Suzanne), hollandaise nouvellement convertie.

11 février.

Gonsalvès (Domingue), âgée d'environ 80 ans.

20 février.

Hirigoien (Marie-Anne), âgée de 3 mois, fille de Martin Hirigoien et de Anne Royer.

26 février.

Elisabeth, dite Chica.

2 mars.

Le Doyié (Julien), né dans l'évêché de Saint-Brieuc, matelot du vaisseau les *Deux couronnes*.

14 mars.

Corderio (Jean), âgé d'environ 50 ans.

30 mars.

Louisa, âgée d'environ 80 ans.

4 avril.

Maria, âgée d'environ 21 ans.

11 avril.

Ribeiro (Antonia), âgée de 3 mois, fille de Hieronimo.

13 avril.

Mel (Isak de), fils de Guillelm de Mel et de Nathalia de Monté.

19 avril.

Madeleine, esclave de Monsieur Lebon.

28 avril.

Carasco (Etienne), habitant de Goudelour.

5 mai.

Vaz (Antoine), né à Cochin.

10 mai.

Antoine, pensionnaire des Jésuites.

26 mai.

Un enfant de 3 mois, fils de Thomasia Monica.

27 mai.

Cailleau (Pierre), âgé de deux ans, fils de Cailleau, sergent de la garnison.

27 mai.

Georges (Mathurin), matelot des *Deux couronnes*, né dans le diocèse de Saint-Malo.

30 mai.

Lemoyne (Marie), âgée de 6 mois, fille de Marc Lemoyne et d'Antonia Soucrane.

6 juin.

Morin, matelot, né à Saint-Malo.

9 juin.

Cailleau (Anne), âgée de 6 à 7 ans, fille de Cailleau, sergent.

28 juin.

Bruno (Guy), né à Saint-Malo, contre-maître sur le vaisseau l'*Indien*, commandé par M. Gravé.

3 juillet.

Lecocq, soldat de la garnison, né dans l'évêché de Vannes.

9 juillet.

Un ecossais nommé Esteven, pilote sur le vaisseau de Nicolas Démetrius, chrétien grec catholique, dont le navire était à cette rade arrivant des Maldives, mort le même jour sur le dit navire. Je l'ai enterré dis-je, sur l'assurance que l'on m'a donné qu'il était catholique, et sur le rapport certain que l'on m'a donné qu'il avait un crucifix gravé sur le bras, ce que les hérétiques n'ont point. Signé: Père Esprit de Tours, capucin.

10 juillet.

Un petit enfant de Joseph Christian et de Adriana de Quintual, né le même jour.

22 juillet.

Helene, femme d'un canonnier hollandais appelé La Verdure.

28 juillet.

VIERA (Marie), (1) âgée de deux ans, fille de feu Pierre Viera, portugais, et de Julie de Souza.

. . . . . .

LE DUR (Francisca), âgée de deux ans, fille d'Yvon le Dur dit Duclos, et d'Isabelle de Rozario Pereira.

5 août.

HÉMONNEAU (André), âgé de deux ans, fils de Jean Baptiste Hémonneau, solat, et de feue Maria de Souza.

6 août.

HÉMONNEAU (Jean), âgé de quatre ans, fils des précédents.

16 août.

HENRY, malabar, jeune esclave.

16 août.

Aujourd'hui, 16 août 1720, j'ai enterré en notre Eglise de Notre Dame des Anges, Monseigneur Funar, archevêque chaldéen du titre de Adda (1), lequel voulant le matin tirer l'eau de son puits pour se laver le visage, il tomba malheureusement, s'y noya, n'ayant personne à son service qu'un enfant de six à sept ans, qui dormait pour lors, et quand il n'aurait pas dormi il était hors d'état de le secourir. Ce

---

(1) A partir de cette date et jusque dans le courant de l'année 1729 les feuilles contenant les actes originaux ont aux trois quarts disparu, suivant une diagonale partant du milieu de la page en haut jusqu'à l'extrémité gauche de la page, en bas.

Ces actes devaient être encore en entier en 1879 époque où ils furent recopiés, puisque cette copie nous donne l'intégralité des décès jusqu'à la fin de cette même année à l'exception de quelques blancs vers la fin. La copie des actes précédents n'ayant pas toujours été intelligemment ni exactement faite, obligés nous mêmes de reproduire les noms d'après cette copie, nous ne pouvons en garantir ni l'orthographe, ni l'exactitude.

Les feuilles originales, manquent même totalement depuis le 28 juillet 1720 jusqu'au 22 avril 1722.

Mais, ainsi que nous l'avons expliqué dans la note précédente, il a été possible de reconstituer presque tous ces actes à l'aide du registre de Pondichéry, où se trouvent reportés les actes de naissance et de décès des années 1720 à 1729.

(1) Adda est située dans le Mont Agnès a deux journées de Tauris.

malheur lui arriva environ vers les cinq heures et demie du matin. Il était natif de Diarbékir, capitale de Mésopotamie, et était ici résidant depuis vingt ans. Etant venu de Rome par l'Espagne et le Portugal, d'où il passa à Goa, de Goa à Surate, de Surate il vint en Compagnie du R. P. François-Marie de Tours à Cochin et Vérapaly, où il en consacra l'évêché qui était un père carme nommé Padre Angelo qui de Rome avait reçu les bulles pour l'être. De Vérapaly il vint enfin à Pondichéry, n'ayant pu, en raison de quelques difficultés qu'on lui suscita auprès du gouverneur de Cochin, entrer dans la Serre (2), où il devait aller par ordre de son patriarche catholique Marjonsel. Ce que voyant, il se détermina à venir ici, où il est mort de la manière qu'il a été ci-dessus expliquée.

Requiscat in pace où il a été enterré en notre chœur du milieu.

Signé : Père Esprit de Tours, capucin.

17 août.

Rozario (Maria de), âgée d'environ 80 ans.

17 août.

Louis, âgé de 18 ans, mendiant.

24 août.

Pereira (Antonia), femme d'Emmanuel Martin.

26 août.

Martin (Lucia), fille de François-Martin et de Ursule Martin.

1ᵉʳ septembre.

Rozario (Marthe de), âgée de 4 ans, fille de Nicolas de Rozario et de Marie de Rozario.

3 septembre.

Une enfant nommée Françoise, esclave.

5 septembre.

Le Compte (François), né à Tours, maître d'hôtel de M. de la Bouexière, directeur du comptoir du Bengale.

(2) Diocèse de la Côte Malabar; non loin de Cochin.

5 septembre.

Benret (Catherine), femme de Charles Benret.

7 septembre.

Latouche (......), fils de M. Latouche, capitaine.

.. septembre.

Rozario (Martha de), fille d'André de Rozario.

12 septembre.

Bury (...... de), âgée de 6 mois, fils de M. de Bury, lieutenant des troupes.

12 septembre.

Andresa, femme de Pitre.

2 octobre.

Cunha (Domengo de), né le même jour, fils de Lazaro de Cunha.

7 octobre.

Flacourt (Charles), marchand particulier.

7 octobre.

Viera (Brigitte), fille de Pierre Viera et de Julie de Souza Quenetin.

9 octobre.

Soza (Thomé de), âgé de 2 ans, fils de Barthélemy de Soza.

10 octobre.

Soza (Gracia de), âgé d'environ 5 ans, fille de Barthélemy de Soza et de Marie Cotinho.

28 octobre.

Fournier (André), âgé de 2 ans.

8 novembre.

Raposa (Paula), âgée de plus de 90 ans, née à Ceylan.

8 novembre.

Un esclave, âgé de 5 ans et demi, nommé Antonio.

11 novembre.

Un esclave, âgé d'environ 9 ou 10 ans, nommé Clodio.

20 novembre.

Un paria, nommé Nicolas.

21 novembre.

Un esclave, âgé d'environ 4 ans.

24 novembre.

Ozon (Dorothée), âgé d'environ 2 ans.

27 novembre.

Mendez (Elisabeth), veuve de Jean Ferrera.

. . . . . .

Soza (Hyacinthe de), âgée d'environ 4 ans, fille de Barthélemy de Soza.

5 décembre.

Cruz (Francisco de), âgé d'environ 2 ans, fils de Jean de Cruz.

15 décembre.

Boisseau (François de), né à la Membrolle près Tours, sergent.

21 décembre.

Ferrera (Pascoal), âgé d'environ 25 ans, « imbécile, lequel était mort après avoir été retiré dans un puits où il était malheureusement tombé, voulant y puiser de l'eau ».

21 décembre.

Fournier (Marguerite), âgée d'environ 20 mois, fille d'André Fournier, sergent, et d'Apoline Rabouin.

21 décembre.

Gomes (Suzanne), femme de Louis Cordier, soldat topa.

28 décembre.

Honnoré (Françoise), âgée de 4 ans, fille de Louis Honnoré et de Josephe Cordeiro.

ANNÉE 1721.

Naissances.

21 janvier.

Rozario (André de),
fils de Pedro de Rozario et de Maria de Rozario.

27 janvier.

Ouzou (Anne),
fille de Jean Ouzou dit Pondichéry, soldat, et de Maria Birelle.

29 janvier.

Rocher (Paul),
fils de Jérome Rocher et de Anna de Rozario.

31 janvier.

Monte (François de),
fils de Michel de Monte et de Anne de Rozaire.

1er février.

Rozario (Marie),
fille de Domingue de Rozario et d'Angela.

10 février.

Andrade (Philippa de),
fille de François de Andrade et de Técle de Souza.

22 février.

Albert (Jeanne),
fille de Côme Albert et de Rose ...

26 février.

Leblond (Marie-Jeanne),
fille de Jean Leblond, (né à Rennes), et de Christine Gonsalvès.

... mars.

Acte impossible à reconstituer.

19 mars.

Réminier (Simon),
fils de Adrien Réminier, (né à Lorient), et de Catherine Cotigne.

21 mars.

Rozario (Manoel),
fils de ...

22 mars.

François,
fils de Catherine, esclave.

24 mars.

Pigeon (Charles),
fils de Guillaume Pigeon et de Geneviève de Matos.

30 mars.

Almède (Ursule d'),
fille de Thomé d'Almède et d'Anna de Rozario.

3 avril.

Araine (Joseph),
fils de Jean Araine et Martina Sonnerale.

7 avril.

Monte (Pasqualia de),
fille de Sabine de Monte.
L'acte suivant a complètement disparu.

16 avril.

Chaudé (Pasqualia de),
fille de Francisco Chaudé et de Gracia de Monte.
L'acte suivant a complètement disparu.

20 avril.

Caillot (Julienne),
fille de Jean Baptiste Caillot et de Marguerite Carles.

20 avril.

Rozaire (Louis de),
fils de Jean de Rozaire et de Antonia de Rozaire.

25 avril.

CRUZ (Francisca de),
fille de Jean de Cruz et d'Elisabeth de Rozaire.

3 mai.

PIÈRES (Joseph),
fils de Domingue Pières et de Marie de Rozaire.

6 mai.

COTINHO (Pierre),
fils de Pedro Cotinho et de Maria Fernandez.

L'acte suivant a disparu.

13 mai.

LIVEIRRA (Angela de),
fille de Louis de Liveirra, (de Saint-Thomé), et de Madeleine de Monte.

17 mai.

DRAGON (Marie),
fille de Jean Dragon et de Marie Anne de Rozaire.

27 mai.

COEILHA (Marie),
fille de Monique Coeilha.

27 mai.

ALMÈDE (Jérome d'),
fils de Marie d'Almède.

3 juin.

SOZA (François de),
fils de Jean de Soza et de Thomasia Ferreira.

11 juin.

CRUZ (Marie de),
fille de Francisco de Cruz et de Martha.

17 juin.

SOUZA (Paula de),
fille de Jérome de Souza et de Maria Pinheiro.

4 juillet.

ROZARIO (Françoise de),
fille de Ignacio de Rozario Pereira et de Maria Alvès.

4 juillet.

ROZAIRE (Marie de),
fille de Jean de Rozaire et de Marguerite de Monte.

7 juillet.

Deux actes ont complètement disparu.

17 juillet.

CLISSET (Marianne),
fille de Yves Clisset, dit La Fleur, caporal, et de Rose de Lima.

1ᵉʳ août.

PIERRE,
fils de Madeleine, esclave.

.. août.

Acte totalement disparu.

6 août.

VINCENS (Pierre-Benoît),
fils de Jacques Vicens, sous-marchand de la Compagnie et de Jeanne Albert.
Parrain : Pierre-Benoît Dumas, conseiller.
Marraine : Mademoiselle Marie Albert.

9 août.

COSTA (Antoine de),
fils de Bastien de Costa et de Maria de Costa.

10 août.

DELARCHE (Louis),
fils de M. Delarche, capitaine des troupes et de Marie Rolland.

15 août.

ESTÉFANO (Dominique),
fils de Estéfano, topa.
Suivent deux actes presque complètement disparus.

16 septembre.

AMÉLIN (Pierre),
fils de Pierre Amelin, dit Bourguignon, et de ...

27 septembre.

JANSE (Pierre),
fils de Jean Janse et de Monique de Rozario.

27 septembre.

SCHONAMILLE (François-Corneille),
fils de François Schonamille et de Anne Corneille Mayer.

1er octobre.

Lopez (Antoine),
fils de Pierre Lopez et de Anna.

2 octobre.

Lebrun (Pierre-François),
fils de Guillaume Lebrun et de Jeanne de Rozaire.

7 octobre.

Gahnou (Mathias),
fils de Jean Gahnou et de Suzanne de Soza.

7 octobre.

Francisco,
fils de Gracia.

14 octobre.

Petit (Catherine),
fille de Jacques Gabriel Petit, sergent, (né en Toscane), et de Jeanne Marie Catel (née au Bengale).

23 octobre.

Costa (Françoise de),
fille de Sebastien de Costa et de Domingua Rodriguez.

1er novembre.

Gonsalvès (Rosa),
fille de Francisco Gonsalvès et de Catherine de Rozario.

14 novembre.

Rozario (Francisca de),
fille de Thomasia de Rozario.

20 novembre.

Hirigoyen (Anne-Marie),
fille de Martin Hirigoyen et de Anne Royer.

20 novembre.

Legrand (Georges),
fils de Henri Legrand et de Marie Alvès.

22 novembre.

Brunet (André),
fils de Claude Brunet et de Marie Monique.

25 novembre.

DABREAU (François),
fils d'Antonio Dabreau et de Dominga de Rozario.

27 novembre.

ROZARIO-DIAZ (Pierre de),
fils de Lorenzo de Rozario-Diaz et de Gracia de Monte.

8 décembre.

PARLOT (Elisabeth Maria),
fille de Pierre Parlot, sergent, né à Paris, et de Marie Rebelle.

8 décembre.

MARIE-ANNE,
fille de Romana, moça libre.

Mariages.

7 janvier.

MARTINS (Antonio), fils de père et mère gentils,
et Antonia de FARIA, fille de Antonio de Rozario.

7 janvier.

JENSAN (Jean), fils de Fernando Jensan,
et Monica de ROZARIO.

13 janvier.

TORRES (Pascoal), et Lucia de ROZARIO.

29 janvier.

MONTE (Domingos de), file de Thomé de Monte et d'Agida de Rozario,
et Marie de SYLVA, fille de Francisco de Sylva.

4 février.

ROZARIO (Laurenço de), fils de Pierre de Rozario et de Catharina Pereira, né à Negapatam,
et Gracia de MONTE, fille de Nicolas de Rozario.

29 avril.

PAULO (Georges), né à Paliacatte,
et Martha de COSTA, née à Congimère.

5 mai.

Royer (Domingue), fils de George Royer, né à Goudelour,

et Anne Françoise Cadau, fille de Charles Cadau, née à Pondichéry.

... mai.

Souza (Antonio de), né à Negapatam,
et Marie de Monte, fille de Salvador de Monte et de Dominga de Rozario, née à Pondichéry.

21 mai.

Mascarenhas (Manoël), fils de Manoëel Mascarenhas et de Maria Rodriguez,

et Catharina Flors, veuve, née à Tranquebar.

2 juin.

Acte impossible à reconstituer.

....

et Antonia de Conceican, née à Pondichéry.

9 juillet.

Lian (Jean de), né à Port Sainte-Marie Majeure,
et Jeanne Cordeira, née à Tevenepatam.

29 août.

Sylva (Manoël de), chinois, né à Canton,
et Laurença de Sylva.

1er septembre.

Costa (... de), et Elisabeth de Faria.

6 octobre.

Cruz (Miguel de), né à Saint-Thomé,
et Rose Cordeira, née à Goudelour.

13 octobre.

Emonneau (Jean-Baptiste), fils de Jean Emonneau et de Marie Morvan, né à Baux, diocèse de Vannes,

et Isabelle de Rozario, fille de Gaspar de Rozario et de Sabina de Rozario.

20 octobre

BOTHELLO (Manoël), né à Madras,
et Marie de COSTA, née à Pondichéry.

20 octobre.

CANNEHAN (Pierre), fils d'Antoine Cannehan et de Marie Jeanne Hec, né à Dunkerque, évêché d'Ypres,
et Anne CRESPIN, fille de Jean Crespin et de Anne Bobia, née à Pondichéry.
Ont signé l'acte : DUMAS, DELAHAYE, DE BEAUREGARD, GROUET, DUJARRY.

17 novembre.

MELLO (Diego de), né à Negapatam,
et Pascoala de ......, née à Malacca.

24 novembre.

JENS (David), né à Paliacatte,
et Ursula de MATHOS.

25 novembre.

LOUIS (Francisco), né à Pondichéry,
et Suzanna de ROZAIRE, née à Pondichéry.

27 novembre.

MONTE (Salvador de), né à Paliacatte,
et Francisca de ROZARIO, née à Pondichéry.

28 novembre.

LICET (Yves), fils de Jean Licet et de Jeanne Gautier, né à Laustant, évêché de Vannes,
et Agnès Jeanne ROUSSELET, fille de Vrin Rousselet et de Elisabeth Carvalho de Souza, née à Pondichéry.

Décès.

1er janvier.

MESSIEN dit BARON (Julien), né à Saint-Malo, âgé d'environ 70 ans. (Il y avait près de 20 ans qu'il servait la Compagnie en qualité de soldat).

3 janvier.

Paulo (Emmanuel), âgé de 8 mois, fils de Antoine Paulo soldat topa.

5 janvier.

Lamirand (Francisca), âgée d'environ 70 ans.

16 janvier.

Suère (Jean), hollandais, né à Amsterdam.

20 janvier.

Courte (Pedro), fils de Thomé Courte.

26 janvier.

Guerant dit Durhin (Jacques), né à l'île de Groye, matelot de la *Vierge de Grâce*.

30 janvier.

Luca (Augustin), matelot du *Solide*.

1er février.

Damilaville (Claude).

2 février.

Pereira (Louis), portugais, âgé d'environ 85 ans.

6 février.

Tounere (Paul), né à l'île de Groye, matelot de la *Vierge de Grâce*.

8 février.

Fournier (Claude), âgé de 3 mois, fils de Monsieur Fournier sergent.

10 février.

Barbara, femme de Bastian, pauvre femme, demandant l'aumône.

27 février.

Crépin (Arnould), âgé de 14 à 15 ans.

1er mars.

Sylvestra, femme de Georges Paulo, soldat.

17 mars.

Dominga, venue de Goudelour.

24 mars.

Hervault (Louis), âgé d'environ 1 an, fils d'Hervault, soldat.

9 avril.

Un enfant de Joseph de Rozario, âgé de 2 ans envion.

15 avril.

Léalle (Adrien), soldat.

24 avril.

Pigeon (Madame), femme de Monsieur Pigeon, commis de la Compagnie.

29 avril.

Mallet (François), ci-devant engagé au service de la Compagnie de Saint-Malo.

30 avril.

Petronilla, ci-devant mossa de Monsieur Catel.

4 mai.

Bolostre (Jean), métis hollandais.

1er juin.

Monica, femme de Pitre, hollandais et soldat de la garnison.

5 juin.

Lagroua (Pierre de), « habitant de cette ville, lequel, la nuit du 4 au 5, fut surpris d'une indigestion et d'une extinction naturelle qu'on ne put jamais rappeler, quelques remèdes chauds qu'on lui put donner ».

6 juin.

Guern (François), né à Hennebon, sergent.

7 juin.

Georges, âgé d'environ 8 jours, fils de la fille de Fernando, cafre.

10 juin.

Saffard (Thomé), né à Malassore, boulanger, (mort d'une retention d'urine qui lui causa une envie continuelle de vomir).

11 juin.

Une enfant d'environ 8 mois, fille de la mossa de Monsieur Labaye.

11 juin.

Angiar (Samuel), né à Escol, évêché d'Essex, (ang.) revenait des Maldives.

17 juin.

Marie, âgée d'environ 8 ans, esclave.

20 juin.

Aujourd'hui 20 juin 1721, j'ai enterré dans l'Eglise paroissiale de Pondichéry Notre Dame des Anges, près du pillier de la main droite en entrant, M. Jacques Albert, habitant de cette ville et chirurgien major de la garnison de cette place, mort le même jour à deux heures après minuit, après avoir reçu les sacrements de l'Eglise.

Signé : Père Esprit de Tours, capucin, missionnaire apostolique et curé.

27 juin.

Christina, femme de Manoël Vaz.

2 juillet.

Nanas (Jean), soldat topa.

8 juillet.

Hebert Duvivier (Melon Alexandre César), sous-marchand.

9 juillet.

Cosson de Lalande (Etienne), commis de la Compagnie.

10 juillet.

Andreza, petite fille sortie de la gentillité.

15 juillet.

Equité (Marie l'), fille de l'Equité, soldat.

16 juillet.

Aujourd'hui 16 juillet 1721, j'ai enterré dans la croisée de l'Eglise Notre Dame des Anges qui est à droite y entrant et au bas de la fenêtre de la dite croisée, à droite quand on y regarde l'Occident, le R. P. Jean Baptiste d'Orléans, homme véritablement apostolique, doux, pieux, patient, charitable, faisant bien à tous, zèlé pour la gloire de Dieu et les fonctions de son ministère, véritable enfant de Saint-François notre séraphique père, obéissant et soumis comme un homme pauvre, n'ayant que ce que la règle lui permettait d'avoir, chaste en ses actions, en ses paroles, enfin en tout; en sorte qu'on n'a jamais entendu de lui une parole qui put offenser la vertu de pureté, enfin homme qu'on peut dire aimé de Dieu et des hommes, des Turcs même, vu qu'ayant fait et exercé la médecine à Babylone, pendant 19 ans avec édification et enfin ayant été obligé d'en sortir par la faction des Moullas, prêtres de Turcs, qui par jalousie des grands biens qu'il y faisait pour la religion et de l'autorité qu'il s'était acquise auprès des Grands, en fut, si fort regretté, que plusieurs offrirent des bourses d'argent au Pacha pour le retenir; ce que n'ayant pu faire, parce que les ordres de la Porte de le chasser étaient formels, ils le pleurèrent comme s'ils avaient perdu leur père. De Babylone étant venu dans cette Mission et y ayant rempli en tout les devoirs d'un digne Missionnaire pendant 10 ans, mourut à 2 heures après-midi après avoir reçu tous les saints sacrements de l'église, renouvelé ses vœux et demandé pardon aux pères et aux frères absents et présents selon la coutume de notre sainte religion, mourut, dis-je, d'une fièvre maligne ou pourpre qu'il avait contractée le 8 du même mois en assistant un moribond malade de cette maladie de pourpre.

Signé: Père Esprit de Tours, etc.,

19 juillet.

Le Midou (Yves), dit Duclos, soldat, né en Cornouailles.

20 juillet.

Parat (Pierre), Major des troupes.

21 juillet.

Rouaut comte d'Arnay de Gamache (Joachin), lieutenant des troupes, né à Paris.

23 juillet.

La femme de La Fleur, caporal.

31 juillet.

Laurent (Julien), né à Saint-Malo, soldat.

2 août.

Un esclave âgé de 7 ans.

11 août.

Gavian (Isabelle), âgée de 7 à 8 mois, fille de Manoël Gavian, soldat topa.

29 août.

Souza de Graça (Antonia de), âgée de 80 ans.

11 septembre.

Jean (Pierre), beau-fils d'Antiade Fournier, sergent.

24 septembre.

Une pauvre femme nommée Antonica.

11 octobre.

Aujourd'hui, 11 octobre 1721, j'ai enterré en l'Eglise paroissiale de Pondichéry de Notre Dame des Anges vis-à-vis de la balustrade de la nef, à 6 heures du soir, M. de la Blanchetière, je dis M de la Prévostière, gouverneur de Pondichéry et Chef du Conseil Supérieur, pour la Compagnie de France, du commerce des Indes. Mort le même jour à 7 heures du matin après avoir reçu tous les sacrements de l'Eglise.

Signé : Père Esprit de Tours, capucin.

13 octobre.

Colomban (Jacques), soldat, mort subitement.

19 octobre.

Marie (François), âgé de 3 ans, fils de Marie et de Therésia Rodrigue.

1er novembre.

Rozario (Thomé de), âgé de 6 à 7 ans, fils de Francisco de Rozario.

2 novembre.

Alvès (Diego), âgé de 6 ans, fils de Jean Alvès.

3 novembre.

Baréto (Marie), né le même jour, fils de Francisco Baréto et de Anne Ferrera.

18 novembre.

Courte (Dorothée), âgée de 6 ans, fille de Thomés Courte.

. . . . . .

Gargan (Jeanne), femme de Frédéric Thomés.

4 décembre.

Rozario (Louise de), âgée d'environ 80 ans.

5 décembre.

Costa (Maria de), femme de Ninon Bergés.

7 décembre.

Une esclave d'environ un an, nommée Anna.

8 décembre.

Rozario (..... de), âgé de 3 ans, fils d'Antonio de Roza io Pereira et de Maria Rubina.

18 décembre.

Lima (Domingo de), âgé d'un an et demi, fils de Cornelio de Lima et de Clara Jense.

19 décembre.

Gabriel (François), fils de Gabriel, topa, et de Catherina.

22 décembre.

Catherina, femme de Gabriel, soldat topa, morte en couche.

22 décembre.

Pannier (Marie-Anne), âgée d'environ 80 ans.

25 décembre.

Une esclave âgée d'environ 8 ans, nommée Clara.

26 décembre.

Estancelin (Pierre), surnommé l'Espérance, né à Dieppe, maître canonnier.

27 décembre.

Soza (Catharina de), femme de Casimir de Soza.

27 décembre.

Rozario (François de), âgé d'environ 9 ans, fils de Louisa de Rozario.

31 décembre.

Malœuvre (......), née le même jour, fille de Joseph Malœuvre.

ANNÉE 1722.

Naissances.

13 janvier.
Boarée (Claude Louis),
fils de Jean Baptiste Boarée et de Maria Pereira.

25 janvier.
Olivier (Elisabeth),
fille de François Olivier, (né à Gènes), et Anne Mathéus.

27 janvier.
Rozario (Monique de),
fille de Mathieu de Rozario et de Louisa Madère.

5 février.
Monté (Jean de),
fils de Francisco de Monté et de Ignacia de Luce.

10 février.
Silva (Mathieu de),
fils de Louis de Silva et de Laurencia de Souza.

20 février.
Paulo (François),
fils de Antonio Paulo et de Dominga Hieronyma.

14 mars.
Grouet (Marie Brigitte),
fille de Paul Grouet, lieutenant, et de Agnès de Quenequi.

2 avril.
Guerre (Gabriel),
fils de Abraham Guerre, né à Mulhouse, et de Marie Brunet.

Parrain : Jacques Dulaurens, secrétaire de la Compagnie.
Ont signé l'acte : Guerre, Dulaurens, de Bury, Le Faucheur, Le Chevalier, de Tancarville.

5 avril.

Françoise,
fille d'Antoniqua, moça de M. Albert.

14 avril.

Rozario (Maria de),
fille de Sébastien de Rozario et de Marthe Gomez.

14 avril.

Rozario (Antoine),
fils naturel de Julia de Rozario.

23 avril.

Maria,
fille naturelle de Marie de Monte.

26 avril.

Soza (François de),
fils de André de Soza et de Marguerite de Rozario.

28 avril.

Gallion (Jacques-Paul),
fils légitime de Paul Gallion, né à Cork, (Irlande), soldat de la garnison, et de Marie Bellot.

28 avril.

Gama (Elisabeth de),
fille de Miguel de Gama et de Maria de Monte.

17 mai.

Delarche (Marie),
fille de M. Delarche, capitaine des troupes, et de Marie Rolland.

19 mai.

Collar (Johanna),
fille de Domingos Collar et de Marie d'Oliveira.

27 mai.

Sicaira (Francisca),
fille de Francisco Sicaira, soldat topa, et de Francisca Rotan.

7 juin.

Monte (Ignacia de),
fille de Thomas de Monte et de Francisca de Rozario.

18 juin.

Ferreira (Anne),
fille de Thomas Ferreira et de Hélène de Rozario.

8 juillet.

Arrangouty (Maria),
fille de Ignacio Arrangouty (né en Biscaye), et de Antonia de Sella, (née à Pondichéry).

5 août.

Mello (Adrien de),
fils de Guilhelmo de Mello et de Nathalia de Monte.

15 août.

Francisca,
fille de Antonio de Madré de Deos (né à Négapatam), et de Maria de Monte.

20 août.

François,
fils d'une esclave de Mme de Van Zille.

13 septembre.

Fournier (Elisabeth),
fille de Fournier, sergent des troupes, et d'Apolline Rabain.

13 septembre.

Ribeiro (François),
fils de Hieronimo Ribeiro et de Anna de Rozario.

17 septembre.

Costa (Marie-Anne de),
fille de Jean de Costa et de Marie de Rozario.

21 septembre.

Paulo (Paul),
fils de Georges Paulo et de Martha de Costa.

22 septembre.

Soza (Joseph de),
fils de Pedro de Soza et de Francisca de Monte.

27 septembre.

Scipioni (Alexandre Louis),
fils de Jean Louis Scipioni (né à Venise), et de Anne Oran, (née à Saint-Malo).
Parrain : Alexandre Legou (né à Tours), conseiller.

6 octobre.

Conha (Antoine),
fils de Manoël de Conha (né à Lisbonne), et de Eugénia de Costa.

8 octobre.

Cruz (Louis de),
fils de Miguel de Cruz et de Rosa Cordeiro.

15 octobre.

Lesquié (Françoise),
fille de François Lesquié, soldat, et de Isabelle Daguyère.
Parrain : Marc Cogat, dit Dulaurens, chef du poste de la porte de Madras.

20 octobre.

Rozario (Marguerite de),
fille de Antonio de Rozario Pereira et de Marie Robina.

28 octobre.

Louit (Marie Anne),
fille de François Louit, topa, et de Suzanne de Rozario.

30 octobre.

Almeida (Antoine),
fils de Simon Almeida et de Francisca de Silva.

30 octobre.

Vincens (Marie-Rose),
fils de Jacques Vincens, de Montpellier, conseiller, et de Jeanne Albert.
Parrain et Marraine : François Albert et Catherine Galliot.
Ont signé l'acte : François Albert, Dumas, Courton, de la Touche, Dujarry.

31 octobre.

Ribeira (Antoine),
fils de Jean Ribeira et de Francisca Fereira.

17 novembre.

ARAINE (Marie),
fille de Jean Araine, maître boulanger, et de Bastienne Soneral.

30 novembre.

LAYLAN (Dominique),
fils de Gilles Laylan et de Anne Soveral.

9 décembre.

AMELAIN (Nicolas),
fils de Edme Amelain, dit Bourguignon et de Suzanne.

23 décembre.

ALVÈS (Antoine),
fils de Domingos Alvès et de Dominga Pimenta.

24 décembre.

SAUDE (Antoine de),
fils de Antonio de Saude, topa, et de Floriana de Monte.

25 décembre.

ALMEIDA (Marie d'),
fille de Thomé d'Almeida et de Anna de Rozario.

29 décembre.

FRANCISCA,
fille d'une moça.

Mariages.

19 janvier.

RUEL (Jacques), né à Saint-Malo, fils de Julien Ruel et de Nicole Lamy,

et Elisabeth LE COUES, née à Pondichéry, fille de Louis Le Couës et de Françoise Lobo.

20 février.

SOUZA (André de), né à Madras,
et Christine PIMENTA, née à Congimer.

27 avril.

Monte (Ambrosio), né à Bengale,
et Rubina de Rozario, fille de père gentil et de mère chrétienne, née à Madras.

29 avril.

Sylva (Jean de), né à Négapatam,
et Isabelle de Rozario, née à Négapatam.

4 mai.

Rozario (Domingos de), né à Xejiour,
et Françoise de Rozario, née à Pondichéry.

6 mai.

Hieronimo (Domingos), né à Paliacate,
et Pélagie Pereira, née à Masulipatam, fille de père et mère gentils.

11 mai.

Meners (François), né au Pérou,
et Violente Burnes, née à Madras.

18 mai.

Le Monnier (Julien), fils de François Le Monnier et de Maria Maurin, né à Javigné, diocèse du Mans,
et Maria Paul, fille de Claude Paul et de Apolline Mousse, née à Pondichéry.

20 mai.

Rozario (Miguel de),
et Jeanne de Rozario, née à Madras.

26 mai.

Lamcan (...), né à Pondichéry,
et Louiza de Rozario, née à Pondichéry.

28 mai.

Britto (Jean de), né à Négapatam,
et Dominga de Souza, née à Sadras.

15 juin.

Monte (Miguel de), né à Trivady,
et Jeanne de Rozario, née à Pondichéry.

12 juillet.

Rozario (Manoel de), né à Tevenapatam,
et Elizabeth d'Andrade, née à Pondichéry.

20 juillet.

Jean et Marie.

23 juillet.

Aujourd'hui, 23 juillet 1722, j'ai solennellement et publiquement donné la bénédiction du mariage à Monsieur Pierre Benoist Dumas, conseiller de la Compagnie de France du commerce des Indes et procureur du roy pour la nation française à Pondichéry. Et damoiselle Marie Gertrude Wan Zill, fille de Guillaume Wan Zill, commandant pour la Compagnie de Hollande au comptoir de Porto Novo, et de dame Marguerite Cracava, après avoir reçu du Reverendissime *in scriptis* dispense *disparitatis cultus* et de la publication des bancs comme il court par la publication de la lettre transcrite icy bas.

Ont été témoins les soussignés :

Père Esprit de Tours, capucin, missionnaire apostolique et curé.

Dumas, Maria Gertruis de Wan Zyll, Lenoir, Vincens, Delahaye, Legou, Dujarry.

Suit en portugais la lettre du grand vicaire de San-Thomé (f. Antonio dos Chagas) à M. Dumas touchant la dispense qu'il lui demandait *disparitatis cultus* (1).

27 juillet.

Cordier (Jean), fils de Jean Cordier et de Jeanne Arnoult, né à Pondichéry, veuf de Marguerite Rolland,

et Marie Agnès Cognet, fille de feu Charles Cognet et de Marie Boylève, née à Pondichéry.

Ont signé l'acte : Cordien, Marie Agnès Cognet, de Bury, Lenoir, Delahaye, Delorme, Vincens, Dumas, B. Cognet, Dulaurens.

29 juillet.

Brougemont (Pierre Jean), veuf, né à Rotterdam,
et Ignace Gossart, fille de Girard Gossart et de Dorothée Bernard, née à Pondichéry.

(1) Le texte de cette lettre comme l'acte lui même ne sont plus au complet.

10 août.

Crux (Antonio de), et ...

27 août.

Rozario (Jean de), né à Ariancoupom, et Maria de Andrade, née à Pondichéry.

9 novembre.

Rozario (Pedro de), né à Pondichéry, et Brigitte, esclave de M. Boutteville, née à Tranquebar.

Décès.

1er janvier.

Souza Caravalho (Maria de), femme de Joseph Malœuvre, soldat français.

2 janvier.

Rozario (Pedro de), âgé d'environ 85 ans.

5 janvier.

Souza (Cassida de), âgée d'environ 80 ans.

7 janvier.

Maria, âgée de 4 à 5 ans, (fille de la femme de Thomé qui avait été pendu).

8 janvier.

Pignero (Thomé), soldat.

10 janvier.

Glissant (Louisa), veuve de Damilaville.

11 janvier.

Lopès (Domingo) âgé de 4 à 5 ans, fils de Pierre Lopès, soldat topa.

11 janvier.

Le Galou (Apolline), âgée de 4 ans environ, fille de François Le Galou.

21 janvier.

Cassilda, (pauvre demandant l'aumône).

30 janvier.

Roguero (Louis), âgé de 18 mois.

10 février.

Gabriel, âgé d'environ un an, fils d'une esclave de Duclos.

12 février.

Bauregard (Yves), caporal.

15 février.

.... (Anna), femme d'Olivier.

17 février.

Silva (Simon de), né à Manille, matelot sur le *Saint-François*.

17 février.

Silva (Mathieu de), âgé de neuf jours, fils de Luis de Silva.

17 février.

Audin (Marie), âgée d'environ 13 mois, fille d'Antoine Audin et de Joanna Pereira.

23 février.

Mareck (Georges), né à Merguy, matelot sur le *Saint-François*.

1er mars.

Le Feurre (Pierre), soldat.

6 mars.

Cunha (Jean de), veuf.

10 mars.

Vilain (Anne), veuve.

17 avril.

Pereira (Marie), femme de Jean Baptiste Boiry, soldat français.

20 avril.

Pacheca (Ignacia), veuve qui demandait l'aumône.

25 avril.

Marie, âgée de 2 jours, fille naturelle d'une pauvre femme nommée Marie Anne.

1er mai.

Souza (Jean de), soldat topa.

16 mai.

Anna, âgée d'environ 10 ans, esclave d'un arménien.

16 mai.

Rozario (Lorenço de), âgé de 80 ans.

20 mai.

Delarche (Marie Barbe), âgée de 4 jours.

21 mai.

Le Moyne (Marc), canonnier.

24 mai.

Delarche (Madame), femme de Monsieur Delarche, capitaine des troupes.

26 mai.

Du Riveau (Louis), né à Poitiers.

5 juin.

Cailleau (Jacques), âgé d'environ 1 mois.

22 juin.

Paula, âgée de 8 mois, fille d'une femme topa, nommée Maria

27 juin.

Rosario (Floriana de), femme de Francisco de Rosario.

11 juillet.

Rosario (Joanna de), femme de Domingo Passanho.

20 juillet.

Livera (Francisca), veuve.

27 juillet.

Fonseca (Manuel), âgé d'environ 22 ans.

8 août.

Alphonso, pauvre homme.

13 août.

Rosario (Jean de), pauvre mendiant.

16 août.

Fraboulet (Jacques), veuf, né à Trégomel (évêché de Vannes), sergent de la garnison, « il avait reçu un coup d'épée la veille dont il est mort le lendemain ».

17 août.

Rozario (Antonica de),

24 août.

Monica, âgée de 3 à 4 mois, fille de Pascoàl, soldat topa.

27 août.

Bongré (Madame), fille de M. La Groie.

27 août.

Antonio, veuf, topa.

28 août.

Mandez (Catherina), femme d'un français nommé Cadeau.

1er septembre.

Francisco, âgé de 7 à 8 ans.

16 septembre.

Leroy (Jean), né à Suresnes, soldat sur le *Bourbon* commandé par M. de la Villebague Magon.

18 septembre.

Audin (Madame), femme de M. Audin, soldat français.

19 septembre.

Barré (Augustin), soldat, en son nom de guerre Fougères, né à Saint-Marc le Blanc, diocèse de Vannes.

28 septembre.

Joanna, âgée d'environ 9 ans, esclave de la Compagnie.

1er octobre.

Boinot (Henri), né à Ingrande (évêché de Limoges), caporal, embarqué sur le vaisseau l'*Argonante*.

19 octobre.

Costa (Domingo de), topa.

5 novembre.

Ruel (Nicolas), âgé d'un mois, fils de Jacques Ruel.

14 novembre.

Francisca, âgée de 8 mois, fille d'un esclave.

17 novembre.

Vaz (André).

22 novembre.

Cruz (Lucia de), âgée d'environ 2 mois, fille de Miquel de Cruz.

3 décembre.

Cressoux (Rosa), âgée d'un an ou un an et demi, fille de Cressoux, soldat.

4 décembre.

Bury (Pierre-Benoît de), âgé d'environ 2 ans.

5 décembre.

Pierre, âgé de 2 jours, fils d'un topa.

16 décembre.

Passanho (Domingo), soldat topa.

.. décembre.

Leblond (Marie Anne), âgée d'environ 1 an, fille de Leblond, soldat.

23 décembre.

Saint-Pierre, soldat, né au grand Saint-Mayn, évêché de Tréguier.

23 décembre.

Saude (Antoine de), âgé de 6 jours, fils d'Antoine de Saude.

24 décembre.

Le Gallec (Godefroy), né à Saint-Malo.

27 décembre.

Frédérick (Marie Anne), âgée d'environ 1 an, fille de Tobie Frédérick et de ...... Gargan.

30 décembre.

Madeire (Jean), soldat topa.

ANNÉE 1723.

Naissances.

2 janvier

Vaugel (Louis),
fils de Vaugel, dit Pondichéry, soldat, et de Marie Burell.

6 janvier.

Saude (Anna de),
fille de Francisco de Saude et de Dominga de Saude.

7 janvier.

Collar (Françoise Elisabeth),
fille de Elisabeth de Collar.

11 janvier.

Suarez (Françoise),
fille de Béatrix Suarez, « quæ putatur filia Frabouleti ».

12 janvier.

Rozario (Ignacia de),
fille de Manoël de Rozario et de Dominga Cordier.

17 janvier.

Rozario Pereira (Catherine de),
fille de Ignacio de Rozario Pereira et de Marie Alvès.

17 janvier.

Alfonço (Laurença),
fille de Louis Alfonço et de Marie de Cruz.

17 janvier.

Conha (Francisco de),
fils de Lazaro de Conha et de Dominga de Soza.

18 janvier.

Baptême de la femme de Gourapa, chevalier de l'ordre de Saint-Michel, âgée de 14 ans.

Ont signé l'acte: Lenoir, Dupleix, Delorme, Legou, Dumas, Lemaire. Père Antoine de la Châtre. Pierre Canagarayen, etc.

25 janvier.

Monte (Marie de),
fille de Joseph de Monte et de Madeleine de Rozario.

6 février.

Ribeiro (Laurence),
fille de Manoël Ribeiro et de Maria de Rozario.

10 février.

Emoneau (Marie Isabelle),
fille de Jean Baptiste Emoneau et de Isabelle de Rozario.

14 février.

Monte (Georges de),
fils de Francisco de Monte et de Marie Lopez.

3 mars.

Alvès (Pierre),
fils de Domingos Alvès et Martha Pachequa.

9 mars.

Gravier (François),
fils de Gilles Gravier et de Rosa de Monte.

13 mars.

Rozario (Jean de),
fils de Antoine de Rozario et d'Anna.

18 mars.

Passagna (Marie),
fils de Thomé Passagna et de Clara de Sa.

31 mars.

Gence (Pierre),
fils de Pitre Gence, hollandais, et de Ignacia Gossart.

4 avril.

Rozario (Ignacia de),
fille de Cécilia de Rozario.

25 avril.

Passanha (Suzanne),
fille de Gabriel Passanha et de Floride de Canha.

6 mai.

Soza (Thérésia de),
fille de Bartolomo de Soza et de Maria Cotinha.

9 mai.

Emmanuel,
fils de Pedro et de Maria, non mariés.

13 mai.

Domingo (Marie Josephe),
fille de Domingo ...... et de Maria Gomès.

Parrain : Dupleix, commandant des troupes de la place et conseiller du Conseil Supérieur.

14 mai.

Saine (Pierre François de),
fils de Jean de Saine, canonnier, (né à Midelbourg), et de Marie Dixine (née à Madras).

21 mai.

Paul (François),
fils de Claude Paul, dit Rochefort, et de Apolline Moço.

... mai.

Cortez (Marie),
fille de Léandre Cortez et de Pedrina Fernandez.

23 juin.

Courtet (Jean-Baptiste),
fils de Hervé Courtet, dit Saint-Pierre.

28 juin.

Quintual (Pierre),
fils de François Quintual et de Ignacia de Soza.

9 juillet.

Souza (Antoine de),
fils de Zéphérino de Souza et d'Isabelle de Campos.

13 juillet.

Leblond (Jean-François),
fils de Jean Leblond (né à Rennes), et de Christine Gonsalve.

21 juillet.

Sylva (Paul),
fils de Polo Silva et de Francisca de Rozario.

27 juillet.

Rozario (Appolonia de),
fille d'Elisabeth de Rozaire.

5 août.

Pereira (Catharina),
fille de Francisca, moça.

8 août.

Reminiac (Antoine),
fils d'Adrien Reminiac et de Catherine Cotinha.

9 août.

Rozario (Pierre),
fils de André de Rozario et de Maria de Rozario.

9 août.

Rozario (René),
fils d'André de Rozario et de Marie Vaz.

19 août.

Ferreire (Elisabeth),
fille de Thomas Ferreire et de Maria Jeanpory.

20 août.

Monte (Nathalia de),
fille de André de Soza et de Marguerite de Rozario.

10 septembre.

Rozario (Maria Francisca),
fille de Pedro de Rozario et de Brigitte de Rozario.

14 septembre.

Dominga,
fils de Francisca, moça.

16 septembre.

Silva (Jacques de),
fils de Manuel de Silva (né en Chine), et de Laurença de Silva (née à Madras).

20 septembre.

Rozario (André de),
fils de Pedro de Rozario et de Maria de Rozario.

26 septembre.

Lima (Sébastien de),
fils Cornelio de Lima et de Clara Gensin.

30 septembre.

Gonsalves (Anne-Jénsla),
fille de Francisco Gonsalvès et de Catherine de Rozario.

5 octobre.

Rozario (Elisabeth de),
fille de Francisca de Rozario.

20 octobre.

Royer (Joseph),
fils de Jérome Royer, né à Nantes, et de Anna de Rozario.

20 octobre.

Guerre (Joseph),
fils de Abreham Guerre et de Marie Brunet.

22 octobre.

Andrade (Elisabeth de),
fils de Francisco de Andrade et de Thécla de Souza.

23 octobre.

Do (Jacques),
fils de Jean Baptiste Do, né à Javerue, évêché de Rieux et de Marie Mendès (née à Sadras).

23 octobre.

Monte (Thomasia de),
fille de Thomé de Monte et de Maria de Lima.

6 novembre.

Le Bozec (Marie-Madeleine),
fille de Jean Le Bozec, maître-charpentier (né à Plemeur), et de Marie Royer.

6 novembre.

Cruz (Dominique de),
fille de Bastien de Cruz et de Louisa Jent.

7 novembre.

Dulaurent (Madeleine-Barbe),
fille de Jacques Dulaurent, conseiller et secrétaire du Conseil et de Marie Galliot de la Touche.

Parrain et marraine : Louis Galliot (né à Vannes), et Barbe Audibert (née à Bengale).

Ont signé l'acte : DE LA TOUCHE, DUMAS, VINCENS, DUPLEIX, LEGOU, TRÉMISOT, DIROY, FOUQUET, DE BURY, J. DUPLESSIS.

9 novembre.

ALVES (Suzanne),
fille de Jean Alvès et de Louise de Rozario.

9 novembre.

CAILLOT (Jean),
fils de Jean Caillot (né à Marseille), et de Marguerite Corla, née à Madras,

12 novembre.

LA TOUCHE (Jacques Galliot de)
fils de Louis Galliot de la Touche et de Barbe Audibert.

12 novembre.

RODRIGUEZ (Martin),
fils de Domingo Rodriguez et de Rosa Mali.

12 novembre.

MONTE (Manoel de),
fils de Georges de Monte et de Montinha de Rozario.

20 novembre.

LE GALOU (François),
fils de René Le Galou et de Marie Babreau.

24 novembre.

SOZA (Francisco Xavier de),
fils de André de Soza et de Christina Pimenta.

27 novembre.

CRUZ (Francisca de),
fille de Miquel de Cruz et de Rosa Cordeira.

27 novembre.

LEMONIER (Rose),
fille de Julien Lemonier (né à Juvigné, évêché du Mans), et de Marie Paula.

15 décembre.

FOURNIER (Charles),
fils de André Fournier, sergent, et de Apollonie Raboin.

16 décembre.

CRUZ (Miguel de),
fils de Antonio de Monte et de Madeleine de Gara.

17 décembre.

COTIN (Louisa),
fille de Pierre Cotin et de Maria Fernandez.

30 décembre.

CLAUDE (Alexis)
fils de Francisco Claude et de Gracia de Monte.

30 décembre.

ROZARIO (Manoel de),
fils de Antonio de Rozario et de Anna de Souza.

Mariages.

2 janvier.

MONTE (Christovan de), de Pondichéry.
et Marthe de ROZARIO, née à Madras.

11 janvier.

LE BOZEC (Jean), né à Plémeur,
et Marie ROYER, fille de Jean Royer et de Elisabeth Pereira, née à Pondichéry.

Ont signé l'acte : LE BOZEC, MARIE ROYER, DEVILLE, VINCENS, JEANNE ALBERT, MARIE AGNÈS COGNET.

18 janvier.

Aujourd'hui, 18 janvier, j'ai reçu de nouveau le consentement mutuel de mariage entre le chevalier Gourapa et son épouse, après l'avoir baptisée publiquement. Ont été les témoins soussignés : Père ESPRIT DE TOURS, capucin et missionnaire apostolique et curé. LENOIR, DUMAS, DUPLEIX, VINCENS, LEGOU, DELORME.

3 février.

SYLVA (Pierre de), né à Cabucolam,
et Marie de ROZARIO, née à Pondichéry.

3 février.

Aujourd'hui, 3 février 1723, j'ai solennellement donné dans notre église de Notre Dame des Anges de Pondichéry la bénédiction du mariage au sieur Jacques Balaine DULAURENS, natif de Paris, secrétaire du Conseil Supérieur de Pondichéry, fils du sieur Jacques Balaine Dulaurens et de dame Magdeleine Monnay, ses père et mère, et demoiselle Marie Galliot de la Touche, native de Pondichéry, fille du sieur Louis Galliot de la Touche, capitaine de port au dit Pondichéry et de dame Françoise Lebon, ses père et mère. Et cela après trois publications des bans qui ont été faites au prône de la grande messe sans que ce soit trouvé aucun empêchement. Ont été témoins les soussignés : Père Antoine de la Châtre, capucin, missionnaire apostolique. L. GALLIOT, DULAURENS, DELAHAYE, VINCENS, MARIE GALLIOT, LENOIR, CORDIER, LEGOU, DELORME, GUERRE, BOUTTIER ....

3 février.

DUDEZERT (François), né à Lanvalay, évêché de Dol, et Louise PAULE, dite Rochefort, fille de Claude Paul, dit Rochefort, née à Pondichéry.

3 mai.

GROM (Francisco de), fils de Antonio Pereira et de Francisca de Monte, né à Pondichéry,
et Jeanne de BRITTO, née à Goudelour.

3 mai.

PACHECO (Antonio Christian), né à Porto Novo,
et Dominga de ROZARIO, née à Pondichéry.

17 mai.

LIGO (Gabriel de), et Thomasia ...., tous deux de Pondichéry.

20 mai.

ROZARIO (Jean de), né à Goudelour,
et Dominga de SYLVA, née à Goudelour, ci-devant mariée à un anglais par un conseiller anglais, mariage déclaré nul par le Reverendissime vicaire général de l'évêché de Saint-Thomé de Meliapour. Père Antonio des Chagas, pour s'être fait sans la présence du curé et de deux témoins contre le décret du Saint-Concile de Trente.

24 mai.

La Croix (Jean), fils de Jean La Croix et de Françoise Dorione, né à Ailly aux Cloches, Picardie,
et Marie Farrot, fille de Pierre Farrot, non marié, et d'Isabelle de Sylva.

26 mai.

Gavian (Joseph), fils de père et mère gentils, né à Cottacoupom,
et Adriana de Rozario.

14 juin.

Sylva (Laurenço de), né à Tranquebar,
et Aurelia Menezes, (née à Saint-Thomé).

14 juin.

Passanha (Thomé), fils de Domingo Passanha, né à Pondichéry,
et Jeanne de Costa, née à Porto Novo.

30 juin.

Delarche (Jean Henry), ingénieur et capitaine de la garnison, veuf de Marie Rolland, né à Paris,
et Suzanne Simy, née à Merguy.

1er juillet.

Baumont (René), soldat, né à Nantes,
et Denise Martins, fille de Jean Martins, née à Porto Novo.

.. juillet.

Boëry (Jean Baptiste), né à Hennebon,
et Marie Bolet, fille de François Bolet, née à Pondichéry.

12 août.

Rozario (Bernard de), né à Madras,
et Helena de Fretes, née à Porto Novo.

16 août.

Jallabert (Noël), né à Saint-Malo,
et Marie Anne Gerbault, née à Pondichéry.

18 août.

Rozario (Pascoal de), né à Paliacate,
et Luiza Gonsalvez, née à Pondichéry.

2 septembre.

Rozario (Salvador de), né à Tranquebar,
et Marie de Rozario, née à Pondichéry.

26 septembre.

Monte (Pedro de), né à Tevenapatam,
et Anna de Monte, née à Annapouli.

3 novembre.

Rozario (Philippe de), né à Goudelour,
et Francisca Suarez, née à Pondichéry.

.. novembre.

Lefaucheur (Nicola Olivier), fils de Hyacinthe Lefaucheur et de Peronnelle Armande, né à Rennes,
et Jeanne Julienne Michelle Artur, fille de André Artur, garde-magasin de la Compagnie à Lorient, et de Julie ....., née à Brest.

Ont signé l'acte : Père Bonaventure Dangle, capucin missionnaire apostolique. Lefaucheur, Julie Artur, Beauvollier de Courchant, Legou, Vincens, Dirois, Tremisot, de Bury, Dumas, Dulaurens, Cordier.

10 novembre.

Maillard (François), né au Hâvre,
et Marguerite Gossart, fille de Girard Gossart, née à Pondichéry.

10 novembre.

Sandretecque (Pierre Jean), né à Rotterdam,
et Rose Gossart, fille de Girard Gossart.

25 novembre.

Rozario (Antonio de), né à Negapatam,
et Jeanne Cordeira, né à Tevenapatam.

Décès.

2 janvier.

Bodot, fou depuis 12 à 13 ans.

4 janvier.

Bru (François), né à Tréguier, matelot du *Bourbon*.

7 janvier.

Saude (Anna de), âgée de 12 jours ou environ, fille de François de Saude, soldat topa.

8 janvier.

Monica, pauvre femme autrefois esclave.

12 janvier.

Bartelay (Michel), né à Ouessant, matelot du vaisseau *Le Bourbon*.

13 janvier.

Boery (Jean Claude), âgé d'environ un an.

21 janvier.

Monté (Maria de), nouvellement née.

22 janvier.

Trochu (Guillaume), né à Pempont.

30 janvier.

Courto (Jean), fils de Pierre Courto.

4 février.

Lamy (Claude), né à Paris, maître d'hôtel du Gouverneur.

17 février.

Marie, pauvre femme.

18 février.

Des Rochers, soldat, né en Bretagne.

26 février.

Jean Baptiste, marchand armémien.

28 mars.

Dufris (...), femme de Monsieur Allard, soldat.

31 mars.

Colin (Jacques), matelot, né à Saint-Malo.

7 avril.

Emmanuel, soldat topa.

18 avril.
LIMA (Sebastien de), soldat topa.

25 avril.
COIGNAC (Pierre), soldat.

30 avril.
MIRANDA (Antonia de), femme d'Antonia de Rozario.

4 mai.
Une fille de Passanho, âgée d'un mois.

29 mai.
ROSE, pauvre femme, morte le même jour subitement pour s'être rompue une veine dans la poitrine a force de tousser.

29 mai.
ROZARIO PEREIRA (Marguarita de), âgée de 7 mois.

29 mai.
COTINHO (Maria), âgée de 8 jours.

... mai.
PASSANHA (Marie), âgée d'environ un mois demi.

1er juin.
ROZARIO (Marie de), pauvre veuve.

9 juin.
La femme d'André, soldat paria.

11 juin.
ROBINA (Maria), femme d'Antonio de Rozario Pereira.

21 juin.
TANTOST (Guillaume), né à Morlaix, matelot sur la *Diane*.

22 juillet.
GRACIA, pauvre femme.

23 juillet.
PITRE (Antonio), âgé d'environ 30 ans, pauvre mendiant.

23 juillet.

Alvès (Francisco), fils de Domingo Alvès et de Martha de Rozario.

25 juillet.

Conha (Felicia de), femme de Gabriel Passanho.

26 juillet.

Julien, dit Saint-Mars, soldat, né à Reims.

5 août.

Rozario (Anna de), moça.

9 août.

Dervas (Francisco), âgé d'environ 9 mois.

23 août.

Marie, pauvre femme malabare.

26 août.

Both (Anna de), âgée de 75 ans, morte chez son fils, homme de chapeau.

10 octobre.

Varieux (François), né à Rouen, armurier sur le vaisseau le *Saint-Albin*.

25 octobre.

Dol (Jacques), âgé de 5 jours, fils de Jean Baptiste Dol et de Marie Mendès.

27 octobre.

Dagobne (Julien), né à Argis (évêché de Saint-Malo), officier marié, sur le *Lis*.

15 novembre.

Rozario (Lucia de), femme de Pascoal Torrès.

18 novembre.

Porcena (Sabina), femme de Gonsalvès de Siqueira.

19 novembre.

Grouet (Paul), né à Paris, lieutenant de la garnison.

28 novembre.

Monté (Manoël de), âgé de 15 jours.

30 novembre.

MONTÉ (Francisca de), âgée de 18 ans, femme de Pedro de Souza.

2 décembre.

CORDEIRO (Francisca), âgée de 5 jours.

4 décembre.

FERRON, DIT PAPILLON (Nicolas), né à Saint-Herme, évêché de Laon.

6 décembre.

ROZARIO (Maria de), âgée d'environ 4 mois, fille d'une moça.

9 décembre.

TRABEL, DIT LA FORTUNE (Michel), né à Lyon, soldat.

22 décembre.

PALLUEL (Sébastien), né à Concarneau, soldat.

23 décembre.

VATRY, DIT LA VIOLLETTE (Etienne), soldat.

23 décembre.

COTINHO (Louise), fille de Pierre Cotinho et de Marie Fernandez.

27 décembre.

EMMANAZ (Maria), vieille femme.

30 décembre.

ROZARIO (Manoel de), né la veille, fils d'Antonio de Rozario et de Anna de Souza.

ANNÉE 1724.

Naissances.

14 janvier.

Souza (Anne de),
fille de Manuel de Souza et de Ursula Pereira.

17 janvier.

Parlau (Rose),
fille de Pierre Parlau (né à Paris), et de Marie Rebella.

21 janvier.

Acte d'abjuration de Madame Dumas.

Aujourd'hui, 21 janvier 1724, j'ai fait faire publication d'abjuration de l'hérésie luthérienne dans notre église de Notre Dame des Anges de Pondichéry à D^{lle} Marie Gertrude Van Zyll, native de Négapatam, épouse de M. Dumas, second du Conseil Supérieur de Pondichéry et fille légitime de M. Guillaume Van Zyll et de Mme Marguerite Cronw, ses père et mère, tous deux de nation hollandaise qui l'avaient élevée dans leur religion qui est la luthérienne. Je lui ai demandé publiquement si elle n'avait point été forcée à changer de religion; elle m'a répondu que non. De plus, je lui ai demandé si c'était volontairement, sans aucune contrainte et avec connaissance de cause qu'elle voulait en changer. Elle m'a répondu que oui. C'est pourquoi, après lui avoir fait mettre la main sur les Saints évangiles je lui ai fait faire le serment accoutumé et ensuite, lui ai donné l'absolution de l'hérésie et l'ai rétablie à la communion des fidèles. Ont été témoins les soussignés :

Père Antoine de la Chatre, capucin, missionnaire apostolique. Marie Gertrude Van Zyll, Beauvolier de Courchant, Baudran, Jeanne Albert Vincens, Magon de la Métrie, Legou, Dumas, Marie Albert.

18 février.

Mascarenha (Jean),
fils de Manoel Mascarenha et de Catherine Fernandez.

20 février.

Gracia,
fille d'une moça.

15 mars.

Rozario (Gracia de),
fille de Matheos de Rozario et de Louise Madeira.

21 mars.

Dias (Thomasia),
fille d'Estevan et de Dominga.

22 mars.

Monté (Thomé de),
fils de Manuel de Monté et de Maria de Rozario.

1er avril.

Rozario (Maria de),
fille de Laurent de Rozario et de Gracia de Monté.

21 avril.

Saude (François de),
fils d'Antonio de Saude et de Floriana de Monté.
Parrain et marraine : M. Dulaurens et Mme Jeanne Albert Vincent.

27 avril.

Gron (Phelipo de),
fils de Francisco de Gron et de Joanna Gonzales.

4 mai.

Rozario (Catherine de),
fille de Manoel de Rozario et de Isabelle d'Andrade.

7 mai.

Boiry (Louis),
fils de Jean Baptiste Boiry (né à Hennebon), et de Marie Bellet.

7 mai.

Saude (Maria de),
fille de Francisco de Saude et de Dominga de Rozario.

8 mai.

Ruelle (Louis),
fils de Jacques Ruelle (né à Saint-Malo), et de Elisabeth Lecouessé.

21 mai.

Souza (François de),
fils de Pédro de Souza (né à Malacca), et de Louise Rodriguez.

6 juin.

Campo (Félicianne de),
fille de Jean de Campo et de Ursula de Costa.

8 juin.

Lima (François de),
fils de Louis de Lima et de Anne Gomez.

11 juin.

Menez (Félicianne de),
fils de François de Menez (né au Pérou), et de Vilante Barnou (née à Madras).

12 juin.

Petit (Rosa),
fille de Jacques Gabriel Petit et de Jeanne Marie Catelle.

17 juin.

Lecouesse (Marguerite),
fille de Louis Lecouesse, canonnier, et de Francisca Lebo.

19 juin.

Canhan (Jean Joseph),
fils de M. Canhan, maître-canonnier, et de Marianne Crespin.

21 juin.

Souza (Elisabeth de),
fille de Manoel de Rozario et de Rosa de Monté.

1er juillet.

Cruz (Marie de),
fille de Jean de Cruz et de Anna de Rozario.

13 juillet.

Saude (François de),
fils de Antonio de Saude et de Lucia de Costa.

18 juillet.

Oliveyro (Marie d'),
fils de Louis d'Oliveyro et de Madeleine de Monté.

3 août.

Baumont (René Bazile),
fils de René Baumont, soldat, et de Denise Martins.

9 août.

Huille (Jean),
fils de Louis Huille et de Antenia Dias.

10 août.

Rozario (Lucia de),
fille de Balthazar de Rozario et de Maria Madeira.

12 août.

Acte d'abjuration de André Fage, né à Royan.

12 août.

Cruz (Julie de),
fille de Jean de Cruz et de Rosa Cottinha.

13 août.

Suzanne,
fille d'une esclave.

16 août.

Maillart (Dorothée),
fille de François Maillart et de Marguerite Gaussal.

21 août.

Alvès (Manuel),
fils de Domingo Alvès et de Martin Pacheque.

23 août.

Hians (Marie Elisabeth),
fils de Pitre Hians, né à Rotterdam et d'Ignace Gossard.

26 août.

Fogiet (Elisabeth),
fille de Jean Fogiet, caporal, et de Marie Burel.

7 septembre.

Vincent (Jean Baptiste Pierre),
fils de M. Vincent et de Jeanne Albert.

Parrain et marraine : Pierre Lagarde Jazier, capitaine en second du vaisseau *La Rose (?)* et Mme Maria Anne Bruno Holcombe.

Ont signé l'acte : Père Esprit de Tours, capucin. Pierre Alexandre Jazier de La Garde, Marie Anne Bruno Holcombe, Dumas, Dirois et Dulaurens.

19 septembre.

Rozario (Jean de),
fils de Manuel de Rozario et de Dominga Cordeiro.

23 septembre.

Brunet (Michel),
fils de Claude Brunet, soldat, et de Marie Monique.

28 septembre.

Rozario (Manuel de),
fils de Salvador de Rozario et de Maria de Rozario.

8 novembre.

Eugenia,
fille d'une moça.

16 novembre.

Pédro,
fils d'une esclave.

16 novembre.

Gagnou (Suzanne),
fille de Jean Gagnou et de Suzanne de Souza.

22 novembre.

Cordier (Marie Françoise),
fille de M. Cordier et de Marie Agnès Conhet.
Parrain et marraine : M. Dirois et Mme Marie Boylève.

26 novembre.

Jensin (René),
fils de Christopha Jensin, danois, et de Dorothée Parcella.

2 décembre.

Rozario Pereira (Barbe de),
fille de Ignace de Rozario Pereira et de Marie Alvès.

3 décembre.

Canha (Louis de),
fils de Lazaro de Canha et de Dominga de Souza.

19 décembre.

Vuandertac (Suzanne),
fille de Pitre Vuandertac, hollandais et de Rose Gossart.

Mariages.

17 janvier.

Almeida (Manoel d'), né à Paliacate,
et Joanna de Henedia, née à Pondichéry.

19 janvier.

Almeida (Pedro d'), né à Pondichéry,
et Clara de Sylva, née à Négapatam.

24 janvier.

Ferreira (Francisco), veuf de Francisca Vapoza,
et Natalia Alvès, fille de Jean Alvès, née à Pondichéry.

26 janvier.

Rozario (Antonio de), né à Paliacate,
et Marguarita Roza, veuve.

31 janvier.

Rozario (Ambrosio de), né à Tranquebar,
et Martha de Monte, née à Madras.

6 février.

Rozario (Thomé de), né à Sadras,
et Anna de Rozario, née à Sadras.

8 mai.

Le Merle (Blaise), fils de Jean Le Merle et de Louise Gautier, né à Nantes,
et Ignacia Caillot, fille de Jean Baptiste Caillot et de Marguerite Charle, née à Pondichéry.
Ont signé l'acte : Dupleix, de la Bretesche, Dirois, Vincens, Delarche, Dulaurens.

29 mai.

Fernandez (Domingos), gentil, né à Macao,
et Marie Quintual, fille de Francisco Quintual et de Ignacia de Souza, née à Pondichéry.

30 mai.

Simon (Manoel), affranchi de M. Simon Gregorio,
et Apollonia de Rozario, née au Bengale.

26 juin.

Fretes (Domingos de), de père et mère gentils, né à Coullapacom,

et Anne de Rozario, fille de Jean de Rozario et de mère gentille.

26 juin.

Carvalho (Matheus), né à Chittagong,
et Maria de Cruz, née à Pondichéry.

3 juillet.

Rozario (Jean Baptiste de), fils d'Antonio de Rozario, né à Ariancoupom,

et Francisca Pereira, fille de Pedro Pereira, née à Oulgaret.

8 août.

Roberto, paria,
et Natalia de Costa, fille de Pedro de Costa.

8 août.

Hieronimo (Domingos), né à Paliacate,
et Marie de Rozario, fille de Salvador de Monte et de Francisca de Rozario, née à Pondichéry.

18 août.

Costa (Michel de), né à Malacca,
et Madeleine de Rozario.

2 octobre.

Souza (Nicolas de), né à Damas,
et Anna Dias, fille de Domingue Dias, née à Pondichéry.

30 octobre.

Madeiro (Francisco), né à Goudelour,
et Pascoela Soarez, né à Tevenapatnam.

Décès.

4 janvier.

Sylvestre (Manoël), né à La Grande Thomasie (Nouvelle Espagne).

10 janvier.

Pereira (Gracia), veuve de Juan Madeiro.

10 janvier.

Joseph (Antonio), soldat, né à Zanthe (Grèce).

12 janvier.

Alphonço (Louis), caporal.

19 janvier.

Roux (Jean), soldat.

22 janvier.

Leroux (Anne), femme de Charles Quint.

31 janvier.

Leboullay (Mathieu), matelot du *Lys*, né à Hennebon.

1er février.

Paul (Marie), dite Rochefort, femme de Meunier, canonnier.

6 février.

Crespin (Manuel), âgé d'environ 20 ans.

17 février.

Couvé (Benoit), soldat, né à Fahonet, évèché de Cornouailles.

20 février.

Une pauvre femme, nommée Maria.

28 février.

Dior (François), soldat, né à Pressigné, évêché d'Angers.

11 mars.

Vaz (Manoël), soldat topa.

13 mars.

Rozario (Suzanna de), âgée d'environ 55 ans, veuve de Charles Paris, français.

14 mars.

Monte (Maria), âgée d'environ 15 mois, fille de Joseph de Monté.

24 mars.

Isabelle, femme de .... de Costa.

12 avril.

Cruz (Pierre de), âgé de 7 ans.

19 avril.

Un enfant d'un an 1/2 environ, fils d'une moça.

28 avril.

Madeleine, âgée de 12 ans, esclave.

2 mai.

Crespin (Jean), canonnier, âgé d'environ 65 ans, né au Croisic.

9 mai.

Catherine, esclave, âgée de 18 à 19 ans.

15 mai.

Ribeiro (Grégoire).

17 mai.

Hervault (Louis), âgé d'environ 4 ans.

24 mai.

Alvès (Suzanna), âgée d'environ un an, fille de Juan Alvès, soldat.

28 mai.

La Vallée (Jacques de), âgé d'environ 9 ans, fils de Monsieur La Vallée, enseigne du *Mascarin*.

6 juin.

Thérèse, âgée de 12 à 13 ans, moça.

6 juin.

Varlin (Joseph), âgé d'environ 9 ans, fils de M. Varlin, engagé à la compagnie à Chandernagor.

19 juin.

Xavier (Francisca), âgée d'environ 20 jours, fille d'une moça.

30 juin.

Beuret (Marie), âgée d'environ 12 ans, fille de Charles Beuret.

9 juillet.

Alvès (Marie), âgée de 3 ans, fille de Jean Alvès.

18 juillet.

Basile, esclave.

19 juillet.

Bellanger (Jacques), dit Lebreton, né à Rouen, âgé d'environ 55 ans, ancien sergent de la garnison.

20 juillet.

Le Couesse (Louise), âgée d'environ 14 ans, fille de Louis. Le Couesse, canonnier.

21 juillet.

Monte (Dominga de), âgée d'environ 55 ans.

29 juillet.

Isabelle, âgée de 5 à 6 jours.

29 juillet.

Soza (Gracia de), âgée d'environ 6 mois, fille de Mathieu de Soza.

3 août.

La Garte (Grégoire), âgé d'environ 66 ans, caporal.

7 août.

Julie, âgée d'environ 1 an, esclave.

10 août.

Caillau (Juliana), âgée de 6 ans, fille de Caillau, sergent.

11 août.

Dias (Domingo), âgé de 3 ans, fils d'Estevan Dias.

12 août.

Apoline.........

12 août.

Aujourd'hui, 13 août 1724, j'ai enterré dans l'angle de l'enclos de notre cimetière de Saint-Lazare qui regarde le nord, le chevalier Gourapa, mort le 12 à 8 heures du matin, en chemin de Sadras à Pondichéry, où il revenait, parti qu'il en était, pour aller changer d'air à la montagne, se trouvant plus mal qu'à l'ordinaire. Il avait fait ses Pâques.

Signé : Père Esprit de Tours, capucin, missionnaire apostolique et curé.

13 août.

Grouet (Alexandre et Monique), âgés le premier de 5 à 6 ans et la seconde de 6 à 7 ans, morts de la petite vérole.

17 août.

Ferreira (Isabelle), âgée d'un an 1/2, fille de Thomés Ferreira.

17 août.

Lebrun (Jean Antoine), âgé de 7 ans, fils de Guillaume Lebrun, tambour de la garnison et de Jeanne de Rozario.

18 août.

Rozario (Ursule de), âgée d'environ 34 ans, femme de Francisco de Rozario, soldat topa.

18 août.

Lebasque (Pierre), âgé d'environ 13 ans, fils de Lebasque, canonnier.

20 août.

Gracia, âgée de 7 à 8 ans, esclave.

20 août.

Papot (Marie), femme de Jean Lacroix, d'Abbeville.

20 août.

Le Comte (Guillaume), dit La Terreur, âgé n'environ 40 ans, soldat.

21 août.

Rozario (Antonio de), soldat.

23 août.

De Cruz (Dominga), âgée de 2 à 3 mois, fille de Bastien de Cruz.

27 août.

Caillau (Jean Baptiste), âgé de 10 mois.

28 août.

Rozario (Ignacia de), âgée d'environ deux ans, fille de Thomé de Rozario, soldat topa.

29 août.

Campo (Felicia de), âgée d'environ deux mois.

1er septembre:

Lemineur (Jérome), né à Cliquer, évêché de Vannes, matelot sur le vaisseau l'*Union*.

1er septembre.

Morin (Giry), né à Pludien, évêché de Dol, âgé d'environ 25 ans, matelot de l'*Union*.

1er septembre.

Mannas (Francisque), âgé d'environ 33 ans, fils de Jean Mannas et de Thomasia de Monté.

4 septembre.

Souza (   ), âgé d'environ un an, fils de M. de Souza.

7 septembre.

Rozario (Miquel Antonio de), soldat topa.

8 septembre.

Peideter (Jean), âgé d'environ 28 ans, matelot du navire *Le Sir*, né dans l'évêché de Vannes.

8 septembre.

Burel (René), âgé d'environ 30 ans, matelot du vaisseau l'*Union*, né dans l'évêché de Saint-Brieuc.

10 septembre.

Morou (Joseph), matelot, sur le vaisseau l'*Union*.

11 septembre.

Beaumont (René), âgé de 10 jours, fils du chevalier René Beaumont et de Denise Martive.

13 septembre.

Francisca, moça, et femme de Vincent Tambour, et soldat de la garnison.

14 septembre.

Rozario (Anna de), âgée d'un an, fille de Francisco Gamales et de Catherine de Rozario.

15 septembre.

Dubois (Jacques), âgé d'environ 23 ans, matelot de l'*Union*, né à Pludien, évêché de Dol.

16 septembre.

Monte (Thomes de), âgé d'environ 50 ans, soldat topa.

19 septembre.

Fournier (Charles et Elisabeth), âgés de 10 mois et 2 ans, tous les deux enfants d'André Fournier, sergent, et d'Apollina Rabouin, morts de la petite vérole.

19 septembre.

Fereira (Antonia), âgée de 4 ans, fille de Thomas Fereira, soldat topa.

29 septembre.

Du Roché (Marie), âgée de 7 ans, fille de Jérome du Roché, soldat.

1er octobre.

Gourde (Marie), femme âgée.

1er octobre.

Monier (Rose), âgée de 10 mois, fille de Julien Monier, canonnier.

4 octobre.

Un enfant mort-né, fils d'une moça.

5 octobre.

Dubois (François), âgé de 40 ans.

6 octobre.

Sansom (Francisca), âgée d'environ 1 an 1/2, fille de Jean Sansom, soldat topa.

11 octobre.

Victoria, âgée d'environ 40 ans.

12 octobre.

Thomasia, âgée d'environ 45 ans.

21 octobre.

Passanhe (Bastien), âgé de 4 ans.

23 octobre.

Amélin (Pierre), âgé d'environ 3 ans, fils de Pierre Amélin, dit Bourguignon.

30 octobre.

Paula, moça, âgé d'environ 33 ans.

2 novembre.

Rozario (Jean de), ...

4 novembre.

Vaguenar (Bastiane), âgée d'environ 30 ans, femme de Vaguenar, flamand.

4 novembre.

Bonte (Mathieu), âgé de 28 ans, né au Havre, officier sur le Saint-Albain.

7 novembre.

Quintual (Suzanne), âgée d'environ 23 ans, veuve de Manuel Rodrigue.

9 novembre.

Rodrigues (Marie).

11 novembre.

Guichard (Jean), dit Tranche Montagne, né à Mesle, évêché de Rennes, soldat.

13 novembre.

Leroux (Olivier), âgé de 5 ans.

19 novembre.

Jeanne, âgée de 7 ans, esclave de M. Berger, capitaine.

19 novembre.

Rosina, âgée de 4 ans, esclave.

27 novembre.

Amelin (Pierre), fils de Pierre Amelin, dit Bourguignon, mort après avoir été baptisé dans sa maison.

2 décembre.

Cruz (Domingo de), âgé de 4 ans, fils de feu Laurent de Cruz.

7 décembre.

Huille (Jean), âgé de 2 mois.

9 décembre.

De Silva (Joanna), âgée d'environ 6 ans.

11 décembre.

Nato (Salvador de), topa.

13 décembre.

Maria, âgée de 4 mois, fille d'une moça.

13 décembre.

Rozario (Maria de), vieille femme.

14 décembre.

Lopès (Antonio), âgé de 3 ans, fils de Pedro Lopès et de Anna de Rozario.

14 décembre.

Lezeau (Jacques), né à La Rochelle, soldat, trouvé noyé dans les fossés du fort.

19 décembre.

Ingène (Marie), âgée de 5 mois, fille de Francisco de Cruz et de Maria Ingène.

23 décembre.

Cruz (Lucas de), âgée de 9 ans, fils de Laurence de Cruz.

27 décembre.

Madeleine, âgée de 9 à 10 ans, esclave.

31 décembre.

Jean, âgé d'environ 10 ans.

ANNÉE 1725.

Naissances.

14 janvier.

Acte d'abjuration de Albert Franqueldre, né à Amsterdam, âgé de 26 ans, « des hérésies de Luther et de Calvin ».

Témoins : P. Bonaventure Dangle, capucin, missionnaire apostolique Albert Franqueldre, E. Gerbaut, Louis Gerbaut.

27 janvier.

Saude (Antonia de),
fille de Cecilia de Saude.

3 février.

Collar (Alexandre),
fils de Domingo Collar et de Maria Olivera.

15 février.

Gron (Francisca de),
fille de ....

15 février.

Caldeiro (Jean),
fils de Pedro Caldeiro et de Catherine Pereira.

23 février.

Almeida (Maria d'),
fille de Pedro d'Almeida et de Clara de Silva.

26 février.

Almeida (François d'),
fils de Manoël d'Almeida et de Jeanne D'Heredo.

1ᵉʳ mars.

Butel (François),
fils de Robert Butel, dit Gauthier, soldat, et de Marie Michelle.

5 mars.

Laguerre (Jacques),
fils de M. Laguerre, commis de la Compagnie, et de Marie Bunel.

10 mars.

Gabion (Joseph),
fils de Manoël Gabion et de Elisabeth Cardoze.

21 mars.

Bertrand (Marie),
fille de François Bertrand, soldat, et de Anne Mocé.

26 mars.

Monte (Marguerite de),
fille de Joseph de Monte et de Madeleine de Rozario.

26 mars.

Souza (Alexis de),
fils d'André de Souza et de Marguerite de Rozario.

29 mars.

Pereira (François),
fils de Domingo Pereira et de Maria de Quintual.

29 mars.

Louis (Francisco),
fils de Francisco Louis, soldat topa, et de Madeleine Paula.

1ᵉʳ avril.

François,
fils d'une esclave.

6 avril.

Fournier (Jean Baptiste),
fils d'André Fournier, sergent, (né à Toulon), et d'Apolline Rabouin.

6 avril.

Xavier (François),
fils naturel de Thomasia de Monte.

16 avril.

LENOIR (Jacques Baptiste),
fils de Jacques Lenoir de Sainte-Croix, soldat, et de Jeanne Ordel.

22 avril.

COTTIN (Marie),
fils de Pierre Cottin (né à Ceylon), et de Marie Fernandez.

22 avril.

MONTE (Francisco de),
fils de Francisco de Monte et de Louise.

24 avril.

ROZARIO (Elisabeth),
fille de Francisco de Rozario et de Maria de Rozario.

24 avril.

CRUZ (Maria de),
fille de Miguel de Cruz et de Rosa Cordeiro.

5 mai.

JEAN (Nicolas),
fils de Jean Jean et de Louisia de Rozario.

16 mai.

ALVÈS (Anathasia),
fille de Jean Alvès et de Louise de Rozario.

24 mai.

ROZARIO (Maria de),
fille de Miguel de Rozario et d'Antonia de Rozario.

23 juin.

LOPEZ (Domingo),
fils de Pedro Lopez et de Anna de Monte.

24 juin.

RENÉ (Marguerite),
fille de Jean René et de Bastienne Souvera.

3 juillet.

ROZARIO (Marie de),
fille naturelle de Johanna de Rozario.

4 juillet.

SILVA (Jean de),
fils de Manoël de Silva, né en Chine, et de Laurença de Silva.

13 juillet.

Siqueira (Appollonia),
fille de Louis Siqueira.

13 juillet.

Caillaux (Rose),
fille de Jean Baptiste Caillaux, sergent, et de Marguerite Carlo.

18 juillet.

Souza (Jacques de),
fils de Seraphin de Souza et de Isabelle Campo.

23 juillet.

Monté (Louis François),
fils de Thomé de Monté et de Francisca de Rozario.

24 juillet.

Soza (Antoine de),
fils de Nicolas de Soza et de Anna Didim.

11 août.

Ribeiro (Joseph),
fils de Jean Ribeiro et de Anna de Monté.

21 août.

Madère (Elisabeth),
fille de Xavier Madère et de Pasquale de Rozario.

15 septembre.

Silva (François de),
fils de Louis de Silva et de Laurença de Soza.

17 septembre.

Bellegarde (Augustin Elisabeth de),
fils de M. de Bellegarde et de Jeanne Jognes.

18 septembre.

Ferrière (Henri),
fils de M. Ferrière, chirurgien-major des troupes de Pondichéry, et de Marie Thérèse ...

21 septembre.

François,
fils d'un esclave, nommé Antonio.

1ᵉʳ octobre.

SILVEIRA (Françoise de),
fille de Jeanne de Rozario et de André de Rozario.

7 octobre.

COSTA (François de),
fils de Michel de Costa et de Madeleine de Rozario.

21 octobre.

Aujourd'hui, 21 octobre 1725, j'ai solennellement baptisé dans notre église de Notre Dame des Anges de Pondichéry, le fils de M. DULAURENT, conseiller et secrétaire du Conseil Supérieur de cette ville et de dame Marie Galliot de la Touche, ses père et mère, âgé de 26 jours, étant né le 25 du mois passé. Il a eu pour parrain et marraine M. Joseph François DUPLEIX DES GARDES, premier conseiller du Conseil Supérieur et Madame Jeanne Albert VINCENS, épouse de M. Vincens, conseiller, qui lui ont donné le nom de Jacques Joseph. Ont été témoins les soussignés: P. ESPRIT DE TOURS, capucin missionnaire apostolique et curé, DUPLEIX, Jeanne Albert VINCENS, DUHAMEL, DERVILLÉ, Marie Agnès COGNET, CORDIER, BEAUVOLLIER DE COURCHANT, J. CORDIER, FOUQUET, LEGOU, DUCOUDRAY BOURGAULT, GOLARD, AUMONT, DIROIS.

22 octobre.

ROZARIO (Francisca),
fille d'Antonio de Rozario et de Anna Dabreo.

23 octobre.

FEREIRA (Jeanne),
fille de Thomé Fereira et de Marie de Sampay.

26 octobre.

ROZARIO (Francisco de),
fils de Madeleine de Rozario.

29 octobre.

CATHERINE,
fille naturelle d'Isabelle.

4 novembre.

PIMENTA (Marie),
fille de Domingo Alvès et de Dominga Pimenta.

4 novembre.

Roger (Catherine),
fille de Domingue Roger et de Anna Françoise Cadan.

5 novembre.

Passagne (Jean Baptiste),
fille de Louis Passagne et de Marie Julienne La Violette.

6 novembre.

Hirigoyen (Georges),
fils de Martin Hirigoyen et de Anna Roger.

6 novembre.

Boizec (Pierre Jean),
fils de Jean Boizec et de Marie ...

10 novembre.

Papillon (Jeanne Elisabeth), ...

13 novembre.

Marie,
fille d'une esclave de M. Des Blotières.

30 novembre.

Leconte (Jean Baptiste),
fils de Jacques Leconte, soldat, et de Marianne Hemoneau.

10 décembre.

Rozario (François de),
fils de Michel de Rozario et Jeanne de Rozario.

Mariages.

15 janvier.

Quintual (André de), fils de Francisco Quintual, et de Catherine de Rozario, né à Pondichéry,
et Catherine de Sylva, née au Bengale.

22 janvier.

Pinçon (Julien), né à Hennebon, fils de Jean Pinçon et de Gillette Ditraizon,
et Thérèse Paris, née à Viziapour.

22 janvier.

Le Bel (Bazile), fils de Henry Bazile Le Bel et de Barbe Rose Letumien, né à Paris,

et Marie Martin, fille d'Antoine Martin et de Marie Rabouin, née à Pondichéry.

30 janvier.

Le Conte (Jacques), fils de Jacques Le Conte et de Anne Rosselain, né à Paimpol,

et Marianne Hemonneau, fille de Jean Baptiste Hemonneau et de Marie Sauveral, née à Pondichéry.

30 janvier.

Rocha (Jean de), né à Madras,

et Sicilia Pimenta, fille de Jean de Pimenta, née à Pondichéry.

30 janvier.

Passagne (Gabriel), né à Paliacate,

et Joanna Ribeira, fille de Manoël Ribeira, née à Pondichéry.

30 janvier.

Passagne (Louis), né à Paliacate,

et Marie La Violette, fille naturelle de Jacques La Violette et de Luiza de Rozario.

4 février.

Rozario (François de), né à Negapatam,

et Maria Pyris, née à San-Thomé.

15 mai.

Rozario (Thomé de), fils de Manuel de Rozario, né à Pondichéry,

et Suzanne de Sylva, née à Chandernagor.

22 mai.

Rozario-Dias (Antoine de),

et Ignacia de Souza, veuve de Francisco Quintual.

22 mai.

Pereira (Louis), né à San-Thomé,

et Anne Gonzalvès, née à Pondichéry.

4 juin.

LIBEIRA (Louis de), fils de Louis Libeira et de Pedro de Rozario, né à Pondichéry,
et Catherine PEREIRA, née à Pondichéry.

25 juin.

SIQUEIRA (Jean), né à Madras,
et Marie COUTINHO, de père et mère gentils, née à Pondichéry.

26 juin.

HILAIRE (Jean), fils de Pierre Hilaire et de Marguerite Pomerois, né dans l'évêché de Dol, second maître du vaisseau le *Pondichéry*,
et Elisabeth PEIREIRA, veuve, née à Negapatam.

2 juillet.

VALLERIO (Joseph), né à Anjingo,
et Rose VAS, née à Goudelour.

2 juillet.

MONTE (Pedro de), né à Tevenapatnam,
et MARIA, de père et mère gentils, née à Vehoumodou.

23 juillet.

ROZARIO (Antonio de), né à Oulgaret,
et Marie de SILVA, née à Negapatam.

30 juillet.

CARLOS (Louis), né à Chandernagor,
et Ursule de MONTE, née à Madras.

30 juillet.

GROU (Jean), fils de Nicolas Grou et de Marie Fréboré, né à Fécamp,
et Marie Françoise AMELIN, fille de Pierre Amelin, dit Bourguignon et de Suzanne Amelin, née à Pondichéry.

13 août.

ARLAPA (Jean), né à Sadras,
et Maria CATTEL, née à Tailavaram.

20 août.

Fretac (Pierre), fils de Pierre Fretac et de Pétronille Barau, né à Castelfranc, évêché de Cahors,

et Marguerite Ouzou, fille de Jean Ouzou et de Marie Burelle, née à Pondichéry.

27 août.

Irmida (Pedro), fils de Jean Irmida, né à Pondichéry,
et Dominga de Rozario, née à Pondichéry.

12 septembre.

André, moço, fils de Jean, moço.
et Theresia de Costa, née à Ariancoupom.

18 septembre.

Massedo (Leonardo de), né à Cochin,
et Appollonia Siquaira, fille de Louis Siquaira, née à Pondichéry.

22 octobre.

Souza (Jean de), né à Paliacate,
et Françoise de Souza, fils de Jérôme de Souza, née à Pondichéry.

29 octobre.

Roder (Jean de), né à Malacca,
et Luce de Cruz, fille de Arcangela de Cruz, née à Pondichéry.

26 novembre.

Joannet (François), fils de François Joannet et de Marie Scarabine, né dans l'évêché de Tréguier,

et Jaquette Rossost, fille de Louis Rossost et de Suzanne Joseph, née à Kerminial, évêché de Vannes.

Ont signé l'acte : DE LA MORANDIÈRE, CORDIER, MARIÉ DE VAUCOURT, DE LA TOUCHE, GRANGEMONT, LE CHEVALIER DE PALMAROUX, GOLAR.

27 novembre.

Cruz (Louis de), né à Calicut, esclave, reconnu comme tel de l'épousée,

et Catherine de Rozario, fille de Bastien de Costa et de Marie de Rozario, née à Pondichéry.

Décès.

13 janvier.

França (Pierre de), âgé de 2 ans, fils d'André de França et de Anne Vaz.

18 janvier.

Rozaire (Jeanne de), fille de Christine de Rozaire.

22 janvier.

Colomp (Monica), âgée de 3 ans, fille d'Antonio Colomp, soldat topa, et de Nathalie de Rozario.

24 janvier.

Le Regard, dit la Liberté (Julien), soldat, âgé d'environ 48 ans, né à Quimperlé.

29 janvier.

Courtet (Pierre), âgé de 2 jours, fils de Hervé Courtet, dit Saint-Pierre.

1er février.

Quintual (François), âgé d'environ 60 ans, soldat.

1er février.

Alvés (Marie), âgée d'environ 8 ans, fille de Domingo Alvès, soldat topa.

1er février.

Rozario (Antonia de), aya.

5 février.

Vaz (Marie), âgée d'environ 35 ans, femme de feu Antonio de Cella.

5 février.

Rozario (Thomasia de), pauvre femme, âgée d'environ 60 ans.

6 février.

Gabion (Catherine), âgée de 6 ans.

11 février.

Ribeiro (Antonio), né la veille.

16 février.

Françoise, âgée de 3 jours, fille de Victorine.

17 février.

Un soldat topa, âgé de 55 ans.

21 février.

Joly (Benoit), canonnier, sur le *Duc de Chartres*, âgé d'environ 55 ans.

25 février.

Monté (Francisca de), pauvre femme, malabare.

28 février.

Espérance, moça.

2 mars.

Le 2 mars de la présente année 1725 est mort, à la montagne de Saint-Thomé, Coja Saffard, arménien, notre bienfaiteur, qui de son propre mouvement et pour nous faire plaisir, a acheté et payé 400 pagodes la maison de Monseigneur Simaon, (1) archevêque d'Adda, sur laquelle les pères Jésuites s'étaient faits hypothéquer 400 pagodes et l'ayant achetée nous la donna généreusement; ainsi nous sommes obligés de prier Dieu pour lui. *Requiescat in pace*. Signé : Père Esprit de Tours, capucin.

6 mars.

Souza (Franscisco de), âgé de 3 ans, fille de Jean de Souza et de Thomasia Ferreira.

10 mars.

Commens (Richard), né à Cork (Irlande).

13 mars.

Rabouin (Marie), âgée de 6 ans, fille de Jean Rabouin et de Mariane Cattel.

17 mars.

Saude (François de), âgé de 2 ans, fils d'Antonio de Saude.

---

(1) Ce personnage est désigné sous le nom de Funar aux actes de décès du 16 août 1720. Ce n'est pas la première fois que la difficulté de l'écriture rend impossible la reconstitution exacte des noms. Funar est certainement une orthographe erronée ; nous ne garantissons pas celle de Simaon.

1er avril.

BERTRAND (Marie), âgée de 15 jours, fille de François Bertrand et de Anne moça.

2 avril.

SOZA (François de), âgé d'un jour, fils d'Antoine de Soza.

3 avril.

MARIE, âgée d'environ 30 ans, femme de l'Espérance, sergent.

12 avril.

FRANCISCO, âgée de 11 jours, fils naturel de Sabine, esclave.

16 avril.

ROZARIO (Maria de), veuve, âgée d'environ 50 ans.

17 avril.

FERREIRA (Thomasia), âgée d'environ 26 ans, femme de Jean de Souza.

21 avril.

ANTONIA, âgée d'environ 10 ans, fille de Maria.

25 avril.

JEAN, âgé d'un mois, fils d'une moça.

27 avril.

Un esclave de Coja Satour, âgé d'environ 6 ans, baptisé 2 jours auparavant sur un navire portugais.

28 avril.

BASTIEN, âgé d'environ 4 ans, esclave de Madame Mollandin.

29 avril.

MONTÉ (Francisco de), âgé d'environ 4 ans, fils de Miguel de Monté et d'Anna de Rozario.

1er mai.

LE GUICHEN (Joseph), âgé d'environ 50 ans, né dans l'évêché de Léon.

5 mai.

SAUDE (Antonio de), âgé de 3 mois, fils de Cecilia de Saude.

8 mai.

Blailozec (Claude), né à Concarneau, matelot sur l'*Hercule*.

11 mai.

Bury (Joseph), né et mort le même jour, fils de Antoine Bury, capitaine des troupes et de Elisabeth Cosson de la Lande.

12 mai.

Cloitrec (Nicolas), né dans l'évêché de Vannes, matelot sur l'*Hercule*.

18 mai.

Fonséca (Marie), âgée de 17 ans, fille de Pedro Fonséca et de Marie Madeleine.

20 mai.

Cardoso (Elisabeth), âgée d'environ 30 ans, femme de Manoël Galron, soldat topa.

22 mai.

Monté (Antonia de), née et morte le même jour, fille de Jean de Monté.

23 mai.

Le Pape (Joseph), âgé de 25 ans, matelot sur l'*Hercule*, né à Plemeur.

26 mai.

Cordier (Françoise), âgée de 6 mois, fille de Jean Cordier, major des troupes et de Marie Agnès Cognet.

2 juin.

Coquerelle (Philippe), né à Saint-Malo.

3 juin.

Collard (Alexandre), âgé de 3 ou 4 mois, fils de Domingue Collard et de Marie Oliveira.

4 juin.

Almeida (Francisco d'), âgé de 3 mois, fils de Manoël d'Almeida et de Johanna Cherede.

7 juin.

Jencin (René), âgé de 6 à 7 mois, fils de Christophe Jencin, danois et de Dorothée Porcello.

14 juin.

Millet (François), âgé d'environ 24 ans, né à Cherbourg, matelot sur le *Neptune*.

18 juin.

Guérin (Richard), né à Caen, matelot sur l'*Apollon*.

4 juillet.

Rozario (Catherine de), pauvre vieille femme.

10 juillet.

Monté (Abrea de), âgée d'environ 40 ans, femme d'Ignacio de Rozario.

18 juillet.

Siquiera (Appolonia de), âgée de 6 jours, fille de Louis de Siqueira.

20 juillet.

Cotrieu (François), âgé de 32 ans, né à Etable, évêché de Saint-Brieuc, matelot sur le *Duc de Chartres*.

20 juillet.

Suzanne, esclave.

26 juillet.

Souza (Rosa de), femme de Jacques Sinel, dit Duprey.

27 juillet.

Isabelle, âgée de 2 ans, esclave.

31 juillet.

Gonsal (Johanna), âgée de 16 ans, femme de Francisco de Gron.

2 août.

Hilly (Guillaume), calfat sur le *Duc de Chartres*.

2 août.

Lurien (Nicolas), né à Paris, soldat.

13 août.

Chevalier, dit Cesson (Jean), âgé de 28 ans, né à Cesson, évêché de Rennes, soldat sur le *Neptune*.

14 août.

Poirier (Gabriel), né à Saint-Pierre de Plecien, évêché de Dol, matelot sur le *Neptune*.

16 août.

Rozario (Ignacio de), âgé de 23 ans, né à Timor.

19 août.

Mallet (Julien), né à Saint-Coulom, évêché de Dol, matelot sur l'*Apollon*.

20 août.

François, dit Jean le Petit (Charles), matelot sur l'*Apollon*.

20 août.

Le Bevin (Charles), né à l'Ile de Groix, matelot sur l'*Apollon*

23 août.

Allain, dit La Bosse (Philippe), né à Chartres, soldat.

25 août.

Gondes (Félicie), femme d'Aragon, soldat.

26 août.

Gavian (Joseph), âgé de 7 mois, fils de Manoël Gavian, soldat topa.

29 août.

Madère (Elisabeth), âgée de 6 jours, fille de Jean Madère.

30 août.

La Bosse dit du Verger (Jean), né à Auray.

31 août.

Almeida de Prado (Antoine), âgé de 46 ans.

4 septembre.

Roussel, dit Belle Chance (Jean), né dans l'évêché de Vannes.

7 septembre.

Janse (Marie), âgée d'un an.

17 septembre.

Pelletier (Jean Philippe), soldat.

20 septembre.

Le Blanc, dit Chevalier (François), né à Péronne, soldat.

24 septembre.

Du Verger (Jean Baptiste), né à Watone, évêché de Coutances, valet de chambre à bord du *Triton*.

9 octobre.

Lointier (Guillaume), né à Saint-Servan.

10 octobre.

Rozario (Baltazar de), âgé d'environ 40 ans, serviteur de l'hôpital.

13 octobre.

Sages (Antoine), né à Saint-Nicolas de la Grèse, évêché de Lectoure, faisant partie de l'équipage du *Neptune*.

16 octobre.

Monté (Louise de), pauvre vieille femme.

17 octobre.

Paris (Anne), veuve, âgée d'environ 28 ans.

17 octobre.

Pignolet (...), né à Saint-Servan, maître d'équipage de la *Badine*.

28 octobre.

Langeolivier (...), né à Gènes, contre-maître sur l'*Apollon*.

29 octobre.

Gouen (Jean), breton, matelot sur l'*Hercule*.

2 novembre.

Gomès (Louis), né à Faro en Portugal, marié à Macao, matelot sur un vaisseau portugais en rade.

7 novembre.

Simon (Jacques), né à Plorduc, évêché de Vannes, noyé dans la rivière d'Ariancoupom.

8 novembre.

Dominga, pauvre femme.

8 novembre.

Amelin, dit Saint-Jacques (Pierre), né à Saint-Paul de Léon, soldat de la *Danaé*.

9 novembre.

Alvès (Marie), âgée de 5 jours, fille de Domingo Alvès et de Marie Pimenta.

10 novembre.

François, âgé d'environ 3 ans, fils d'une pauvre femme malabare.

12 novembre.

Aubins (Jacques), né à Mongardon, évêché de Coutances, matelot de la *Vierge de Grâce*.

12 novembre.

Dolis (Anne), veuve de Jean Crépin, canonnier.

16 novembre.

Lelant (Jules), né à Hennebon, caporal.

17 novembre.

Papillion (Madame), fille de M. Séverin.

21 novembre.

Allègre (François), ...

1er décembre.

Butel (François), âgé de 9 mois, fils de Robert Butel et de Marie Miguel.

3 décembre.

Bins (Joachin), âgé d'environ 30 ans, né à Paris, marchand joaillier.

5 décembre.

Passanhe (Jean Baptiste), âgé d'environ un mois, fils de Louis Passanhe et de Julienne La Viollette.

5 décembre.

Rozario (Antonia de), veuve de Francisco de Saude.

11 décembre.

Un enfant de M. Bellemare, né le même jour.

12 décembre.

Barro (Marie de), âgée d'environ 22 ans, veuve d'un anglais.

15 décembre.

Linar (Philippe), né au Havre, maître-charpentier à bord du *Saint-Albin*.

24 décembre.

Laguerre (Joseph), âgé de 2 ans.

26 décembre.

Nanlin (Nicolas Joseph), né à Reims, officier à bord du *Duc de Chartres*.

ANNÉE 1726.

Naissances.

1er janvier.

Vincens (Jeanne),
fille de M. Vincens, conseiller, et de Jeanne Albert.
Parrain et marraine : M. Dupleix et Mademoiselle Ursule Albert.

5 janvier

Monte (de),
fille de Francisca de Monte et de Thomasia de Monte.

14 janvier.

Legallou (Marie),
fille de René Legallou et de Marie Ligondais.

16 janvier.

Rozario (Maria de),
fille de Domingo de Rozario et de Francisca.

19 janvier.

Ruel (Julienne),
fille de Jacques Ruel et de Elisabeth Lecouesse.

21 janvier.

Almeida (Julien d'),
fils de Thomé d'Almeida et de Anna de Rozario.

21 janvier.

Dragon (Francisca),
fille de Jean Dragon et de Anna de Rozario.

22 janvier.

Passagne (Manoël),
fils de Thomé Passagne et de Johanna de Costa.

24 janvier.

Hervaut (Christine),
fille de Jacques Hervaut et de Marie Conha.

26 janvier.

Siqueira (Domingos de),
fils de Madeleine, ci-devant moça.

27 janvier.

Corrée (Marie),
fille de Domingos Corrée et de Albine Semoaz.

27 janvier.

Ferreira (Francisco),
fils de Thomas Ferreira et de Elena de Rozario.

29 janvier.

Changeac (Antoine Claude Françoise Fornier de),
fille de Fornier, chevalier de l'ordre de Saint-Louis, seigneur de Changeac, capitaine, et de Marie de Loyre.
Parrain : M. Dalbert, chevalier de l'ordre de Saint-Jean de Jérusalem, et officier des vaisseaux du roi.

4 février.

Caravaillo (Marguerite),
fille de Mathéos Caravaillo et de Maria de Rozario.

18 février.

Louis (Francisco),
fils de Francisco Louis et de Suzanne de Rozario.

2 mars.

Costa (Pedro de),
fils de Ignace, moça.

18 mars.

Pinçon (François),
fils de Julien Pinçon, tambour, et de Thérèse Paris.

20 mars.

Valery (Louise),
fille de Joseph Valery et de Rosa Vaz.

28 mars.

HERVILLIERS (Marie Joseph Charlotte d'),
fille de Nicolas Bourdet d'Hervillers, sous-marchand, et de Françoise du Hamel.

Parrain et marraine: Pierre Joseph de Ballogue et Mme Marie Loyre, veuve de M. de Changeac.

Ont signé l'acte: LOYRE DE CHANGEAC, DE BALLOGUE, BEAUVOLIER DE COURCHANT, GOSSE, VINCENS, DIROIS, DULAURENT, DUPLEIX.

6 avril.

CARTERE (Charles),
fils de Francisco Cartere, soldat, et de Jeanne de Rozario.

13 avril.

ROZARIO (Pasquale),
fille de Christine Soares.

15 avril.

PASSAGNE (Rosa),
fille de Gabriel Passagne et de Joanna Ribeira.

17 avril.

ROZARIO (Marie),
fille de Jean de Rozario et de Elisabeth de Cruz.

21 avril.

MONTE (Jean de),
fils de Francisco de Monte et de Romana.

23 avril.

PASSAGNA (Rose),
fille de Gabriel Passagna et de Jeanne Ribeiro.

26 avril.

JEAN (Marie Elisabeth),
fille de Pitre Jean, (née à Rotterdam), et de Ignace Gossard.

26 avril.

ANDRADE (Francisco d'),
fils de Joanna de Rozario.

27 avril.

GONZALLE (Anna),
fille Antonio de Saude et de Lucia de Costa.

2 mai.

Pommeray (Marguerite),
fille de Jean Hilaire Pommeray et de Elisabeth Pereira.

8 mai.

Pereira (Jean),
fils de Louis Pereira et de Anna Consalve.

14 mai.

Rozario (Francisca de),
fille de Pedro Boutteville et de Brigitte de Rozario.

14 mai.

Guerre (Françoise),
fille de Abraham Guerre et de Marie Brunet.

18 mai.

Dequet (Honoré),
fils de Jean Baptiste Dequet, né à Vannes, caporal, et de Marie Laplante, née à Madras.

20 mai.

Rozario (Francisco de),
fils de Laurenço de Rozario et de Gracia de Monte.

24 mai.

Marc (Anna),
fille de André Marc et de Thérésia de Costa.

26 mai.

Nicolas,
fils de Hilaria, esclave de Monsieur de Roustau, sergent.

1er juin.

Rozario (Domingo de),
fils de André de Rozario, soldat topa, et de Maria Vaz.

1er juin.

Monté (Domingo de),
fils de Francisco de Monté et de Gibica.

2 juin.

Rozario (Rosa de),
fille de Manoël de Rozario et de Joanna d'Héredia.

10 juin.

Rozario (Francisca de),
fille de Philippe de Rozario et de Rosa de Cruz.

19 juin.

Cordier (Jeanne Marie),
fille de M. Cordier, capitaine, (née à Pondichéry), et de Marie Agnès.
Parrain : Jean Marie de la Feuillée, capitaine de vaisseau.
Marraine : Madame Jeanne Albert Vincens.

1er juillet.

Marie Madeleine,
fille d'une esclave.

4 juillet.

Rozario (Christina de),
fille de Francisca de Rozario.

6 juillet.

Courtet (Nicolas),
fils de Hervé Courtet, né dans l'évêché de Vannes, et de Françoise de Souza.

29 juillet.

Fournier (Suzanne),
fille de Fournier, sergent, et Appoline Rabouin.

1er août.

Canhan (François),
fils de M. Canhan, maître-canonnier, et de Marianne Crepin.
Parrain : Monsieur le Chevalier de Pardaillan Gondrin, enseigne de vaisseau.
Marraine : Madame Jeanne Albert Vincens.

2 août.

Costa (Rose de),
fille de Salvador de Costa, née à Manille, et de Marie de Rozario.

8 août.

Souza (Catherine de),
fille de André de Souza et de Christina Pimenta.

2 septembre.

RIBEIRO (Domingo),
fils de Jean Ribeiro et de Francisca Ferreira.

4 septembre.

CRUZ (Louise de),
fille de Jean de Cruz et de Gracia de Rozario.

30 septembre.

CRUZ (Pierre de),
fils de Francisco de Cruz et de Marie Torré.

10 octobre.

ROZARIO (Monica de),
fille de Louis Dias et de Joanna.

19 octobre.

SAUDE (Francisca de),
fille de Francisco de Saude et de Dominga de Rozario.

21 octobre.

BOIZEC (Jacques),
fils de Jean Boizec et de Maria Larche.

2 novembre.

COSTA (Pedro de),
fils de Florianne de Silva.

6 novembre.

SILVA (Jean de),
fils de Manoël de Silva, chinois, et de Laurença de Silva.

18 novembre.

SOUZA (Thomé de),
fils de Pedro de Souza et de Lucia Rodrigues.

24 novembre.

ROZARIO (Gabriel),
fils naturel d'Antonio et de Magdelena.

27 novembre.

PETIT (Jean François),
fils de Jacques Gabriel Petit, né en Toscane, et de Marie Jeanne Catel.

28 novembre.

GRAVETIN (Barbe),
fille de Barthélémy Gravetin et de Fabiane Sepigna.

24 décembre.

SOUZA (Nathalia de),
fille de Manoël de Souza, caporal topa, et d'Ursula Pereira.

30 décembre.

CANHAN (Pierre),
fils de Jean Canhan et de Suzanne de Souza.

Mariages.

18 janvier.

VAN SPIR (Renier), né à Dordrecht,
et Anne CONQUER, fille de François Conquer, née à Plémeur, Bretagne.

20 mai.

DUVAL (Louis), né à Dunkerque, fils de Joseph Duval,
et Natalie SERRAN, née à Tranquebar.

21 mai.

TILLE (Jean de), fils de Julien de Tille et de Olive Martine, né à Bordeaux.
et Louise BARN, née à Madras.

30 mai.

PASCAL (Barthélémy), né à Toulon,
et Julie ROUSSELET, fille de Séverin Rousselet et de feue Elisabeth Carvalho, née à Pondichéry.

25 juin.

LE DUC (Louis), né à Saint-Nicolas de la Faille, évêché de Rouen,
et Antonica SOBRAL, veuve de Marc Le Moine.

25 juin.

BORGES (Nicolas), né au Bengale,
et Francisca MERESCA, fille de Roman Meresca, née à Pondichéry.

1er juillet.

Rozario (Jean de), fils de père et mère gentils,
et Marie de Rozario, fille de père et mère gentils, née à Mandourbar.

8 juillet.

Torres (Antonio), né à Goudelour,
et Francisca Manès, fille de Jean Manès, née à Pondichéry.

18 juillet.

Francisco, malabar, fils de père et mère gentils,
et Madeleine de Rozario, veuve de Francisco Fernandès.

22 juillet.

Lian (Antonio), né à Goudelour,
et Antonia Pacheca, née à Negapatam,

22 juillet.

Acte à peu près complètement disparu.

22 juillet.

Francisco André, né de père et mère gentils,
et Antonia de Monte, fille de Bastian Cordier et de Isabelle Cordier, née à Pondichéry.

2 septembre.

Le Ridé, dit la Fontaine, (Richard), né à Saint-Germain le Vicomte, évêché de Coutances,
et Marie Anne Martin, veuve de Jean Baptiste le Bel, fille de feu Antoine Martin et de Meline Raboin.

17 septembre.

Pitre (Jean), canonnier, né à Copenhague,
et Francisca de Rozario, née à Bengale.

19 septembre.

Martin (Domingos), fils de Manuel Martin et de Maria Ribeira, né à Pondichéry,
et Madeleine Corréa, fille de Jean Corréa et de Dominga Passanha, née à Pondichéry.

30 septembre.

Cruz (Francisco de), né à Porto Novo,
et Marie de Cruz, née à Porto Novo.

8 octobre.

CHARLES QUINT (Louis), fils de Charles Quint et de Hélène Coulon, né à Saint-Malo.

et Marie AUBERT, fille de François Aubert et de Marie Caron Daubigny, née à Pondichéry.

29 octobre.

PASSANHA (Francisco), fils de Domingos Passanha et de Joanna de Rozario, né à Pondichéry,

et Francisca de SOUZA, fille de Domingos de Souza, née à Pondichéry.

13 novembre.

Bosso (Pedro), né à Goudelour,
et Aurelia de ROZARIO, née à Negapatam.

Décès.

8 janvier.

CRUZ (Manoël de), soldat topa, âgé d'environ 50 ans.

20 janvier.

JIGAU (François), âgé d'environ 30 ans, né à Létan, évêché de Vannes, matelot sur l'*Hercule*, commandé par M. de la Rigaudière.

22 janvier.

Un fils de Hieronimo de Souza, né le même jour.

27 janvier.

RUEL (Louis), âgé d'environ 2 ans, fils de Jacques Ruel, né à Saint-Malo, et d'Elisabeth Le Couesse.

30 janvier.

CORRÉE (Marie), âgée de 3 jours, fille de Domingo Corrée et de Albine Semoaz.

4 février.

ASSENÇA, pauvre femme, veuve de Salvador, topa.

4 février.

Dubois dit Brindamour (Charles), soldat, âgé de 27 ans, né à Ceylan.

9 février.

Ranjouan (Amaury), caporal, âgé de 55 ans, né à Loudéac.

14 février.

Faria (Anne), femme qui était tombée en enfance.

17 février

Rozario (François-Xavier de), âgé de 4 mois.

19 février.

Rozario (Anne de), fille de Jean de Rozario et de Françoise de Rozario.

24 février.

Un fils de Thomas de Rozario, âgé de 4 jours.

3 mars.

Almeida (Maria d'), âgée d'environ un an, fills de Pedro d'Almeida et de Clara de Silva.

4 mars.

Raclet (Pierre), commis de la Compagnie, né à Barbezieux.

5 mars.

Rozario (Marie de), fille de Xavier de Rozario, née le même jour.

6 mars.

Hellée (Etienne), matelot, né à Granville.

10 mars.

Lebel (Basile), soldat et perruquier, âgé d'environ 28 ans, né à Paris.

11 mars.

Adam (Jacques), matelot sur l'*Hercule*, né à Granville.

13 mars.

La Viollette (Louise), pauvre femme, veuve.

26 mars.

BOUTTEVILLE (Jean), capitaine, mort après une maladie de goutte de plusieurs années, pendant laquelle il a fait paraître une patience de Job.

28 mars.

Louis, âgé d'environ 4 ans, fils de Francisque de Pallica et de Madeleine Paulo.

29 mars.

COTTINET (Rose), femme de Combealbert, soldat.

3 avril.

LOUISE, âgée de 4 mois, fille de Joseph Valère, soltat topa.

5 avril.

JULIEN dit LARIVETIÈRE, capitaine de vaisseau dans l'Inde, âgé d'environ 32 ans, né à Saint-Malo.

7 avril.

JUGELET (Julien), matelot de la *Minerve*, né à Plerquert, évêché de Dol.

10 avril.

DADON dit SAINT-GERMAIN (Michel), anspessade de la garnison, né à Paris.

10 avril.

ROZARIO (Francisco de), fils de Jean Dragon et d'Anne de Rozario.

17 avril.

LÉAL (Anne), âgée d'environ 40 ans, femme d'Hilaire, soldat, et danois de nation.

24 avril.

CALDEIRO (Jean), âgé de 9 mois, fils de Pedro Caldeiro et de Catherine Caldeiro.

26 avril.

GUILLARD dit LA JOIE (Etienne), soldat, né à Villefranche-Beaujolais.

4 mai.

LEGUERN (Marie), fille de Jacques Leguern, commis de la Compagnie et de Rose Cosson de la Lande.

8 mai.

Monté (Domingo de), âgé de 4 jours, fils d'Antoine de Monté.

13 mai.

Welche (Jean Baptiste), né à Londres.

23 mai.

Monté (Marguerite de), âgée d'un an, fille de Joseph de Monté, soldat topa, et de Madeleine de Rozario.

27 mai.

Nicolas, âgé de 2 jours, fils de Hilaria, esclave.

1er juin.

Andrade (Francisco d'), âgé d'environ un mois, fils de Jean de Rozario.

6 juin.

Eliger dit La Fleur (Jean), soldat, né au Bourg Ustaly près Bayonne.

11 juin.

Rozario (Francisca de), fille de Philippe de Rozario et de Rosa de Cruz.

11 juin.

Fereira (Francisco), âgé de 4 mois, fils de Thomas Fereira et de Hélène de Rozario.

11 juin.

Louvé (François), matelot de la *Danaë* commandé par M. Beaugrand, né à Pertuit, évêché de Saint-Malo.

15 juin.

Cruz (Cécilia de), âgée d'environ 45 ans.

23 juin.

Sylva (Domingo de), soldat topa, âgé d'environ 67 ans, né à Cochin.

25 juin.

Cellier (Adrien), matelot de la *Minerve*, né à Saint-Malo.

28 juin.

Christian (Manoël), âgé de 3 mois, fils de Jean Christian, hollandais.

30 juin.

MADELEINE, ci-devant moça.

6 juillet.

LONGUE dit SAINT-AMOUR (Jean Baptiste), soldat du détachement de la *Vierge de Grâce*, commandé par M. de Pardaillan, âgé d'environ 22 ans, né à Montreuil en Picardie.

10 juillet.

PITRE (Christina), âgée de 6 jours.

20 juillet.

CARLES (Louis), né au Bengale, ci-devant esclave.

25 juillet.

ANTOINE, âgé d'environ 30 ans, esclave.

3 août.

ROZARIO (Isaballe de), âgée d'environ un an.

12 août.

LEGALOU (Marie), âgée d'environ 7 mois, fille de René Legalou et de Marie Ligondais.

12 août.

SILVA (Francisco de), âgé d'environ 4 mois.

16 août.

LION (Antoine), matelot du *Triton*, né à Paris.

21 août.

ROZARIO (Angela de), pauvre veuve, âgée d'environ 60 ans.

23 août.

DOMINGA, âgée de 18 à 19 ans, femme de Manoël de Rozario.

25 août.

LEBIHAN (Joseph), caporal, âgé d'environ 40 ans, né à Bréac, évêché de Vannes.

30 août.

BELMAN (Pierre), né le même jour.

5 septembre.

Rozario (Jean de), âgé de 2 ans, fils de Manoël de Rozario et de Dominga de Monte.

9 septembre.

D'Abréo (Thomasia), veuve, âgée d'environ 40 ans.

10 septembre.

Hervilliers (Marie Joseph Charlotte d'), fille de Nicolas Bourlet d'Hervilliers, conseiller et de Françoise du Hamel.

13 septembre.

...... matelot né à Macao, venu des Maldives sur un vaisseau français de l'Inde appelé le *Saint-François*, commandé par M. Moullard.

26 septembre.

Ribeira (Dominga), fille le Jean Ribeiro et de Francisca Fereira.

29 septembre.

Le Conte (Jean), âgé de 10 mois, fils de Jacques Le Conte et de Mariane Hemoneau.

30 septembre.

Soudrein (Seraphine), veuve, âgée d'environ 78 ans.

1er octobre.

Sylva (Jean de), âgé d'environ 2 ans, fils de Manoël de Silva et de Laurence de Silva.

2 octobre.

Paula, pauvre femme, fort âgée.

10 octobre.

Jerome (Jean), né à Hambourg, soldat de la garnison.

13 octobre.

Alvès (Francisco), âgé d'environ 60 ans.

16 octobre.

Xavier, âgé de 8 jours, fils d'une esclave.

19 octobre.

Vincens (Jeanne), âgée de 9 mois, fille de Monsieur Jacques Vincens et de Jeanne Albert.

31 octobre.

Joucas (André), matelot hollandais.

1ᵉʳ novembre.

Tournevier (Joseph), matelot français, né à Leide, en Hollande.

11 novembre.

Pereira (Joseph), âgé de 5 à 6 mois, fils de Jean Pereira et de Maria de Menes.

19 novembre.

Cruz (Louis de), âgé de 3 mois, fils de Jean de Cruz et de Gracia Pereira.

22 novembre.

Cruz (Maria de), âgée d'un an 1/2, fille de Michel de Cruz et de Rosa Cordeira.

28 novembre.

Georges Paul, soldat topa, âgé d'environ 45 ans.

3 décembre.

Souza (Thomas de), âgé de 15 jours, fils de Pedro de Souza et de Louisa Rodriguez.

3 décembre.

Anna, âgée de 16 ans, esclave.

4 décembre.

Pedro Rodriguez, âgé d'un mois, fils de Floriana, esclave.

4 décembre.

Maria, âgée de 10 jours, fille d'une esclave.

5 décembre.

Lelan (Jeanne), âgée d'environ 7 ans, fille de feu Gille Lelan et d'Anna Sobral.

10 décembre.

Vinay (Mathieu de), né à Vitré.

16 décembre.

Sinrdey (Théodosa), née à Trinquebar.

30 décembre.

Silva (Louise de), âgée d'environ 30 ans, née à Colombo.

31 décembre.

Fécham (François), âgé de 25 ans, matelot de la *Danaé*.

ANNÉE 1727.

Naissances.

5 janvier.

Rodrigue (Jean),
fils de Domingos Rodrigue, soldat topa, et de Rosa Marty,

5 janvier.

Jean (Maria),
fille de Augustin Jean, esclave de Coja Indy, marchand arabe, et de Francisca de Monté.

10 février.

Monté (Francisca de),
fille de George de Monté et de Maria de Monté.

11 février.

Dulaurens (Louis Charles),
fils de Jacques Dulaurens, conseiller, né à Paris, et de Marie Galliot de la Touche.

15 février.

Porcher des Oulches (Pierre Jacques),
fils de Abraham Pierre Porcher des Oulches, né à Paris, et de Géneviève Barois, née à Paris.

16 février.

Alvès (Elisabeth),
fille de Domingos Alvès et de Dominga Pimenta.

27 février.

Britto (Jeanne de),
fille de Jean de Britto et de Dominga de Souza.

28 février.

BELLEGARDE (Pierre Jean Antoine),
fils de Pierre Jacques Bellegarde, conseiller, né à Rennes, et de Jeanne Joquin, née à Saint-Malo.

Parrain: Jean Elias, arménien, né à Salpha, près d'Ispahan.

9 mars.

PEREIRA (Antonia),
fille de Ignacio de Rozario Pereira et de Maria Alvès.

10 mars.

SOUZA (Catherine de),
fille de Lazaro de Canha et de Dominga de Souza.

12 mars.

LEGRAN (Francisco),
fils de Henri Legran, né au Cap Vert, et de Maria Alvès.

29 mars.

ROCHER (Marie),
fille de Jeronimo Rocher et de Anne de Rogérias.

7 avril.

Acte d'abjuration de Thomas Kaimanet, né à Rotterdam.

7 avril.

GODART (Antoine Nicolas),
fils de Luc Godart dit Latour et de Charlotte Bertau.

10 avril.

MONTE (Francisca de),
fille de Manuel de Monte et de Maria de Monte.

13 avril.

LE DUC (Anne),
fille de Louis Le Duc, né à Rouen, et de Antonia ......, née à Pondichéry.

17 avril.

FERRIÈRE (Georges André),
fils de M. Ferrière, chirurgien-major, et de Marie Thérèse Allègre, née à Hennebon.

20 avril.

OLIVEIRA (Marie d'),
fille de Louis d'Oliveira et de Madeleine de Monté.

20 avril.

ROZARIO (Madeleine de),
fille de Thomé de Rozario et de Suzanne de Rozario.

23 avril.

BROCMAN (Jean Baptiste),
fils de Pitre Jans Brocman, canonnier, né à Rotterdam, et de Ignace Gossard.

26 avril.

MONTÉ (Maria de),
fille de Michel de Gama et de Maria de Monté.

6 mai.

KAIMANET (Charles),
fils de Thomas Kaimanet.

7 mai.

ROGER (Georges),
fils de Domingo Roger et de Françoise Cadot.

7 mai.

NOGLE (Christophe),
fils de Jean Nogle, sergent, et de Marie Barrel.

9 mai.

GROUT (Maria),
fille de Jean Grout, canonnier, et de Marie Ammelin.

12 mai.

VALEIRO (Joseph),
fils de Joseph Valeiro, soldat topa, et de Rosa Vaz.

14 mai.

CHARLEQUINT (Marie),
fille de Louis Charlequint, né à Saint-Malo, et de Marie Aubert, née à Pondichéry.

15 mai.

VINCENS (Anne Christine),
fille de M. Vincens et de Jeanne Albert.

15 mai.

ARÈNE (Ignace Jean),
fils de Jean Arène et de Bastienne Soubral.

20 mai.

LE GALOU (Marianne),
fille de René Le Galou et de Marie Ligondais.

21 mai.

ROZARIO (Jeanne de),
fille d'Abraham de Rozario et de Francisca de Rozario.

4 juin.

PITTE (André),
fils de Jean Pitte, de Copenhague, et de Françoise de Rozario.

11 juin.

ROZARIO (Francisca de),
fille de Jean de Rozario et de Catherine de Rozario.

15 juin.

SOUZA (Jean de),
fils de Etienne de Souza et de Dominga Rodriguez.

19 juin.

ROZARIO (Ursule de),
fille de Anna, esclave.

22 juin.

TOUNIS (Joanna),
fille de Antoine Tounis et de Francisca Manaz.

26 juin.

ROZARIO (Ignacia de),
fille de Michel de Rozario et de Antonia de Rozario.

1er juillet.

LAURENT (Louis),
fils de feu Pierre Laurent et de Anne Gurier.

17 juillet.

ALVÈS (Marguerite),
fille de Jean Alvès et de Louise de Rozario.

18 juillet.

Ruelle (Anne Françoise),
fille de Jacques Ruelle et de Elisabeth Le Couesse.

22 juillet.

Decoublanc (Jean Baptiste Joseph),
fils de François Decoublanc, écuyer, seigneur de Gélan, lieutenant des troupes, né à Saint-Laurent de Ré, et de Marie Madeleine Roy, née à Rochefort.

28 juillet.

Mollandin (Georges André),
fils de André Mollandin et de Brigitte Bruno.

31 juillet.

Colaço (Catherine),
fille de Domingo Colaço et de Rosa Fernandez.

1er août.

Souza (Ignace de),
fille d'Antonio de Rozario et de Ignacia de Souza.

4 août.

Lecompte (Louise),
fille de Jacques Lecompte et de Marianne Hémoneau.

11 août.

Lacarta Francisca,
fille naturelle de Monica de Rozario.

12 août.

Pinson (Louise),
fille de Julien Pinson et de Thérèse Paris.

13 août.

Cruz (Louise de),
fille de Jean de Cruz et de Rosa Cotinha.

29 août.

Monté (Ursule de),
fille de Florina de Monté.

7 septembre.

Leridé (Marianne),
fille de Nicolas Leridé et de Marie Martin.

8 septembre.

Rozario (Antoine de),
fils de Christiane de Rozario.

14 septembre.

Ribeiro (Maria),
fille de Jean Ribeiro et de Françoise Pereira.

16 septembre.

Lerou (Anna),
fille de Jean Lerou, et de Bastienne Maréca.

23 septembre.

Gravier (Louise),
fille de Jules Gravier et de Rosa de Monté.

25 septembre.

Dias (Sylvestre),
fils de Manuel Dias et de Anne de Rozario.

28 septembre.

Canhan (Monica Marie),
fille de Pierre Canhan, né à Dunkerque, et de Marie Anne Crépin.

2 octobre.

Fournier (Marie),
fille de André Fournier, sergent, et d'Appoline Rabouin.

9 octobre.

Royset (Françoise),
fille de Jean Royset et de Marie Roger.

14 octobre.

Anna,
fille de Dominga, esclave.

15 octobre.

Rozario (Jean de),
fils de Jean de Rozario et de Lucia de Rozario.

16 octobre.

Dominga,
fille d'une esclave.

26 octobre.

Rozario (Jean de).
fille de Antoine de Rozario et de Marie de Monté.

31 octobre.

Dragon (Francisca),
fille de Jean Dragon et de Anne de Rozario.

2 novembre.

Martino (Jean),
fils de Domingo Martino et de Marie Ribeira.

3 novembre.

Dumas (François),
fils de René Dumas dit Chevalier et de Denise Martin.

4 novembre.

Licet (Marie),
fille de Yves Licet et de Agnès Jeanne Rousselet.

6 novembre.

Rozario (François de),
fils de Pedro de Rozario et Marie Rayappen.

8 novembre.

Reminiag (Paul),
fils de Adrien Reminiac (né à Lorient), et de Catherine Cotinho.

24 novembre.

Ferreira (Thérèse),
fils de Thomé Ferreira et de Hélène de Rozario.

24 novembre.

Soza (François de),
fils de André de Soza et de Marguerite de Monté.

24 novembre.

Alvarès (Jean),
fils de Domingos Alvarès et de Marie Pacheca.

6 décembre.

Monté (Antonia de),
fille de Thomé de Monté et de Maria de Lima.

8 décembre.

Monté (Antoine de),
fils de Joseph de Monté et de Madeleine de Rozario.

31 décembre.

Rozario (Madeleine de),
fille de Bastien de Rozario et de Natalie de Rozario.

31 décembre.

Thomas,
fils de Jeanne, esclave.

Mariages.

3 février.

Rozario (Manoel de), né à Tranquebar,
et Ursula de Mello, née à Goudelour.

10 février.

Zacharias (Agostino), né à Tevenapatam,
et Francisca de Monte, fille de Salvador de Monte, née à Pondichéry.

10 février.

Cruz (Francisco d'), né à Négapatam,
et Dominga de Rozario, née à Négapatam.

25 février.

Rozario (Ignacio de), né à Tevenapatam,
et Christine de Rozario, née à Goudelour.

12 mai.

Cunha (Alberto de), né à Calicota,
et Marie de Monte, née à Madras.

26 mai.

Pedro, paria, né à Chidambram,
et Gratia Vapoza, fille de père et mère gentils.

15 juin.

Pereira (Simon), né à Golgota,
et Francisca Claude, fille de Francisco Claude.

16 juin.

Rozario (François de), né à Madras,
et Francisca de Monte, née à Ariancoupom.

25 juin.

Cartier (François), né à Paris,
et Marianne Parlot, fille de Pierre Parlot et de Marie Rebelle, née à Pondichéry.

25 juin.

Rodriguez (Manoel de), né à Chatigan,
et Natalia de Lima, fille de Pasqual de Lima et de Maria de Monte, née à Pondichéry.

26 juin.

Duquesnel, dit Lacouture (Jean), né à Saint-Pierre de Gossé, en Normandie,
et Anne Ferrot, fille de Pierre Ferrot et de Gibelle de Silva, née à Pondichéry.

30 juin.

Maron (Michel), né en Anjou,
et Louise Barnou, née à Madras.

30 juin.

Rozario (Gaspard de), né à Tevenapatam,
et Ignacio de Monte, fille de Victorio de Rozario et de Francisca Gonzalvez, née à Pondichéry.

1er juillet.

Serrano (Gregorio), né à Cavite (Manille),
et Marie de Monte, fille de Thomé de Monte et de Francisca de Cruz, née à Pondichéry.

2 juillet.

Lima (Thomé de), fille de Bastien de Lima, né à Pondichéry,
et Ignacia Passagna, fille de Thomé Passagna, née à Pondichéry.

7 juillet.

Vaposo (Manoel), né à Goudelour,
et Marie Xavier, fille de Francisco Xavier, née à Pondichéry.

14 juillet.

Raposo (Jean), né à Tevenapatam,
et Thérésia Conhete, fille de père et mère gentils, née à Pondichéry.

15 juillet.

William (Guilhem), né à Goudelour,
et Jeanne Salvin, née à Tranquebar.

19 juillet.

Isaac (Elias), fils de Isaac Zéni et de Madeleine Amapacha, et veuf de Chacat, né à Ispahan, marchand arménien, catholique et habitant de Pondichéry depuis plusieurs années,
et Ignès de Souza Quénetin, fille de Antonio de Souza Quénetin et de Margarita Rebelle, et veuve de M. Paul Grout, lieutenant des troupes de la garnison et capitaine bombardier.
Suit une lettre de dispense de la publication des trois bancs, par Monseigneur Pignero, évêque de Saint-Thomé.

21 juillet.

Aunillon (André), né à Varades, évêché de Nantes,
et Françoise Chelan, fille de Gilles Chelan et de Anne Sauveral, née à Pondichéry.

21 juillet.

Rozario (Francisco de), né à Balassore,
et Martha de Souza, née à Congimere.

28 juillet.

Silva (Domingo de), né à Surate,
et Christina de Rozario, née à Madras.

28 juillet.

Rozario (Francisco de), fils de Pedro de Rozario, né à Pondichéry,
et Ignacia de Rozario, née à Tevenapatam.

28 juillet.

Domingos, paria, né à Choumapalam,
et Francisca de Rozario, née à Goudelour.

31 juillet.

Rodriguez (Cristovo), né à Ceylan,
et Isabelle Pereira, fille de Pedro de Rozario et de Catherine Pereira, née à Pondichéry.

31 juillet.

Fereira (Domingos), né à Saint-Thomé,
et Isabelle Ribeiro, née à Tevenapatam.

2 août.

Gonzalvès (Jean), né à Sadras,
et Marie de Rozaire, née à Tranquebar.

4 août.

Barreto (Jacob), né à Higolin,
et Francisca Diaz, née à Tevenapatam.

11 août.

Silva (Antoine de), né à Négapatam,
et Marie de Cruz, née à Tevenapatam.

15 septembre.

Pereira (Francisco), né à Saint-Thomé,
et Luisa Pereira, née à Goudelour.

29 septembre.

Cruz (Francisco de), fils de Laurenzo de Cruz et de Antonia Pachèque, né à Pondichéry,
et Marianne de Rozario, née à Bengale, de père et mère gentils.

8 octobre.

Cabot (Nicolas), né à Tancarville, évêché de Rouen,
et Thérèse Rodriguez, fille de Jean Baptiste Rodriguez, née à Pondichéry.

21 octobre.

Honter (Jacob), né à Goudelour,
et Rosa de Souza, fille de Francisco de Souza, née à Pondichéry.

23 octobre.

CORDIER (Louis), fils de Bastien Cordier et de Isabelle Cordier,

et Françoise FERNANDEZ, fille de Michel Fernandez et de Louise Fernandez.

4 novembre.

JAMES (Charles), fils de Robert et de Madeleine Roussel, né à Saint-Germain en Laye,

et Apollonie GRAVIER, fille de Gilles Gravier et de Rose de Monte, née à Pondichéry.

6 novembre.

ROZARIO (Gabriel), né à Tranquebar,

et Andréza MARÉCOS, née à Porto Novo.

26 novembre.

ROZARIO (Constantino de), fils de Jean de Rozario et de Magdelena de Cruz, né à Pondichéry.

et Antonia PEREIRA, née à Pudupacom, de père et mère gentils.

Décès.

2 janvier.

FECHAM (Jean), âgé de 22 ans, né à Belle Ile, matelot de la *Danaë*.

2 janvier.

MATAYER (Gilles), né à Fougères, matelot de la *Danaë*.

8 janvier.

LE CLERC (Jacques), âgé de 54 ans, né à Ligné, évêché de Saint-Brieuc, officier sur la *Danaë*.

8 janvier.

RODRIGUEZ (Manoël), matelot sur la *Danaë*.

19 janvier.

ROZARIO (Angela de), veuve, âgée d'environ 60 ans.

2 février.

Cruz (Mária de), âgée d'environ un an 1/2, fille de Jean de Cruz et de Dominga de Cruz.

2 février.

Cordier (François), fils de Jean Cordier, capitaine, mort une demi heure après sa naissance.

4 février.

Garnier (Joseph), âgé d'environ 55 ans, né à Saint-Malo, matelot de la *Danaë*.

7 février.

Horin (Jean), âgé d'environ 50 ans, né à Baux en Basse Bretagne, cadet de la garnison.

16 février.

Galesse dit Florinville (Jean), âgé d'environ 40 ans, né à Quimper.

27 février.

Rouillard dit Gatinais (Pierre), âgé d'environ 45 ans, né à Beaumont en Gatinais, évêché de Sens, caporal de la garnison.

4 mars.

Canonnet (André), né à Vannes, soldat.

6 mars.

Rousselet (Séverin), âgé de plus de 70 ans, né à Vitry le François.

1er avril.

Boyon (Jacques), âgé d'environ 28 ans, né à Brest, charpentier de la *Badine*.

14 avril.

Godart (Antoine Nicolas), âgé de 8 à 9 jours, fils de Luc Godart.

19 avril.

Indy (Coja), âgé de plus de 60 ans, né à Bagdad.

21 avril.

Laurença, femme de Heylan Guillelm, soldat topa.

7 mai.

Mottet dit Saint-Martin (Hyacinthe), né à Saint-Martin le Ghilan, soldat de la garnison.

17 mai.

Cartet (......), métis anglais « exécuté pour avoir volé dans les magasins de la Compagnie 3.000 piastres, à deux différentes fois ».

17 mai.

Rozario (Madeleine de), âgée d'environ 3 semaines, fille de Thomé de Rozario et de Suzanne de Rozario.

24 mai.

Arene (Marguerite), âgé d'environ 15 mois, fille de Jean Arène.

29 mai.

Visson dit Saint-Sévère (François), né à Saint-Sévère évêché de Coutances, soldat.

2 juin.

Bertau (Charlotte), âgée d'environ 41 ans, née à Clair en Normandie, femme de Luc Godart.

10 juin.

Angela, vieille femme.

10 juin.

Rozario (Marie), vieille femme.

23 juin.

Cosson de la Lande (Rose), âgée de 25 ans, femme de Monsieur Léguerne, employé de la Compagnie.

28 juin.

Almeida (Laurença de), âgée d'environ 40 ans, femme d'André Lallemant.

29 juin.

Legran (Francisco), âgé de 5 mois, fils de Henri Legran et de Maria Alvès.

30 juin.

Rombeau (Nicolas), contre-maître du *Triton*.

19 juillet.

Dubreil (Jean), soldat de la garnison.

23 juillet.

Cotinha (Maria), âgée d'environ 22 ans, femme de Jean Siquera.

30 juillet.

Rozario (Guillaume de), Marie.

4 août.

By (André de), né à Auxerre, soldat.

9 août.

Gagnon (Jean), âgé d'environ 40 ans, né à Hennebon, fifre de la garnison.

10 août.

Alves (André), âgé d'environ 28 ans.

14 août.

Mirour dit La Fontaine (Jean), né à Argos, évêché de Cornouailles, soldat.

16 août.

Magner dit Belle Rose (Nicolas), âgé de plus de 60 ans, né à Bayonne, sergent.

18 août.

Gonsales (Francisco), âgé d'environ 30 ans, soldat topa.

19 août.

Illinois (Jean), âgé d'environ 25 ans, né au Canada, charpentier du *Lys*.

19 août.

Loray (Simon), âgé d'environ 45 ans, né à l'Ile de Groix, matelot du *Lys*.

20 août.

Roger (Pierre), âgé d'environ 35 ans, né à Saint-Servant, matelot du *Lys*.

20 août.

Dandeville (François), né à Paris, soldat.

27 août.

Bernard (Joseph), né à Saint-Malo, matelot du *Lys*.

29 août.

Fumée (Joseph), né à Port Louis, évêché de Vannes, soldat.

8 septembre.

Cunha (Gaspard), âgé d'environ 70 ans.

12 septembre.

Rozario (Christine de), âgée d'environ 25 ans, veuve.

14 septembre.

Mindes (Geronimo), âgé de 4 ans, fils de Thomé Alexandre et de Louise Mendès.

21 septembre.

Rozario (Antonia de), âgée d'environ 20 ans, femme de Thomé Gonsalvès.

23 septembre.

Maria, âgée d'environ 20 ans, esclave.

... octobre.

Leclinche dit la Noyatte (Jean), né à la Noyatte de Pontivy, soldat.

12 octobre.

Jeanne, âgée d'environ 16 ans.

15 octobre.

Rozario (Jean de), fils de Jean de Rozario et de Louise de Rozario.

24 octobre.

Reys (Catherina), âgée d'environ 4 ans, fille de Salvador de Reys et de Maria de Rozario.

30 octobre.

Mendès (Ignacio), âgé d'environ 70 ans, caporal topa.

3 novembre.

Dragon (Francisco), fille de Jean Dragon et de Anna de Rozario.

4 novembre.

Caldeiro (Jean), marié.

9 novembre.

Dumas (François), baptisé le même jour, fils de René Dumas et de Denise Martin.

10 novembre.

Madeleine, esclave de Girard, joueur de trompette.

20 novembre.

Toussaint, âgé de 4 ans, fils de Jean Jacques, soldat.

2 décembre.

Couelan (Philippa), pauvre femme.

9 décembre.

Anna ......

10 décembre.

James (Jacques), né à Bayeux, cuisinier de Monsieur Lenoir, Gouverneur.

12 décembre.

Pitte (Maria Elisabeth), âgée de 20 mois.

13 décembre.

Maria, femme de Jean Dragon.

20 décembre.

Lopez (Madeleine), femme de François Cattel.

24 décembre.

Simon (Etienne), matelot.

25 décembre.

Maria, pauvre femme.

ANNÉE 1728.

Naissances.

8 janvier.

Soza (Thomas de),
fils de Jean de Soza et de Françoise de Soza.

11 janvier.

Belman (Louis Pierre Alexandre),
fils de M. Belman, aide-major des troupes, et de Michelle Cruchet.

14 janvier.

Guerre (Marie Agnès),
fille de Abraham Guerre (né à Saint-Imier, Suisse), et de Marie Brunet.

16 janvier.

Gossard (Joseph),
fils de Gérard Gossard et de Dorothée Bernard.

20 janvier.

Bellegarde (Gille Louis de),
fils de Pierre de Bellegarde, conseiller, (né à Rennes), et de Jeanne Joquin (née à Saint-Malo).
Parrain et marraine : Jules de la Franquerie (né à Saint-Malo), capitaine du *Jupiter*, et Brigitte Bruno, femme de M. Mollandin.

21 janvier.

Ermida (Maria),
fille de Pedro Ermida et de Dominga de Rozario.

23 janvier.

Souza (Domingos de),
fils de Nicolas de Souza et de Anna Dias.

30 janvier.

Marié de Vaucour (Louise Radegonde),
fille de Charles Marc Antoine Marié de Vaucour (né à Dunkerque), lieutenant de la garnison, et de Marie de Canan (née à Londres).

Parrain et marraine : Jean Vachier (né à Forcalquier), capitaine de la garnison, et Madame Louise Radegonde de Crèvecœur (née à Oisemont en Picardie).

Ont signé l'acte : Louise Radegonde de Crèvecœur, femme de Grangemont, Vachier, Dupleix, Dulaurens, Vincens, Mollandin, Grangemont, Duvelaer, Decoublanc, Février, Lenoutre.

1er février.

Dominga,
fille d'une esclave.

8 février.

Maillero (Thomas),
fils de Maillero et de Dominga Rozario.

8 février.

Cruz (Antoine de),
fils de Estevo de Cruz et de Pascale de Rozario.

20 février.

Rozario (Pedro de),
fils de Francisco de Rozario et de Ignacie de Rozario.

22 février.

Souza (Marie Anne de),
fille de Zeferin de Souza et de Isabelle de Campos.

12 mars.

Costa (Marceline de),
fille de Silvain de Costa et de Françoise.

1er avril.

Néron (Joseph),
fils de Michel Néron (né à Liré en Anjou), et de Louise Barne.

4 avril.

Liveira (Jeanne),
fille de Louis Liveira et de Ignacia Pereira.

4 avril.

Monté (Paula de),
fille de Francisco de Monté et de Thomasia de Monté.

6 avril.

Daruyo (Paul Dominique),
fille de Florian Daruyo et de Nathalia Fernandez.

16 avril.

Elias (Madeleine Jeanne),
fille de Elias Isaac et de Agnès de Quenetin.
Parrain et marraine : M. Mollandin et Mme de Bellegarde.

18 avril.

Grout (Rose),
fille de Jean Grout (né à Fécan, évêché de Lyon), et de Marie Amelin.

18 avril.

Grout (Pétronille),
fille de Jean Grout et de Marie Amelin.

3 mai.

Raposo (Lazaro),
fils de Jean Raposo et de Thérèse Cugnet.

5 mai.

Raposo (Isabelle de),
fille de Manoël Raposo et de Marie Xavier.

12 mai.

Silva (Dominique de),
fils de Manuel de Silva et de Laurencia de Silva.

12 mai.

Baretta (Jeanne),
fille de Jacques Baretta et de Francisca Dias.

15 mai.

Cordier (Agnès Rose),
fille de Jean Cordier, capitaine, et de Marie Agnès Cognet.
Parrain et marraine: M. Mollandin et Nicole Géneviève Paris, femme de M. Porcher (née à Paris).

15 mai.

Menez (Pédro),
fils de Francisco Menez et de Maria de Rozario.

18 mai.

Monté (Francisca de),
fille de Miguel de Monté et de Anna de Rozario.

20 mai.

Le Couesse (Marie Anne),
fille de Louis Le Couesse, canonnier, et de Françoise Lobo.

23 mai.

André (Pierre),
fils de Jean André, soldat, et de Antonia de Rozario.

28 mai.

Houze (Brigitte Marie Anne),
fille de M. Houze et de Charlotte Françoise Morel.

Parrain et marraine : Simon de la Farelle, major-général des troupes, et Mme Brigitte Bruno Mollandin.

8 juin.

Monté (Luc de),
fils de François de Monté et de Madeleine de Rozario.

8 juin.

Gallou (Anne),
fille de René Gallou et de Marie Ligondé.

12 juin.

Rodriguez (Catherine),
fille de Christophe Rodriguez et de Isabelle Pereira.

13 juin.

Almeida (Mathieu d'),
fils de Thomé d'Almeida et de Anne de Rozario.

23 juin.

Bonyck (Jeanne Brigitte),
fille de Guillaume Bonyck et de Jeanne Leclerc.

27 juin.

Josse (Marie Madeleine),
fille de Louis Josse (né dans l'évêché de Quimper), et de Hélène Etain (née dans l'évêché de Vannes).

1ᵉʳ juillet.

AUNILLON (Marthe),
fille de André Aunillon, caporal, (né à Varade, évêché de Nantes), et de Françoise Lélan.

4 juillet.

VINCENS (Jeanne Suzanne),
fille de Jacques Vincens, conseiller, et de Jeanne Albert.

Parrain et marraine : Jean Baptiste Aumont et Mˡˡᵉ Ursule Albert.

Ont signé l'acte : DUPLEIX, AUMONT, FOUQUET, DE BURY.

6 juillet.

CRUZ (Laurencia de),
fille de Francisco de Cruz et de Marie Anne de Rozario.

6 juillet.

CHRISTINE,
fille naturelle de Thérésia.

12 juillet.

CARNOIER (Hubert Laurent).
fils de François Carnoier et de Marie Anne Parlot.
Parrain : Faubertau, capitaine du *Diligent*.

14 juillet.

BURY (Marie Elisabeth de),
fille de Antoine de Bury, capitaine, né à Versailles, et de Elisabeth Cosson de la Landes, née à Pondichéry.

Parrain et marraine : Dupleix et Mᵐᵉ Marie Galliot Dulaurens

30 juillet.

SILVA (Anne Marie),
fille de François Silva et de Sabina di Remeda.

31 juillet.

GRAFETIN (Marie),
fille de Barthélemy Grafetin (né à Clèves), et de Fabiane de Penhe (née à Anjingo).

1ᵉʳ août.

ROZARIO (Dominga de),
fille naturelle de Lucrécia de Rozario.

12 août.

Borges (Jean),
fils de Nicolas Borgès et de Francisca Mareca.

2 septembre.

Rapozo (Monique),
fille de Louis Rapozo et de Thomasia Alvès.

9 septembre.

Bozec (Louise),
fille de Jean Bozec, charpentier de la Compagnie, et de Marie Royer.

12 septembre.

Clas (Léandre),
fils de André Clas et de Floriane de Costa.

12 septembre.

Ribeiro (Jacques),
fils de Geronimo Ribeiro et de Anne de Rosaire.

12 septembre.

Monté (Dominga de),
fille de Thomé de Monté et de Clara Pereira.

14 septembre.

Lima (Christine de),
fille de Louis de Lima et d'Anne Gomès.

17 septembre.

Andrade (Jacques d'),
fils de François d'Andrade et de Thécle de Soza.

17 septembre.

Diez (Nicolas),
fils de Laurent Diez et de Grace de Monté.

19 septembre.

Decoublanc (Marie Christine),
fille de François Decoublanc, aide-major des troupes et de Madeleine Roy.

Parrain : Simon de la Farelle, major des troupes.

23 septembre.

Rodrigues (Suzanne),
fille de Emmanuel Rodriguez et de Nathalie de Lima.

2 octobre.

Duquenel (Marie),
fille de Jean Duquenel (né à Verneuil, évêché de Chartres), et de Anne La Feuillade (née à Pondichéry).

5 octobre.

Souza (Catherine de),
fille de Pedro de Souza et de Louisa Rodrigue.

6 octobre.

Kerbudic (Joseph),
fils de Jean Kerbudic (né à Quimper), et de Madeleine Lagadec (née à Quimper).

14 octobre.

Pinson (Agnès),
fille de Julien Pinson et de Thérèse Paris (née à Viziapur).

18 octobre.

Chevalier (Brigitte),
fille de Antoine Chevalier et de Dominique de Rosaire.

19 octobre.

Boyvin (Jean Lévangeliste),
fils de Jean Boyvin, maître canonnier, et de Marguerite Vincent.
Parrain : Jean Jacquelin de La Motte Duplessis.

23 octobre.

Céré (Brigitte),
fille de François Toussaint Céré (né à Tours), et de Bernardine Brouillet.

6 novembre.

Acte d'abjuration d'Eva de Graf.

7 novembre.

Monté (Marguerite de),
fille de Joseph de Monté et de Isabelle de Costa.

15 novembre.

CARLO (François),
fils naturel d'Antonio Carlo et de Anna de Rosaire.

1er décembre.

DULAURENS (Marie Géneviève),
fille de Jacques Dulaurens, conseiller, et de Marie Galliot de la Touche.

6 décembre.

GOMÈZ (Jeanne).
fille de Francisque Gomèz et d'une femme gentille.

6 décembre.

MONNIER (Nicolas),
fils de Jacques ......

20 décembre.

PEREIRA (Marie),
fille de Mathieu Pereira et de ......

21 décembre.

PITRE (Marie Anne),
fille de Jean Pitre de Copenhague, et de Francisca de Rozario.

Mariages.

28 janvier.

JOUSSEAUME (Alexandre), né à Rochefort,
et Charlotte BOURSOUL, née à Lorient.

3 février.

PEREIRA (Marcos), né au Bengale,
et Luzia de MONTE, née à Pondichéry.

4 février.

RODRIGUEZ (Pasqual), né à Madras,
et Antonia de FARIA, de père et mère gentils, née à Négapatam.

4 février.

Le Bon (Louis Joseph), fils de Germain Le Bon et de Sebastienne Cueilhot,

et Catherine Le Borgne, fille de Marc Le Borgne et de Anne d'Almeida, née à Pondichéry.

5 février.

Cruz (Fabiano de), né à Santa Cruz (Manille),
et Rosa de Rozario, née à Madras.

9 février.

Guérin (Etienne), né à Paris,
et Dorothée Ganhoux, fille de Jean Ganhoux et de Suzanne de Souza, née à Pondichéry.

9 février.

Francisca, paria, né à Goudelour,
et Catherine de Cruz, fille de Jean de Cruz et de Sabina, née à Pondichéry.

6 avril.

Ferret (Jean), né à Brest,
et Julienne Ficher, fille de Jean Ficher et de Marianne de Mattos, née à Pondichéry.

Ont signé l'acte: Porcher des Oulches, Cordier, Labutte de Grangemont, Delahaye, Decoublanc, G. Frérot, Boussard, Canhan, Lebozec.

12 avril.

Aujourd'hui, douze avril 1728, j'ai solennellement donné la bénédiction du mariage à Monsieur Jean Baptiste Aumont, fils de Nicolas Aumont, et de Anne d'Arboulin, natif de Paris, paroisse Saint-Jacques de la Boucherie et à Marie Madeleine Albert, fille de Jacques Albert et d'Elisabeth Rosa de Castro, nation de Pondichéry, après avoir publié les bancs ordinaires, sans qu'il se soit trouvé aucun empêchement, le mariage s'est célébré dans notre église de Notre Dame des Anges de Pondichéry.

Les témoins sont les soussignés :

Père Benigne, capucin, missionnaire apostolique, Aumont, Vincens, Dupleix.

3 mai.

Rozario (Jean de), fils de Pedro de Rozario et de Françoise de Monto, né à Pondichéry,
et Françoise de Conceicam, de père et mère gentils.

4 mai.

Rozario (Jean de), fils de Léandre de Rozario et Martha de Rozario, né à Pondichéry,
et Isabelle de Rozario, fille de Fernandez de Rozario, née à Pondichéry.

10 mai.

Rozario (Thomé de), né à Tevenapatam,
et Maria de Saude, veuve, née à Négapatam,

10 mai.

Moris (Joseph), de père et mère gentils,
et Françoise de Rozario, fille de Dominique de Rozario, née à Pondichéry.

24 mai.

Lisle (Antoine de), né à Brest,
et Julienne Le Brun, fille de Guillaume Le Brun et de Jeanne de Rozaire, née à Pondichéry.

9 juin.

Pedrou (François), né à Etables, évêché de Saint-Brieuc,
et Marie Le Couesse, fils de Louis Le Couesse et de Françoise Lobo,

9 juin.

Des Hayes (Pierre), né à Montivilliers, évêché de Rouen,
et Marie Annue Bière, fille de Pierre Biere et de Julia de Souza, née à Pondichéry.

Ont signé l'acte : Des Hayes, P. Lenoir, de Bellegarde, Elias Isaac, Mollandin, Marie Bière, Dulaurens, G. Wyche, Faubertau, Golard, Février, Lavabre, de Monchy, de Grangemont fils, Decoublanc, Boutteville.

2 juillet.

Un acte complètement illisible.

30 juillet.

CHEVALIER (Jérome), né à Gènes, maître sur le vaisseau la *Marie Gertrude*,

et Marie Thérèse CAILLOT, fille de Jean Baptiste Caillot, sergent de la garnison et de Marguerite Charles, née à Pondichéry.

13 août.

Un acte complètement illisible.

18 octobre.

ROZARIO (Francisco), fils de Pedro de Rozario et de Francisca de Costa, né à Pondichéry,

et Bastienne de COSTA, fille de Jean de Costa et de Marie de Rozario, née à Pondichéry.

27 octobre.

ROZARIO (Jean de), né à Madras,
et MARCELLINE, de parents gentils, née à Bengale.

29 octobre.

ENURB (Vincent), né à Namur,
et Suzanne de SOUZA, veuve de Jean Ganhoux, née à Sadras.

8 novembre.

COFFI (Jacob), né à Bréda en Brabant,
et Eve de GRAF, fille de Blandis Regnier de Graf et de Hélène de Rozario, née à Tevenapatam.

18 novembre.

RABOUIN (Bernard), fils de Pierre Rabouin, né à Pondichéry,
et Françoise GONZALVÈS, fille de Jean Gonzalvès et d'Isabelle de Mello, née à Pondichéry.

Décès.

2 janvier.

JEAN FRANÇOIS, fils d'une moce, né le même jour.

14 janvier.

MEILLERO (Antoine), âgé de 3 ans, fils de Damasion Meillero, et de Dominga de Rozario.

15 janvier.

BERNARD (Dorothée), femme de Gérard Gossard.

23 janvier.

CRUCHET (Michelle), née à Mascarin, femme de Monsieur Belman, aide-major de la garnison.

26 janvier.

MONTÉ (Domingo de), né a Paliacat.

29 janvier.

MARTIN (Jean), fils de Domingo Martin et de Madeleine Corrère.

2 février.

SOUZA (Domingo de), âgé de 8 jours, fils de Nicolas de Souza et d'Anna Diaz.

4 février.

FRABELET (François), âgé de 5 ans.

9 février.

RIBEIRA (Rose), fille de père et mère gentils.

22 février.

PETIT (Marguerite),

4 mars.

DORÉ (Mathurin), bosseman, sur le *Jupiter*.

3 avril.

ROLLAND dit SAINT-FRANÇOIS (François), soldat, né à Saint-Eloi, évêché de Cornouailles.

8 avril.

ROMANA, esclave d'un arménien.

10 avril.

D'ABRÉO (Jean), âgé d'environ 24 ans, soldat topa.

11 avril.

LIVEIRA (Jeanne de), âgée de 11 jours, fille de Louis de Liveira.

13 mai.

Silva (Dominica de), fille de Manoël de Silva.

19 mai.

Rozario (Ursula de), veuve de Jean Juiest.

20 mai.

Tarabilhon dit le Basque (Jean), né à Saint-Jean de Luz, canounier.

24 mai.

Liveira (Jeseph de), marié.

24 mai.

Rozario (Jean de), mort dans la rivière d'Ariancoupom.

25 mai.

Barrière (Ignace), née à Mascarin, femme de Robert Leblanc, Irlandais.

26 mai.

Fereira (Catherine), femme de Pedro Caldeiro.

5 juin.

Une fille malabare, âgée d'environ un mois.

9 juin.

Brandar (Julienne), cafresse, veuve d'Antônio Brandar.

23 juin.

Martin dit La Vallée (François), né à Saint-Porcher, évêché de Saintes, soldat.

23 juin.

Bozec (Jacques), âgé de 5 mois, fils de Jean Bozec, charpentier et de Marie Róger.

26 juin.

Maria, fille de père et mère gentils.

27 juin.

Monté (Francisco de), âgé de 2 ans, fils de George de Monté et de Marie de Monté.

28 juin.

Bongré (Edmond), né à Nantes.

1ᵉʳ juillet.

Groux (Rose), âgée de 2 mois 1/2, fille de Jean Groux, canonnier, et de Marie Françoise Amelin.

1ᵉʳ juillet.

La Croix (Dominique), cadet de la garnison.

4 juillet.

Cognet (Jean Baptiste), âgé d'environ 22 ans, né au Bengale, commis au comptoir de Pondichéry.

5 juillet.

Rozario (Marie de), âgée de 12 ans, fille de père et mère gentils.

.. juillet.

Bomack (Jean Brigitte), fille de Guillaume Bomack, soldat, et de Jeanne Leclerc.

10 juillet.

Louise, fille de père et mère gentils.

11 juillet.

Cordier (Agnès Rose), âgée d'environ 2 mois.

16 juillet.

Niet dit La Pierre (Bonaventure), né à Dicé sous-Lude, évêché d'Angers, soldat.

19 juillet.

Estevano (Bertrand), matelot sur le *Saint-Joseph*.

19 juillet.

Fournier (Suzanne), âgée d'environ deux ans.

23 juillet.

Simon (Jeanne), âgée de 12 mois, fille de Simon, soldat.

23 juillet.

Souza (Anna de), veuve de Bastien de Costa.

26 juillet.

Pitte (Pierre), âgé d'environ 7 ans.

29 juin.

Lécouesse (Marianne), âgée d'environ deux mois 1/2.

14 août.

Chevalier (François), né la veille, fils de René Chevalier caporal, et de Denise Martins.

15 août.

Pinson (Louise), âgée d'un an et 4 jours.

15 août.

Le Guillon dit Chateauroux (Jean), né à Laudelo, évêché de Quimper.

22 août.

Burel dit Saint (Clément), né à Carhaix.

26 août.

Boncœur (Jean), soldat.

Suit un acte complètement détruit.

17 septembre.

Ribeiro (Jacques), âgé de 8 jours.

17 septembre.

Jean André, soldat topa.

18 septembre.

Rozario (Antonia de), femme de Jean André, mort la veille.

21 septembre.

Silva (Marie Anne de), âgée de 6 semaines, fille de François Silva et de Sabina Darimida.

23 septembre.

Arène (Ignace), âgé d'environ 16 mois, « il était mort la veille de l'enterrement ».

30 septembre.

Catt (Félix), âgé d'environ 22 ans.

3 octobre.

Bozec (Louise), âgée d'environ un mois.

6 octobre.

Torre (Manuel), âgé d'environ 15 ans.

Suivent deux actes complètement illisibles.

21 octobre.

La femme de Jean Boivin, maître-canonnier.

27 octobre.

Etain (Hélène), née à Beauvoir, évêché de Vannes, femme de Louis Josse.

29 octobre.

Dugnet (Honoré), âgé d'environ 2 ans 1/2.

7 novembre.

Coréa (Domingo), fils de Lazaro Coréa, âgé de 2 ans.

8 novembre.

Launay (Paul), né à Saint-Paul Lainé, près Rennes, soldat.

12 novembre.

Louis, fils d'un esclave.

12 novembre.

Hinaut (Mathurine), née à Saint-Brieuc, veuve de Guillaume Maugé, soldat.

14 novembre.

Amelin dit Bourguignon (Pierre), né à Chablis, soldat.

18 novembre.

... (Espérance), veuve de Sébastien Pimente.

.. novembre.

Un ancien employé de la Compagnie tombé en démence depuis l'année 1698, (nom illisible).

23 novembre.

Porcher des Oulches (Pierre), âgé de 2 ans, fils d'Abraham Porcher des Oulches.

25 novembre.

Louis, âgé d'environ 12 ans, esclave.

26 novembre.

Souza (Jean de), âgé d'un an 1/2.

26 novembre.

Hélène, esclave.

28 novembre.

Chevalier (Brigitte), âgée de 42 jours.

4 décembre.

Gomès (Monique).

9 décembre.

Rapoza (Isabella), âgée d'environ 8 mois.

L'acte suivant a disparu.

17 décembre.

Rozario (Marie de), âgée d'environ 8 mois.

22 décembre.

Pasca, moce, morte en couches.

28 décembre.

Monté (Manoël de), âgé d'environ 50 ans.

ANNÉE 1729.

Naissances (1).

4 janvier.

Fournier (Catherine),
fille d'André Fournier et d'Apolline Rabouin.

7 janvier.

Saint-François (Marie Christine),
fille de Saint-François, soldat, et de Jacquette de Rouslaut.

16 janvier.

Licet (Yves Germain),
fils de Yves Licet et de Jeanne Rosselet.

19 janvier.

Cunha (Casimir de),
fils de Lazaro de Cunha, soldat, et de Dominga de Souza.

20 janvier.

Pereira (Grégoire),
fils de Ignace de Rozario Pereira, soldat, et de Marie Alvès.

3 février.

Guerre (Maurice),
fils de Abraham Guerre et de Marie Brunet.

(1) La plupart des actes de naissances sont dans un état pitoyable. Il est impossible d'en reconstituer une très grande partie. D'autres, deux ou trois cents environ, se réfèrent à des baptêmes d'esclaves d'âges très différents. La plupart de ces actes sont rédigés par groupes et comprennent parfois une douzaine de noms dans le même acte.

10 février.

Bellegarde (Jeanne Agnès de),
fille de Pierre Jacques de Bellegarde, conseiller, né à Rennes, et de Jeanne Joquin.

15 février.

Lille (Pierre de),
fils de Antoine de Lille (né à Brest), maître sur le vaisseau le *Diligent* et de Julienne Le Bren.

17 février.

Julienne,
fille d'Isabelle, esclave.

20 février.

Cotinha (Louise),
fille de Pierre Cotinha et de Marie Fernandez.

22 février.

Ligondes (Marie Anne),
fille de Gabriel Ligondes et de Thomasia de Quintual.

24 février.

Souza (Antonia de),
fille de André de Souza et de Christina Pimenta.

25 février.

Cruz (Marie de),
fille de Francisco de Cruz et de Marie de Torré.

27 février.

Lopès (Pédro),
fils de Pédro Lopès et de Anne de Rozario.

28 février.

Françoise,
fille d'Antoine et de Anne esclaves.

3 mars.

Royer (Charles),
fils de Domingo Royer, caporal, et de Anne Françoise Cadot.

14 mars.

Feré (Marianne),
fille de Jean Feré, maître matelot sur l'*Indien* et de Julienne Fichet.

15 mars.

Souza (Emmanuel de),
fils de Nicolas de Souza et de Anne Diaz.

6 avril.

Fereira (Nicolas),
fils de Thomé Fereira et de Maria Landrine.

8 avril.

Menez (François Manoël),
fils de François Menez et de Valence Barneuf.

.. avril.

Rozario (Louis),
fils de Manoël de Rozario et de Ursule.

14 avril.

Mareka (Jeanne),
fille de Manoël Mareka et de Eléonore Sorville.

16 avril.

Canhan (Pierre Germain).

20 avril.

Rodriguez (Marie),
fille de ...... Rodriguez et de Monique Fereira.

Les 5 ou 6 actes suivants ne peuvent être reconstitués.

15 mai.

Lima (Michel de),
fils de Antonio de Lima et de Maria de Rozario.

23 mai.

Ferreira (Ursule),
fille de Francisco Ferreira, soldat, et de Nathalie Alvarès.

25 mai.

Rozario (François-Xavier de),
fils de Jean de Rozario.

6 juin.

... (Marie),
fille de Mouttou, topa, et d'Anna.

6 juin.

Brunet (Marguerite),
fille de Claude Brunet et de Marie Monique.

6 juin.

Marie,
fille légitime de Manuel et d'Anne.

18 juin.

Suivent deux actes de baptême de deux enfants de Nicolas-Olivier Le Faucheur, tous deux nés à Mazulipatam, le premier Nicolas André Hyacinthe, le 18 juin 1725 et la seconde Marie Julie Adelaïde, le 19 décembre 1727.

20 juin.

Rozario (Jean Antoine de),
fils de Jean de Rozario et de Maria Rodriguez.

21 juin.

Cartier (Louise),
fille de François Cartier et de Marie-Anne Parlot.

26 juin.

Elias (Catherine),
fille de Isaac Elias, arménien, chevalier de l'Epéron d'or, et de Agnès de Quenetin.

1er juillet.

Ostralle (Antoinette),
fille de Armand Ostralle, chef de Biblipatam, et de Marie-Joseph Rotmond.

Parrain et marraine : M. Christophe Lenoir (né à Vendôme), gouverneur de Pondichéry et Mme Mollandin.

1er juillet.

Cemédio (Francisca),
fille de Paulo Cemédio et de de Maria de Rozario.

5 juillet.

Leridé (Joseph Antoine),
fils de Nicolas Leridé dit Lafontaine et de Marie Martin.

9 juillet.

Alvès (Charles),
fils de Jean Alvès et de Louise de Rozario.

13 juillet.

Baudet (Joseph),
fils de Jacob Baudet et de Archangella de Concillia.

15 juillet.

PASSAGNE (Isabelle),
fille de Louis Passagne et de Marie Julie La Viollette.

19 juillet.

LEGOU (Petronille),
fille de M. Alexandre Legou et de Marie Audibert dit Bouteville.

23 juillet.

DOMINGA,
fille d'une esclave.

27 juillet.

FEREIRA (Monique),
fille de Pascale Fereira, esclave.

28 juillet.

LENOIR (Anne Marie),
fille de Jacques Lenoir, chirurgien, né à Surate, et de Jeanne Ordel.

5 août.

MARIE JEANNE,
fille d'Hélène, esclave.

18 août.

BRUMAN (Pierre),
fils de Pierre Jean Bruman, né à Rotterdam, et d'Ignacia Gossard.
Parrain: Abraham Guerre, directeur de l'hôpital.

26 août.

MARIÉ DE VAUCOURT (Louise),
fille de Charles Marc Antoine Marié de Vaucourt.

31 août.

ALMEIDA (François d'),
fils de Pedro d'Almeida et de Clara de Silva.

31 août.

ANTOINE,
fils d'un esclave (1).

---

(1) Ici commence un nouveau registre original de naissances de 24 feuillets, allant de cette date jusqu'au 2 mars 1731. Il y a jusqu'à la fin de l'année un très grand nombre d'actes de baptêmes d'esclaves.

2 septembre.

RABOIN (Jean Zacharie),
fils de Bernard Raboin et de Françoise Gonzalgue.

4 septembre.

LE COUESSE (Louis),
fils de Louis Le Couesse, canonnier, et de Françoise Le Beau.

5 septembre.

TUNIS (Rosa),
fille de Antonio Tunis, métis allemand, née à Goudelour.

5 septembre.

ROZARIO (Thomasia de),
fille de Antonio de Rozario et de Maria.

7 septembre.

PASCAL (Marie-Géneviève),
fille de Barthélemy Pascal.

8 septembre.

BOUDEVILLE (Lucie de),
fille de Pierre de Boudeville et de Brigitte de Rozario.

10 septembre.

FERREIRA (Francisca),
fille de Marie Ferreira.

10 septembre.

HÉMONNEAU (Jean Baptiste),
fils de Jean Baptiste Hémonneau et de Isabelle Hémonneau.

18 septembre.

IGNACIA,
fille d'une esclave.

21 septembre.

HEMAULT (Jean),
fils de Jacques Hemault et de Marie Gonzalvès.

22 septembre.

LE GALLOU (Thomasie),
fille de René Le Gallou et de Marie Ligondès.

28 septembre.

Antoine,
fils de Françoise.

30 septembre.

Raposo (Lucie),
fille de Manuel Raposo et de Marie Xavier.

1er octobre.

Cortet (Mathieu),
fils de Hervé Cortet et de Françoise de Souza.

1er octobre.

Martin (Marie),
fille de Domingo Martin et de Madeleine Corréa.

2 octobre.

Cordier (Marie-Françoise),
fils de M. Cordier, capitaine des troupes, et de Agnès Cognet.

7 octobre.

Coulet (Francisco),
fils de Pierre Coulet, malabar, et de Madeleine ...

8 octobre.

Ribeiro (Manuel),
fils d'Hiéronimo Ribeiro et d'Anna de Monté.

8 octobre.

Pero (Rosalie),
fils de Jean Pero et de Cécilia Siqueira.

20 octobre.

Diaz (.......),
fils de Antonio Diaz et de Ignacia de Souza.

26 octobre.

Liveira (Marie de),
fille de Louis de Liveira et de Madeleine de Monté.

8 novembre.

Souza (Guillaume de),
fils de Jérome de Souza et de Marie Pignéra.

9 novembre.

Février (Pierre Jean Antoine),
fils de Antoine Février, médecin du nabab Bacan-Alican et de Thérèse Allègre.

14 novembre.

Mayé (André de),
fils de Joseph de Mayé, cafre, et Francisca de Rozario.

16 novembre.

Souza (Guillaume de),
fils de Hiéronimo de Souza et de Maria Pinheira.

29 novembre.

Rozario (François de),
fils de Antonio de Rozario et de Lucia de Rozario.

2 décembre.

Cordeiro (Ursule),
fille de Louis Cordeiro et de Francisca de Souza.

4 décembre.

Alvès (Dominique),
fils de Dominique Alvès et de Dominique Pimenta.

6 décembre.

Thomasia,
fille de Henri, cafre, et de Maria Alvès.

7 décembre.

D'Cruz (Joseph),
fils de Jean D'Cruz et de Gratia Pereira.

11 décembre.

Rozario (Catherine),
fille de Mathieu de Rozario et de Louisa Madeira.

18 décembre.

Antonia (Gomès),
fille de Joseph Gomès et de Anne de Mello.

20 décembre.

Duquenel (Jacques Simon),
fils de Jean Duquenel et de Anne de la Feuillade.

23 décembre.

Genis (Thomas),
fils de Jean Genis et de Jeanne de Souza.

26 décembre.

HILAIRE (Marie Catherine),
fille de Jean Hilaire, née à Pleudieu, évêché de Dol, maître de port, et de Elizabeth Peraira.

28 décembre.

JAMME (Anne),
fille de Charles Jamme, caporal des troupes et d'Apolline Gravier.

30 décembre.

FOURNIER (Julie),
fille de Fournier, sergent, et d'Apolline Rabouin.

30 décembre.

SIQUEIRA (Emmanuel),
fils de Pascal Siqueira et de Dominga Adolfe.

31 décembre.

CHARLES QUINT (Joseph),
fils de Marie Aubert, veuve de Charles Quint.

Mariages.

17 janvier.

FILLIEUX (Louis Robert), né à Paris,
et Anne BEAUREGARD, fille de Yvon Beauregard et de Elisabeth Rodriguez, née à Pondichéry.

21 janvier.

GOMEZ (Joseph), né à Surate,
et Anne de MELLO, fils de Guillaume de Mello et de Natalie de MONTÉ, né à Pondichéry.

21 ...

PILAVOINE (Maurice), fils de Louis Etienne Pilavoine,
et Marie Anne MOREL, fille de Etienne Morel.

Ont signé l'acte: LENOIR, DUMAS, MOLLANDIN, Maurice PILAVOINE, Marie MOREL.

La moitié de l'acte suivant a disparu.

9 mai.

OTTON (Hylario), né à Christianstadt,
et Julienne de SOUZA, née à Porto Novo.

22 mai.

Rozario (Francisco de),
et Maria de Souza, née à Négapatam.

20 juin.

Sylva (Lucas de), fils de père gentil, né à Calicut,
et Christine de Rozario, née à Tranquebar.

27 juin.

Fernandez (Manoel), né à Dacca,
et Monique ...... fille de père et mère gentils.

29 août.

Ribeiro (Francisco), fils de Matheus Pereira et de Maria Ribeiro, né à Pondichéry,
et Paula de Monte, fille de Salvador Manoël et de Dominga de Monte, née à Pondichéry.

22 septembre.

Monte (Pedro de), fils de père gentil et de mère chrétienne, né à Tevenapatam,
et Antonia de Rozario, fille de père et mère gentils.

3 octobre.

Siqueira (Manoel), fils de Louis Siqueira et de Marie de Rozario, né à Pondichéry,
et Dominga Adolf, fille de Laurent Adolf et de Marguerite de Canha, née à Pondichéry.

17 octobre.

Fernandez (Etienne), né à Diu,
et Madeleine Armelin, née à Surate, fille de père et mère gentils.

3 novembre.

Volton (Joseph de), fils de Louis de Volton et de Marie Gabrielle Joly, né à Saint-Amand, baillage de Bar le Duc,
et Jeanne Tarabillon, fille de Jean Tarabillon et de Marie Françoise, née à Pondichéry.

Décès.

8 janvier

JULIENNE, âgée d'environ 2 mois, fille d'une esclave.

8 janvier.

PEDRO, esclave.

13 janvier.

ANDRÉ, esclave.

26 janvier.

CATHERINE, âgée d'environ 3 ans, fille de Maria veuve de Robin.

27 janvier.

CLAUDE dit PADEIRO, âgé de 55 ans, ancien soldat.

28 janvier.

JEAN PIERRE dit LYONNAIS, né à Lyon, soldat.

.. janvier.

MONTÉ (...), enfant.

30 janvier.

MOÇO (Alexandre), âgé de 23 jours.

31 janvier.

MONTÉ (Maria de), veuve de Guillaume de Souza.

1er février.

ROZARIO (Zacharie), âgé d'environ 20 ans.

2 février.

LEKERNEC dit SAINT-ANGE (Jean), né à Quimper.

3 février.

CURTO (François), âgé de 3 mois, fils d'Antonio Curto et de Anna de Rozario.

10 février.

CRUZ (Louisa de), âgée d'environ un an.

24 février.

ANTONIA, esclave de la Compagnie.

2 mars.

Gomes (Isabelle), âgée d'environ 7 ans.

2 mars.

Passanha (François), soldat.

2 mars.

Beuret (Charles), âgé d'environ 55 ans, né à Morlaix.

3 mars.

Canha (Silva), pauvre femme.

4 mars.

Constancia, pauvre femme jadis esclave, libérée par la mort de son maître.

10 mars.

Une petite fille d'environ 2 ans, nommée Jeanne, esclave.

11 mars.

Houze (Marie Anne), âgée d'environ 10 mois.

12 mars.

Rozario (Apollonie de), âgée d'environ 6 ans.

12 mars.

Ambroise, âgé d'environ 11 ans, esclave de la Compagnie.
Les deux actes qui suivent ne peuvent être reconstitués.

23 mars.

Cotinho (Raphael), soldat topa.

27 mars.

Diaz (Nicolas), âgé de 6 mois.

28 mars.

Ollivier (Nicolas), né à Paris, soldat.

30 mars.

Pierre, âgé d'environ 6 mois, esclave.
L'acte suivant ne peut être reconstitué.

8 avril.

Lagarta (Jeanne), veuve de François Lagarta.

8 avril.

Rozario (André de), âgé d'environ 6 ans.

12 avril.

Villeneuve (Pierre), sergent.

15 avril.

Monte (Françoise de), âgée d'environ 3 ans.

16 avril.

Legrand (Henri), cafre, né à la côte de Guinée, soldat.

16 avril.

Viollette (Georges), né à Dunkerque.

18 avril.

Bellegarde (Louis de), fils de feu M. de Bellegarde, conseiller au Conseil supérieur.

22 avril.

Belman (Louis Alexandre), âgé d'environ 15 mois.

1er mai.

Le Garne dit Dumoulin (Guillaume), soldat, né à Arzanam, évêché de Vannes.

1er mai.

Pereira (Martha), âgée de 12 ans et 8 mois.

.. mai.

Cruz (François de), âgé de 4 mois, fils d'Antoine de Cruz, enterré dans le nouveau cimetière du Fort Louis.

17 mai.

Dominga, esclave.

17 mai.

Monte (Francisca de), âgée d'environ un an.

31 mai.

Rozario (Paulo de), âgé d'un an, fils de Francisca de Rozario.

1ᵉʳ juin.

Pitte (Marianne), âgée d'environ 18 mois.

4 juin.

Rozario (Thomé de), âgé d'un an.

19 juin.

Jean, esclave.

26 juin.

Rozario (Jean Antoine), âgé de six jours.

1ᵉʳ juillet.

Anne, femme de Pierre de Rozario.

5 juillet.

Marie, âgée de 3 mois, esclave.

7 juillet.

Joannet (Thérèse), âgée d'environ 6 mois.

8 juillet.

Ribeiro (André), ...

10 juillet.

Roger (François).

15 juillet.

Rozario (François de), enfant.

.. juillet.

Rozario (Dominga de),
Les deux actes suivants ne peuvent être reconstitués.

17 juillet.

Jean Baptiste, cafre, âgé d'environ 50 ans.

22 juillet.

Cartier (Robert), fils de François Cartier, soldat, né à Paris et de Marie Parlot.

24 juillet.

Balthazar, esclave, âgé d'environ 9 ans.

28 juillet.

Siqueira (Maria),
Les 3 actes suivants ne peuvent être reconstitués.

3 août.

Antonio, âgé de 12 ans, esclave.

6 août.

Silva (Marie de), veuve de Domingo Diaz.

11 août.

Françoise, âgée d'environ 3 ans, esclave.

14 août.

Souza (Manoël de), fils de Nicolas de Souza et de Anna Diaz.

26 août.

Vaucourt (Louise de), née la veille.

27 août.

Lopès (Pierre), âgé d'environ un an.

28 août.

Licet (Marie).

28 août.

Conan (Marie de), née à Londres, femme de Charles Marc Antoine Le Marié de Vaucourt, né à Dunkerque, lieutenant de la garnison.

28 août.

Gomès (Jean), âgé d'environ 5 ans.

4 septembre. (1)

Le Couesse, né le même jour.

7 septembre.

Royer dit La Tendresse (Pierre), soldat né à Vitré.

8 septembre.

Mallard dit Saint-Julien (Julien), né à Pontorson, tambour.

---

(1) A cette date commence un nouveau registre original contenant 189 actes et se terminant le 25 février 1731 en tout 15 feuillets.

12 septembre.

Marequa (Jeanne), âgée d'environ 30 ans, veuve.

14 septembre.

Sebastien, âgé d'environ 10 ans, esclave.

15 septembre.

Costa (Francisca de), âgée de trois mois.

19 septembre.

Dabreo (Lucia), veuve, âgée d'environ 50 ans.

20 septembre.

Guerre (Agnès), âgée de 20 mois.

23 septembre.

Canhan (Marie Monique), âgée de 2 ans.

24 septembre.

Rozario (Thomasia de), âgée de 23 jours.

24 septembre.

Marco (Adrien de), âgé d'environ 9 mois.

24 septembre.

Monte (Thomé de).

27 septembre.

Onillon (Marie Anne), âgée d'environ 15 mois.

30 septembre.

Jean, âgé d'environ 2 ans, esclave.

30 septembre.

Jeanne, âgée d'environ 15 ans, esclave.

2 octobre.

Souza (Marie de), veuve.

2 octobre.

Francisca, âgée d'environ 8 ans, esclave.

8 octobre.

Rose, âgée d'environ 8 ans, esclave.

14 octobre.

Monique, âgé de 2 mois, esclave.

27 octobre.

Raboin (Jean), âgé de 2 mois.

2 novembre.

Leclere dit Piedferme (François), né à Breil, évêché de Beauvais, soldat.

2 novembre.

Ursule, âgée d'environ 2 ans, esclave.

5 novembre.

Raposo (Lucie), âgée de neuf jours.

6 novembre.

Thomasia, âgée d'environ 4 mois, esclave.

8 novembre.

Bozec (Catherine), née la veille.

9 novembre.

Rozario (Antonio de), âgé de 6 jours.

13 novembre.

Madeleine, âgée d'environ 12 ans, esclave.

17 novembre.

Jean, âgé d'environ 3 ans, esclave.

22 novembre.

Alexandre, esclave.

25 novembre.

Rozario (Philippe de), âgé d'environ 30 ans.

26 novembre.

Rochas (Joseph de), né à Porto (Portugal), soldat de la garnison.

29 novembre.

Cruz (Francisca de), âgée de 6 ans.

30 novembre.

Francisca, âgée d'environ 3 ans, esclave.

1er décembre.

Rozario (Maria de), veuve.

1er décembre.

Gonzalvès (Francisco), âgé d'environ 40 ans.

2 décembre.

Cunha (Thomasia de), âgée de 60 ans.

2 décembre.

Fonseque (Pedro), soldat.

2 décembre.

Raboin (Marie), femme de Lahaye, âgée d'environ 40 ans.

2 décembre.

Rozario (Alexandre de), pauvre mendiant, âgé de 40 ans.

5 décembre.

Praia (Isabelle de), âgée d'environ 30 ans.

7 décembre.

Saint-Hiagno (......), pauvre mendiant.

8 décembre.

Cordeiro (Sébastien).

8 décembre.

Rozario (Anna de).

9 décembre.

Almeida (Mathieu d'), né à Paliacate.

10 décembre.

Francisca, âgée de 12 ans.

12 décembre.

Pedro, âgé de 12 ans.

12 décembre.

Rozario (Catherine de), âgée de 5 ans.

13 décembre.

Rozario (Pierre de).

13 décembre.

Rodrigues (Benoît).

13 décembre.

Dor (Jean Baptiste), âgé d'environ 19 ans.

15 décembre.

Rozario (Lucie de), âgée de 40 ans.

16 décembre.

Thérèsa, esclave de M. Dupleix, âgée de 25 ans.

18 décembre.

François, esclave.

18 décembre.

Sébastien, ancien soldat.

18 décembre.

Gracia, esclave.

19 décembre.

Lima (Lucie de), âgée d'environ 5 mois.

19 décembre.

Rozario (Gibèle de), veuve.

20 décembre.

Anna, esclave, âgée de 35 ans.

21 décembre.

Pinçon (Agnès), fille de Jean Pinçon, tambour.

21 décembre.

Monté (Anna de).

21 décembre.

Espérance, esclave.

21 décembre.

Marie, pauvre aveugle.

21 décembre.

Legrand (Thomasie), âgé de 10 jours.

25 décembre.

Charel dit Divertissant (François), soldat.

27 décembre.

Marguerite, esclave.

28 décembre.

Francisco, esclave.

30 décembre.

Durocher dit Trop-Court (Jérome), né à Nantes, soldat.

ANNÉE 1730.

Naissances.

1ᵉʳ janvier.

Souza (Gabriel de),
fils de André de Souza et de Marguerite de Monté.

1ᵉʳ janvier.

Verduc (Antonia),
fille de Joseph Verduc et d'Anne de Mello.

6 janvier.

Le Brient (Jean),
fils de Vincent Le Brient, né à Namur, et de Jeanne de Souza.

13 janvier.

Lizarda (Marguerite),
fille de Françoise Lizarda, esclave.

19 janvier.

Aunillon (Hervé),
fils de André Aunillon et de Françoise Lélan.

21 janvier.

Passanha (Antonio),
fils de Thomé Passanha et de Jeanne de Costa.

3 février.

Rozario (François de),
fils de Manoël de Rozario et d'Elisabeth d'Andrade.

5 février.

Britto (Jean de),
fils de Marcellin de Britto et de Marguerite de Rozario.

9 février.

VINCENS (Catherine Eléonore),
fille de Jacques Vincens, conseiller, et de Jeanne Albert.

11 février.

HOUZÉ (Jacques Maurice),
fils de Jacques Houzé, maître d'artillerie, et de Charlotte Françoise Morel.

17 février.

LA BAUME (Charlotte de),
fille de Nicolas François Mérigon de la Baume et de Marie Nicole Dupré.

26 février.

CABOT (François Nicolas),
fils de Nicolas Cabot, soldat, et de Thérèse Baptiste.

4 mars.

ROZARIO (Francisque),
fils de Jean de Rozario et de Marcellina Aragan.

4 mars.

MOÇO (Jean),
fils de André Moço et de Thérésia de Costa.

14 mars.

ROZARIO (Dominga de),
fille de André de Rozario et de Joanna de Rozario.

19 mars.

PASCALA,
fille de Thomé et de Jeanne.

23 mars.

SOUZA (Gabriel de),
fils de Francisco de Souza et de Antonia Rozario.

11 avril.

GUERRE (Marie Anne),
fille de Abraham Guerre, commis à l'hôpital, et de Marie Brunet.

16 avril.

RODRIGUES (François),
fils de Christophe Rodrigues et de Isabelle Pereira.

23 avril.

Rozario (Marie de),
fille de Francisco de Rozario et de Bastianne de Souza.

20 mai.

Chevalier (Jacques Antoine),
fils de Antoine Chevalier, né à Nancy, et de Dominique de Rozario.

20 mai.

Saint-François (Barthélemy André),
fils de Saint-François, soldat, et de Jacquette Bonnet.

28 mai.

Gravier (Yvon),
fils de Gilles Gravier, soldat, et de Rose de Monté.

14 juin.

Dignet (François),
fils de Jean Baptiste Dignet, caporal, et de Marie ...

17 juin.

Rozario (Joseph),
fils de Manoël de Rozario et de Jeanne de Rhadi.

1er juillet.

Guerin (Marie),
fille de Etienne Guérin dit Saint-Medard, soldat, et de Dorothée Gagnou.

2 juillet.

Ribeiro (Marie),
fille de Francisque Ribeiro, soldat, et de Paule de Monté.

3 juillet.

Pereira (Jeanne),
fille de Simon Pereira et de Marie de Faria.

8 juillet.

Rozario (Marie),
fille de Jean de Rozario et de Florentine d'Almeida.

10 juillet.

Ribeiro (André),
fils de Jean Ribeiro et de Francisca Fereira.

17 juillet.

CHRISTINE,
fille d'une esclave de M. de Bury.

20 juillet.

ROZARIO (Pedro de),
fils de Pedro de Rozario et de Marie de Rozario.

14 août.

DEBRY (Sebastien),
fils de Jean Debry et de Dominga de Souza.

5 septembre.

ABREO (Antonio),
fils d'Antonio Abreo et de Dominga.

14 septembre.

PORCHER DES OULCHES (Pierre Joseph),
fils de Abraham Pierre Porcher des Oulches, sous-marchand de la Compagnie, et de Nicole Géneviève.

15 septembre.

DIAZ (Ignacia),
fille de Laurenço Diaz et de Gracia de Monté.

23 septembre.

GROU (Jean Baptiste),
fils de Jean Grou, canonnier, et de Marie Amelin.

23 septembre.

MARINIER (Nicolas),
fils de Ferrand Marinier et de Rose de Rozario.

23 septembre.

NÉRON (Pierre),
fils de Michel Néron et de Louise Barnou.

28 septembre.

FRANÇOIS,
fils d'une esclave.

29 septembre.

COSTA (François de),
fils de Sylvano de Costa et de Francisca Costa.

1er octobre.

M... (Béatrix),
fille de Leonard de M... et d'Apolline Siqueira.

2 octobre.

Descoublanc (Marie Brigitte),
fille de François Descoublanc, écuyer, sieur de Gilant, aide-major de la garnison, et de Madeleine Roy.

5 octobre.

Elias (Jacques Joseph),
fils de Isaac Elias et d'Agnès de Souza de Calaris, née à Tranquebar.

19 octobre.

Rozario (Elisabeth de),
fille de Jeanne de Rozario.

19 octobre.

Dulaurens (Marie Françoise),
fille de Jacques Dulaurens et de Marie Galliot de La Touche (1).

21 octobre.

Monté (Laurent de),
fils de Joseph de Monté et de Madeleine de Monté.

24 octobre.

Grafetin (Jacques),
fils de Barthélemy Grafetin, libraire, et de Fabienne.

26 octobre.

Canha (Elisabeth),
fille de Lazare de Canha, maître d'école, et de Dominga....

27 octobre.

Rozario (Antoine),
fils d'Abraham de Rozario et de Francisca de Rozario.

29 octobre.

Cruz (Louise de),
fille de Jean de Cruz et de Rose Cotinha.

---

(1) Par arrêt du Conseil supérieur du 24 octobre 1758, le nom de Baleine a été mis devant celui de Dulaurens comme principal nom de famille.

31 octobre.

Rapozo (Francisca),
fille de Manuel Rapozo et de Maria Xavier.

6 novembre.

Carlier (André Charles),
fils de François Carlier, soldat, et de Marianne Parlot.

7 novembre.

Bury (Rose de),
fille de M. de Bury, capitaine, et de Isabelle Cosson de la Lande.

7 novembre.

Fournier (François),
fils de André Fournier, sergent, et de Appoline Rabouin.

12 novembre.

Royer (Barthélemy),
fils de Dominique Royer, caporal, et de Françoise Cadeau.

12 novembre.

Copenhague (André),
fils de Jean Pierre Copenhague, maître-canonnier, et de Françoise de Rozario.

26 novembre.

Rozario (Pedro),
fils de Xavier de Rozario et de Maria de Rozario.

2 décembre.

Alvès (Francisco),
fils de Antonio Alvès et de Marie.

10 décembre.

Nicolas,
fils d'un esclave.

15 décembre.

Francisca,
fille d'une esclave.

24 décembre.

Le Ridé (Nicolas),
fils de Nicolas Le Ridé dit La Fontaine et de Marianne Martin.

Mariages.

16 janvier.

Lachesnaye (Michel), né en Anjou,
et Louise Ficher, née à Pondichéry.

6 février.

Marécos (Nicolas), fils de père et mère gentils, né à Calcutta,
et Joanna de Rozario, fille de père et mère gentils, née à Chandernagor.

15 février.

Pascal et Paula, esclaves de la Compagnie.

15 février.

Manuel et Lucie, parias, esclaves de la Compagnie.

16 février.

Adrien et Thérèse, esclaves de la Compagnie.

16 février.

Balthasar et Suzanne, esclaves de la Compagnie.

19 avril.

Lecoor (Pierre Jules), soldat, né en Bretagne,
et Maria Lesquier, née à Pondichéry.

9 mai.

Costa (Pedro de), fils de père et mère gentils,
et Francisca de Rozario, fille de père et mère gentils.

5 juin.

Rozario (Paulo de), fils de parents gentils, né à Alamparvé,
et Francisca de Costa, née à Pondichéry.

12 juin.

Thomassin (Louis), né à Saint-Menehould,
et Catherine Leroux, née à Pondichéry.

26 juin.

Samson (Antonia), né à Paliacat,
et Francisca Suarès, née à Pondichéry.

3 juillet.

Paran (Marc), né à Panruti,
et Françoise Gomès, née à Tirvattur.

26 juillet.

Galumet (Pierre), né à Marnes, archevêché de Paris,
et Madeleine Cadot, née à Pondichéry.

2 août.

Suarès (Philippe),
et Ursule Ribeira.

16 août.

Rozario (Balthazar de), né à Pondichéry,
et Francisca Payva, née à Madras.

17 août.

Monte (Domingo de), soldat de la garnison anglaise de Goudelour,
et Floriana de Monte, née à Madras.

1ᵉʳ septembre.

Cruz (Francisco d'), soldat,
et Francisca...

2 octobre.

Navier (Jean Martin), né à Paris,
et Elisabeth Pereira, née à Pondichéry.

10 octobre.

Christien (Jean), soldat de la garnison anglaise de Tevenapatam,
et Maria Alvès.

16 octobre.

Crolier (Thiers), né à Carquefou, évêché de Nantes,
et Françoise Fournier, née à Pondichéry.

24 octobre.

Desjardins (Mathieu), officier de vaisseau de la Compagnie, né à Lorient,
et Laurence Cosson de Lalande, née à Pondichéry.

Ont signé l'acte : G. Desjardins, Lenoir, Vincens, Dupleix, De Bury, Albert Vincens, Albert Aumont, Mahé de la Bourdonnais, De la Farelle, Bunel, Duguermer, Dulaurens.

7 novembre.

Bautiste (Pierre), né à Madras,
et Marta de Rozario, née à Pondichéry.

2 décembre.

Lopès (Pedro), né à Sadras,
et Ignacia de Rozario, née à Négapatam.

Décès.

1er janvier.

Marguerite, esclave.

4 janvier.

Rozario (Anne), femme de Pedro de Costa.

5 janvier.

Ursule, âgée d'environ 3 ans, fille d'Anne.

5 janvier.

Conquet (Pierre), matelot du *Saint-Joseph*.

6 janvier.

Fournier (Catherine), âgée d'un an.

6 janvier.

Le Bien dit Francœur (Jacques), né à Quimperlé.

6 janvier.

Almeida (Marianna d'), âgée de 40 ans.

9 janvier.

Le Brun (Guillaume), né à Carhaïx.

13 janvier.

Maria, âgée d'environ 30 ans, esclave.

15 janvier.

Jeanne, pauvre aveugle.

16 janvier.

Jeanne, âgée d'environ 4 ans, esclave.

17 janvier.

Lionnais (Mathurin), contre-maître sur le vaisseau la *Danaë*.

18 janvier.

Rozario (Francisca de), veuve de Thomé Courto, âgée d'environ 40 ans.

19 janvier.

Gouger (Honoré), né à Lorient, âgé d'environ 11 ans, mousse sur la *Danaë*.

22 janvier.

Rozario (Manuel de), âgé d'environ 2 ans.

22 janvier.

Lesage (Thomas), matelot de la *Danaë*.

26 janvier.

Rozario (Francisco), âgé d'environ 15 ans.

26 janvier.

Rozario (Anna de), âgée de 50 ans.

5 février.

Criada (Anne), femme de Gaspard Gay.

6 février.

Losquin (Mathieu), officier sur le *Duc de Chartres*.

7 février.

Darrio (Francisca), âgée d'environ 7 ans.

11 février.

Rozario (Anna de).

11 février.

Rozario (Francisco), marié.

11 février.

Almeida (Marie d'), femme d'Antoine Samson.

17 février.

Antonio, âgé d'environ 4 mois, fils d'une esclave.

20 février.

Monté (Maria de), âgée d'environ 70 ans.

21 février.

Rodrigue (Petronille), veuve de Lavergne, âgée d'environ 60 ans.

24 février.

Barette (Francisco), né à Golconde, soldat.

26 février.

Cardeiro (Gracia de), veuve.

26 février.

Cruz (Maria d'), veuve.

26 février.

Marchez (Thomas), matelot de la *Danaé*.

5 mars.

Mathieu, âgé de 7 ans, fils de Marie.

5 mars.

André dit Clisson, soldat, né à Landevan, diocèse de Vannes.

9 mars.

Trelot dit La Rose (Yvon), né à Pontivy, soldat.

9 mars.

Chenel dit Rouen, né à Rouen, soldat.

23 mars.

Thomé, âgé de 3 mois, fils de Jeanne.

26 mars.

Fonséca (Dorothée), âgée de 55 ans, veuve de Domique de Silva.

26 mars.

Rozario (Dominique), âgé d'environ 50 ans.

31 mars.

Passagne (Anne), âgée d'environ 10 ans, esclave.

31 mars.

Francisco, âgé d'environ 3 mois, fils d'Hervé et de Marie.

4 avril.

Fristel dit La Girofle (Pierre).

11 avril.

Madré de Dios (Francisca de), âgée de 6 ans, fille d'Antonio de Madré de Dios et de Maria de Monté.

19 avril.

Barette (Jeanne), âgée d'environ 2 ans, fille de Jacob Barette et de Francisca de Silva.

24 avril.

Anne, âgée d'environ 60 ans.

28 avril.

Hemoneau (Jean-Baptiste François), âgé de 8 mois.

1er mai.

Maria, âgée de 4 jours, fille d'une esclave.

1er mai.

Alvès (Carlo), âgé d'environ 10 mois.

8 mai.

Holhomme (Joseph),

15 mai.

Anne, âgée d'environ 40 ans, femme de Pédro de Monté.

17 mai.

Lima (Catherine de), âgée d'environ 1 an.

18 mai.

Bellegarde (Jeanne de), âgée d'environ 2 ans.

21 mai.

Antoine, soldat topa.

22 mai.

Arvaux (Jean), âgé de 8 mois.

22 mai.

Pédro, âgé d'environ 5 ans, esclave.

22 mai.

Passin (Antoine), âgé de 4 ans.

2 juin.

Francisque, âgé de 5 ans.

5 juin.

Jean, âgé de 2 ans, esclave.

6 juin.

Passagne (Suzanne), âgée d'environ un an.

7 juin.

Rozario (Pascal), âgé d'environ 70 ans.

8 juin.

Siqueira (Emmanuel), âgé de 5 mois.

10 juin.

Domingue (Paul), âgé de 2 ans 1/2.

14 juin.

Godart (Félix), âgé d'environ 14 ans, fils de Luc Godart.

14 juin.

Cruz (Anne de), âgée de 23 ans, femme de Antoine de Cruz.

15 juin.

Delarche (Henri), né à Paris, capitaine de la garnison.

21 juin.

André (Pedro), âgé de 2 ans.

22 juin.

Francisque, âgé de 4 ans, esclave.

27 juin.

Hyacintha, âgée d'environ 10 ans, esclave.

27 juin.

Gueno dit Lassalle (Pierre), soldat, né à Essard, diocèse de Luçon.

1er juillet.

Ignacia, âgée de 9 ans, esclave.

4 juillet.

Hemoneau (Mariane), femme de Jacques Leconte.

6 juillet.

Cruz (Marie de), femme de Francisco de Cruz, soldat.

9 juillet.

Lorenço, âgé de 9 ans, esclave.

10 juillet.

Ohier dit l'Ermite (Nicolas), soldat, né à Abbeville.

11 juillet.

Paul dit Rochefort (Claude), sergent, né à Muzillac, évêché de Vannes.

18 juillet.

Ribeiro (André), âgé de 8 jours, fils de Jean Ribeiro, soldat.

25 juillet.

Hodolfe dit Rapelor (Laurent), soldat, né à Hambourg.

28 juillet.

Monte (Clara de), âgée d'environ 40 ans.

29 juillet.

Liveira (Marie de), âgée de 6 ans, fille de Louis de Liveira.

29 juillet.

Carle (Antoine), âgé d'environ 25 ans, soldat topa.

30 juillet.

Rozario (Marie de), âgée d'environ 50 ans, veuve.

30 juillet.

Gaillot dit Bellefontaine (Joseph), âgé d'environ 22 ans, soldat, né à Vannes.

30 juillet.

Legou (Christine), âgée d'environ 10 ans.

12 août.

Gagnou (Pierre), âgé d'environ 4 ans, fils de feu Jean Gagnou.

12 août.

Du Sauzé (Louis), capitaine d'un brigantin appartenant à M. de Labourdonnais.

L'acte est signé de Mahé de Labourdonnais et du Chevalier de Marigny.

16 août.

Gouro de Pomerie, dit Laguerche (Joseph), soldat, né à Saint-Sixte, évêché de Vannes.

27 août.

Cecile, âgée de 30 ans, veuve topa.

5 septembre.

Lefray (Louis), né à Cherbourg, second maître du *Duc de Chartres*.

7 septembre.

Chevalier (Jacques Antoine), âgé d'environ 4 ans.

7 septembre.

Gouro (Julien Anne), soldat, né dans l'évêché de Vannes.

14 septembre.

Antonia, âgée d'environ 7 ans, esclave.

18 septembre.

Lucie, âgée de 6 ans, esclave.

24 septembre.

Jacques, âgé de 20 ans, soldat topa.

6 octobre.

Brouqueman (Pitre Jean), âgé de 39 ans, aide-canonnier, né à Rotterdam.

6 octobre.

Roy (Madeleine), née à Rochefort, femme de Descoublanc, aide-major des troupes.

13 octobre.

Morare (Victoria), âgée d'environ 45 ans.

1er novembre.

Couzier (François de), âgé de 43 ans, né à Berville, évêché d'Agen, en son vivant docteur en médecine de la faculté de Toulouse.

5 novembre.

Pereira (Ignacia), veuve de Louis Mendès.

6 novembre.

Gueau de Saint-Dielle (Louis François), âgé d'environ 48 ans, né à Hennebon, cadet de la compagnie de M. Vachier.

9 novembre.

Grenet (Louis), soldat, né à Saint-Malo.

14 novembre.

Aldonza, âgée de 78 ans.

23 novembre.

Marguerite, âgée d'un an, esclave.

26 novembre.

Pacheque (Marthe), âgée de 26 ans, femme de Domingue Alvès.

1er décembre.

Monté (Christophe), âgé de 45 ans.

2 décembre.

Grou (Petronille), âgée de 2 ans.

4 décembre.

Costa dit Marcheaterre (Jean Baptiste), soldat né à Paris.

5 décembre.

Valère (Salvador), fils de Joseph Valère et de Rosa Vaz.

6 décembre.

Rolland (Rose), âgée d'environ 25 ans.

7 décembre.

Alvès (François), âgé de 5 jours.

8 décembre.

Conha (Emmanuel), portugais, âgé d'environ 50 ans.

9 décembre.

Anna, âgée d'environ 8 ans, élève de Mme Delarche.

12 décembre.

Le Brusque (Germain), soldat, né en Bretagne, noyé dans les fossés de la forteresse.

21 décembre.

Maurel (Charlotte Françoise), femme de Jacques Souzé.

22 décembre.

Un fils de M. Pilavoine, né le même jour.

26 décembre.

Rodrigue (Louise), âgée de 80 ans.

26 décembre.

Monte (Thomé de), âgé de 40 ans, soldat.

ANNÉE 1731.

Naissances.

15 janvier.

RUEL (Jacques),
fils de Jacques Ruel et d'Isabelle Lecouesse.

17 janvier.

BROUQUEMAN (François),
fils de feu Pitre Jean Brouqueman et de Ignace Gossard.

20 janvier.

RODRIGUE (Espérance),
fille de Manuel Rodrigue et de Noelle de Lima.

20 janvier.

MONTÉ (Marie Anne de),
fille de Miguel de Monté et de Anne de Rozario.

20 janvier.

ROZARIO (Marie de),
fille de Francisque de Rozario et de Ignace de Rozario.

22 janvier.

LOPEZ (Francisca),
fille de Pedro Lopez et d'Anne de Rozario.

26 janvier.

COTTIN (Charles),
fils de Pierre Cottin, maître d'hôtel du *Saint-Joseph*, né à Ceylan, et de Marie Fernandez.

28 janvier.

Lecore (Marguerite),
fille de Gille Lecore, soldat, né à Tréguier, et de Marie....

28 janvier.

Rozario (Dominga de),
fille de André de Rozario, cuisinier de M. Dirois, et de Marguerite de Silva.

7 février.

André,
fils de Pedro, chrétien malabar, et de Catherine Pereira.

2 mars.

Rapoz (Pedro),
fils de Jean Rapoz, soldat topa, et de Thérèse Conha.

4 mars.

Pereira (Françoise),
fille de Marie Pereira, soldat topa, et de Louise de Monte.

6 mars.

Lima (Laurent de),
fils de Corneille de Lima et de Claire Gens.

20 mars.

Saint-Jacques (Louis de),
fils de Pierre de Saint-Jacques, italien, soldat, et de Madeleine.

24 mars.

Rozario (Emmanuel de),
fils de Miguel de Rozario, soldat topa, et d'Antonia de Rozario.

24 mars.

Rozario (Anne de),
fille de Baltazar de Rozario, soldat topa, et de Maria Madera.

26 mars.

Alvès (Etienne),
fils de Jean Alvès, caporal, et de Louise de Rozario.

28 mars.

Monique,
fille naturelle de Marie Madeleine, esclave.

1er avril.

Rozario (Pascalle de),
fille de Thomé de Rozario, soldat topa, et de Pascalle Pereire.

2 avril.

Rozaire (Antoine de),
fils de René de Rozaire, topa, et d'Aurelie de Rozaire.

6 avril.

Van (Fabienne),
fille de Jean Van, sergent de la Compagnie, et de Marie Buret.

21 avril.

Aumont (Joseph Jean Baptiste),
fils de Jean Baptiste Aumont, employé de la Compagnie, né à Paris, et de Marie Madeleine Albert.
Parrain : Dupleix. Marraine : Madame Albert Vincens.

22 avril.

Rozaire (Anne de),
fille de Manuel de Rozaire, topa, et de Joséphine de Rozaire.

27 avril.

Lagoudo (Louis),
fils de Louis Lagondo, soldat topa, et de Dominga de Rozario.

3 mai.

Dury (Emmanuel),
fils de Jean Dury, soldat topa, et de Marie Cordera.

4 mai.

Rozaire (Suzanne de),
fille de Sebastien de Rozaire, soldat topa, et de Francisca de Rozaire.

18 mai.

Emoneau (Pierre),
fils de Jean Baptiste Emoneau, sergent français, et de Elisabeth Saphar.

24 mai.

Le Roux (François),
fils de Jean Le Roux, pilotin à bord du *Saint-Joseph*, et de Sébastienne de Costa.

24 mai.

Mascarin (Luc),
fils de Manuel Mascarin, topa, et de Catherine Fernande Gaspard.

5 juin.

Février (Joseph Charles Christophe),
fils de Antoine Février, chirurgien, né à Lyon, et de Thérèse Alégre, née à Port-Louis.

Parrain : Joseph Séguin, chirurgien, né à Neufchatel en Picardie.

5 juin.

Passagne (Dominga),
fille de Gabriel Passagne, topa, et de Jeanne Ribeiro.

5 juin.

Rodriguez (Benoît),
fils de Domingo Rodriguez et de Rose.

6 juin.

Souzay (Appolline du),
fille de Emmanuel du Souzay, caporal topa, et d'Ursule Pereira.

16 juin.

Sylva (Lazare),
fils de Antoine Sylva, topa, et de Madeleine Siqueire.

19 juin.

Costa (Olivier de),
fils de Pierre de Costa, soldat topa, et de Françoise de Rozario.

23 juin.

Le Mond (Jean Baptiste),
fils de Jean Le Mond, né au Hâvre, maître des matelots à bord du *Petit Triton*, commandé par M. Desjardins, et de Anne Arvau.

Parrain : Jean Baptiste Solminiac, capitaine de la *Julie*.

2 juillet.

La Rivière Penifort (Marie Françoise),
fille de Claude La Rivière Penifort, capitaine de vaisseau de la Compagnie, et de Maria Bruno.

Parrain : M. Mollandin, conseiller au Conseil supérieur de Pondichéry.

2 juillet.

RABOUIN (Rose),
fille de Bernard Rabouin, et de Françoise Belletti.

2 juillet.

ROZARIO (Dominique de),
fils de Dominique de Rozario et d'Angèle de Rozario.

4 juillet.

SAUSAY (Jean de),
fils de Zephirin de Sausay, topa, et d'Isabelle de Campe.

10 août.

CORDÈRE (Laurence),
fille de Louis Cordère et de Françoise Fernandez.

16 août.

LE GOU (Catherine),
fille d'Alexandre Le Gou, conseiller à Pondichéry, et de Marie Catherine Audibert Boutteville.

24 août.

HUGUIN (Agnès),
fille de François Huguin, soldat français, et de Marie Gorène.

26 août.

ROSAIRE (Pascalle de),
fille d'Antoine de Rosaire, topa, et de Marie de Rozaire.

2 septembre.

GONSAL (Romuald de),
fils de Pierre de Gonsal, topa, et de Françoise de Rozaire.

9 septembre.

CHEVALIER (Marie Ignace),
fille de Jérôme Chevalier, né à Génève, maître sur le vaisseau le *Pondichéry*, et de Marie Caillot.

9 septembre.

LIGONDE (Marie-Françoise de),
fille de Gabriel de Ligonde et de Thomase de Quintual.

11 septembre.

MONTÉ (Françoise de),
fille de Dominique de Monté et de Florianne de Monté.

20 septembre.

Soza (Pierre de),
fils d'André de Soza et de Marguerite de Monté.

8 octobre.

Hays (Marie Julienne de),
fille de Pierre de Hays, né au Havre, officier sur les vaisseaux de la Compagnie, et de Marie Pierre.

8 octobre.

Croigné (Pierre André),
fils de Pierre Croigné, né à Nantes, et de Françoise Fournié.

10 octobre.

Suares (Antoine),
fils de Philippe Suares, soldat topa, et de Ursule Ribeiro.

20 octobre.

Dubelis (François Robert),
fils de François Dubelis et de Catherine Damilaville.

21 octobre.

Monté (Marie de),
fille de Xavier de Monté et de Catherine de Rozario.

24 octobre.

Pinian (Joseph),
fils de Charles Pinian et de Clara Coutinho.

30 octobre.

Gonzalvès (Isabelle),
fille de Jean Gonsalvès et d'Hélène de Gonsalvès de Rozaire.

1er novembre.

Ferère (Marc),
fils de François Ferère et de Nathalie Dalures.

1er novembre.

Fournié (Marguerite),
fille d'André Fournié, né à Toulon, et d'Appolline Raboin.

11 novembre.

Passagne (Françoise),
fille de Thomas Passagne et de Jeanne de Costa.

12 novembre.

Dessaux (François),
fils de François Dessaux et de Madeleine de Rozario.

18 novembre.

Onillon (André),
fils d'André Onillon, né à Varades, et de Françoise Lélan.

18 novembre.

Riveire (Joseph François),
fils de Jérôme Riveire, topa, et d'Anne de Rozaire.

30 novembre.

Rozario (Marie de),
fille de Sabiel de Rozario et d'Angèle de Rozario.

9 décembre.

Galumet (Marianne),
fille de Pierre Galumet, né à Marnes, et de Marie Cado.

Mariages.

9 janvier.

Dubellis (François), né à Marseille.
et Cathérine Elisabeth Damilaville, née à Pondichéry.
Témoins : Elias Isaac, chevalier de l'Eperon, Antoine de Bury, capitaine des troupes, Robert Gosse, sous-marchand (né à Gisors).

24 janvier.

Duchemin (Nicolas Pierre), capitaine du *Saint-Pierre*, né à Saint-Malo,
et Thomase Viera, née à Pondichéry.

5 février.

Rozario (Louis de), né à Kirmampacom,
et Catherine de Rozario.

16 avril.

GUILLARD (Noël Michel), employé de la Compagnie, âgé d'environ 30 ans, né à Rouen, fils de Michel Guillard et de Marie Françoise Gosse,

et Marie Agnès LE GOU, âgée de 16 ans et demie, fille de Alexandre Le Gou, conseiller, et de Marie Catherine Audibert de Boutteville.

22 mai.

ROZARIO (Antonio de), et Maria de COSTA.

22 mai.

RAGAPPA, et Jeanne de COSTA.

28 mai.

ARNAULT (François-Xavier), et Francisca de CRUZ.

30 mai.

FRANCISCO, fils de père et mère gentils, et Dominga de Cruz.

4 juin.

GONSALVEZ (Pedro), esclave de M. Wilche, marchand anglais, et Francisca de ROZARIO.

4 juin.

SIQUEIRA (Joseph), et Eléonore REBELLO.

4 juin.

ROZARIO (Dionisio de), soldat topa, âgé de 20 ans, et Marie HALAR, âgée de 18 ans.

11 juin.

ROZARIO (Pedro de), et Francisca de MONTÉ.

2 juillet.

SAFRÉ (François), fils de Grégoire Safré et d'Anne Querganivette, né à Quimper,

et Marguerite VAGUENARD, fille de Guillaume Vaguenard et de Sébastienne Février.

10 juillet.

La Croix (Jean Baptiste), soldat, né à Amiens,
et Ignace Le Bien, fille de Jacques Le Bien, caporal, et d'Anne Coeilho.

16 juillet.

André (Jean), et Françoise de Monté.

17 juillet.

Rozario (Pedro de), et Augustine Pereira.

24 juillet.

Sanguin (Thomas), né à Paris, écuyer, sieur de Gassonville, capitaine d'une Compagnie de la garnison de Pondichéry, fils de Pierre Sanguin, écuyer, sieur de Gassonville, et de Catherine Charrot,
et Jeanne Joguin, née à Saint-Malo, veuve de M. Bellegarde, conseiller, fille de Joachin Joguin et de Marie Gaboin.
Témoins : Dupleix, Signard, Vincens, Cordier, Le Noir Dumeslier, le chevalier de la Farelle.

26 juillet.

Choisy (Jean Charles de), né à Paris, fils de Gilles de Choisy, marchand bourgeois de Paris, et de Madeleine Fays,
et Charlotte Boursouc, née à Lorient, fille de Julien Boursouc, apothicaire à Lorient, et de Jaquette Bavière.
Témoins : Desplaët De Flaix, Le Noir, Baudrau de la Métrie, le chevalier de la Farelle, Bucler, Signard et Dufay.

2 août.

Abram (Nicolas), et Madeleine Siqueira.

8 août.

David (François), topa, marin, âgé de 20 ans,
et Dorothée de Lima, âgée de 13 ans.

20 août.

Rozaire (Jean de), âgé de 25 ans,
et Christine de Rozaire, âgée de 18 ans.

4 septembre.

Rozario (Manuel de), âgé de 25 ans,
et Anne de Rozaire, âgée de 20 ans.

26 septembre.

Bolet (Guillaume), fils de François Bolet et d'Isabelle de Meslo.

et Jeanne des Anges, fille d'Antoine des Anges et de Florin de Texeira.

5 novembre.

La Maison (François de), né à Rennes, fils de François de La Maison et de Catherine Haman,

et Madeleine Godart, née à Rouen, fille de Luc Godart et de Charlotte Berthot.

6 novembre.

Rose (Jean-Baptiste), né en Normandie, âgé de 30 ans, menuisier de la Compagnie,

et Michelle Enou, née au Bengale, âgée de 18 ans.

12 novembre.

Brugière (Guillaume Claude), né à Quimperlé, âgé de 29 ans,

et Antonia Deschant, née à Pondichéry.

14 novembre.

Gosse (Robert), né à Rouen, sous-marchand de la Compagnie, fils de Robert Gosse et de Marie Boyvier,

et Ignatia Barrier, fille de Joseph Barrier, pilote sur les vaisseaux de la Compagnie, et d'Hélène Olson.

20 novembre.

La Haye de Villiers de Saint-Tibaut (Paul Zacharie de), né à Paris, fils de François de la Haye et de Françoise de Bissabard,

et Madeleine Paul, née à Pondichéry, fille de Claude Paul dit Rochefort et d'Appolline Mousse.

Décès.

1ᵉʳ janvier.

Un fils de Jean Baptiste Caillot, né le même jour.

3 janvier.

OTHON (André Joseph), mort sur le vaisseau le *Pondichéry*.

8 janvier.

TIPOT (Guillaume Nicolas), soldat, né à Carhaix.

9 janvier.

VINCENS (Catherine Eléonore), âgée de 11 mois.

10 janvier.

ROZARIO (Catherine de), âgée d'environ 10 ans.

11 janvier.

ROZARIO (Elisabeth de), âgée de 3 mois.

20 janvier.

RANGEL (Laurent), âgé de 80 ans.

23 janvier.

NICOLAS, âgé de 3 mois, fils de Fabien et de Rose de Rozario.

25 janvier.

ROZARIO (Anne de), veuve de Jean Voltère,

27 janvier.

CRUZ (Nicolas de), fils de Fabien de Cruz et de Rosa de Rozario.

28 janvier.

FRANCISQUE, âgé d'environ 8 ans, esclave.

29 janvier.

CUNHA (Antoine de), âgé d'environ 8 ans 1/2.

31 janvier.

BOUTTEVILLE (François), âgé d'environ 26 ans.

28 février.

Lainé (Pierre), né en Bretagne, pilotin sur le vaisseau *Saint-Joseph*.

4 mars.

Adam (Joseph), né à Coutances (Normandie), ancien soldat, âgé de plus de 80 ans.

8 mars.

Lucia, âgée de 13 jours, de père et mère inconnus.

8 mars.

Poulpiquet (René Jean Joseph), né en Bretagne, soldat, âgé de 30 ans.

11 mars.

Sassin (Suzanne), âgée de 90 ans, veuve.

21 mars.

Costa (Marguerite de), âgée de 40 ans, mariée.

3 avril.

Talhoullouanne dit Morgan (Julien), né à Favouët, soldat, âgé de 23 ans.

4 avril.

Monté (Laurence de), veuve d'Assence, âgé de 60 ans.

13 avril.

Rozario (Claire de), âgée de deux jours, fille d'Augustin et d'Antonia de Rozario.

27 avril.

Rozaire (Anne de), âgée de 35 ans, veuve de Durocher dit Trepcourt.

27 avril.

Cécilia, âgée d'environ 25 ans, esclave.

29 avril.

Cotinha (Rosa de), née à Batavia, femme de Jean de Cruz.

3 mai.

Martins (Augustine), âgée d'environ 80 ans, veuve de François Ribeiro.

6 mai.

Brille (Jean de), âgé de 14 mois et fils de Jean de Brille, soldat topa.

19 mai.

Rozario (Nathalie de), âgée de 40 ans, mariée.

21 mai.

Juan, âgé d'environ 16 ans, esclave.

Joannet (André Bertrand), âgé d'un an et quelques jours, fils de François Joannet, dit Saint-François, soldat français et de Jaquetta du Restau, française.

21 mai.

Caillot (Marie Thérèse), âgée d'environ 20 ans, épouse de Jérôme Chevalier, maitre matelot à bord du vaisseau le *Pondichéry*.

2 juin.

Lujan (Pierre), né à Saint-Paul de Léon, matelot sur le vaisseau la *Vierge de Grâce*, âgé d'environ 27 ans.

7 juin.

Rozario (Juana de), âgée de 15 mois.

7 juin.

Francisque, âgé de 7 ans, esclave.

18 juin.

Conha (Juana), âgée d'environ 40 ans, femme de Diego Conha.

22 juin.

Plachéry (Christophe), né à Florence, âgé d'environ 40 ans.

25 juin.

Rozario (Marie de), âgée de 80 ans, veuve.

27 juin.

Rozaire (Anne de), âgée d'environ 25 ans, femme de Lazare d'Andrade, topa.

28 juin.

Le Groux (Joseph), né le même jour.

8 juillet.

Rozario (Thomé de), ancien soldat.

12 juillet.

Suzanne, âgée d'environ 25 ans, esclave.

12 juillet.

Anne, épouse de Louis, marinier topa, âgée de 18 ans.

13 juillet.

Marianne, âgée d'environ 7 mois, fille d'esclave.

16 juillet.

Vachier (Jean), né à Sisteron, âgé de 41 ans, capitaine.

19 juillet.

Quintual (Marie), née le même jour.

27 juillet.

Rover (Marie), âgée d'environ 22 ans, épouse de Jean le Bozec, charpentier.

1er août.

Perreira (Thomasia), âgée de 10 mois.

8 août.

Rozaire (Pierre de), âgé d'un an et 3 mois.

15 août.

Gomès (Emmanuel), né à Manille, âgé de 18 ans, fils d'Antoine Gomès, garde magasin du Roy à Manille.

16 août.

Jeanne, âgée d'environ 20 ans, esclave.

20 août.

Rozaire (Dominique de), âgé d'un mois et demi.

21 août.

Bonnard dit Charpentier (Jean), né à Montrichard, caporal.

23 août.

Pilavoine (Elisabeth de), née à Surate, âgée de 36 ans et 7 mois, épouse de M. le Febvre, né à Gand.

25 août.

Le Bon (Louis), né le même jour.

26 août.

Le Borgne (Catherine), âgée d'environ 20 ans, épouse de M. Le Bon.

29 août.

Huget (Agnès), âgée de 5 mois.

1er septembre.

Comhague de Sélan (André Jean), danois, âgé de 25 ans.

23 septembre.

Souzé (Casimir de), topa, âgé de 75 ans.

26 septembre.

Carlier (André Charles), âgé d'environ un an.

26 septembre.

Rodriguez (Dominica), âgée de 40 ans, veuve de Gaspar Rodriguez.

1er octobre.

Rozaire (Jeanne de), femme de Jacques Lenoir, chirurgien.

5 octobre.

Langlais (Pierre), âgé de 30 ans, fils de Jean Langlais, maître cabaretier à Paris.

8 octobre.

Duquenel (Jacques), âgé de deux ans.

14 octobre.

Rose, âgé de trois mois, fille de Françoise, esclave.

19 octobre.

Hurban (Mathurin), né à Saint-Brieuc, âgé d'environ 22 ans, matelot sur le vaisseau le *Royal Philippe*.

27 octobre.

Rozario (Rose de), âgée de 2 ans et 1/2.

28 octobre.

Rozario (Dominga de), fille de Lucrèce de Rozario, veuve de Antoine Léal.

30 octobre.

Vincens (François Joseph), fils de Vincens, conseiller.

15 novembre.

Claire, âgée de 50 ans, esclave.

18 novembre.

François, né le même jour, fils de Marie.

21 novembre.

Almeida (Antonia d'), épouse d'Almeida de Tranquebar.

29 novembre.

Pereira (André), né le même jour.

10 décembre.

Fournier (Julienne), âgée de deux ans, fille d'André Fournier.

15 décembre.

La Guerre (1) (Marie), âgée de 10 mois, fille d'Abraham La Guerre et de Marie Brunet.

21 décembre.

Costa (Catherine de), âgée de 30 ans.

29 décembre.

(1) Il faut plus vraisemblablement lire Guerre.

Rozario (François de), âgé de 2 jours.

29 décembre.

Cruz (Maria de), épouse de François de Cruz.

30 décembre.

Valeri (Antony), âgé de 2 ans.

31 décembre.

Ribeiro (Maria), âgée de 2 jours.

31 décembre.

Rozario (Gabriel de), né à Goudelour.

ANNÉE 1732 (1).

Naissances.

15 janvier.

Anne, fille d'une esclave.

23 janvier.

Carlier (François Nicolas),
fils de François Carlier, soldat, né à Paris, et de Marie Anne Parlot, née à Pondichéry.
Parrain : Nicolas Martin Prévôt, sieur du Perne, officier du vaisseau le *Bourbon*.

27 janvier.

Passagne (Ignace),
fils de Louis Passagne et de Marie Anne la Violette.

31 janvier.

Monté (Thomé de),
fils de Jean de Monté et de Rosa de Rozaire.

1ᵉʳ février.

Costa (Martin de),
fils de Sylvestre de Costa et de Françoise de Rosaire, esclaves.

4 février.

Le Mal (Jean),
fils de Jean Le Mal, soldat, né à Vitry le François, et de Suzanne de Rozaire.

---

(1) D'après une table annexée au registre spécial des actes de 1732 et 1733, le nombre total des actes de baptêmes aurait été pour ces deux années de 235, celui des mariages de 44, celui des abjurations de 2 et celui des enterrements de 180. Ces tables ont un inconvénient, elles sont établies d'après les prénoms, suivis du nom de famille. L'ordre inverse eut été plus logique et plus commode.

6 février.

Pelo (Jean),
fils de Jean Pelo et de Cécile Barète.

12 février.

Volton (Joseph-François de),
fils de Louis de Volton, né en Lorraine, et de Jeanne Tarabillon, née à Pondichéry.

16 février.

Gassonville (Thomas Sanguin de),
fils de Thomas Sanguin, écuyer, sieur de Gassonville, né à Paris, capitaine de la garnison de Pondichéry, et de Jeanne Joquin, née à Saint-Malo.

1er mars.

Rozaire (Emmanuel de),
fils d'Anne de Rozaire.

4 mars.

Rozaire (Louis),
fils de Jean de Rozaire et de Marcelina de Rozaire.

5 mars.

Fabien (François),
fils de François Fabien et de Antonia de Costa.

12 mars.

François, fils d'une esclave de M. Lebon.

14 mars.

Corneil (Marie Anne),
fille de Pierre Corneil, né à Cochin, et de Constantine Dalmez.

18 mars.

Silva (Emmanuel de),
fils de Emmanuel de Silva, chinois, et de Laurentia de Silva.

23 mars.

Anne, fille d'une esclave.

25 mars.

Hervau (Marie),
fille de Jacques Hervau, né à Mur (Bretagne), et de Marie Gonzalvès.

29 mars.

Monté (Emmanuel de),
fils de Thomas de Monté et de Jeanne de Rozario.

29 mars.

Chevalier (Marie Ursule),
fille d'Antoine Chevalier et de Dominga de Rozario.

29 mars.

Saude (René de),
fils d'Antoine de Saude et de Louise de Costa.

2 avril.

Cordier (Nicole Catherine),
fille de Jean Cordier, capitaine, et de Marie Agnès Cognet.

9 avril.

Jaffré (Marie Anne),
fille de François Jaffré, adjudant canonnier, né à Quimper, et de Marguerite Wagnar.
Parrain: Desplaëts de Flaix, greffier en chef du Conseil supérieur de Pondichéry. Marraine: Marie Galliot de la Touche, épouse de M. Dulaurens, conseiller.

9 avril.

Borgés (Lucia),
fille de Nicolas Borgés et de Francisca Marecque.

10 avril.

Brite (Anne de),
fille de Marcelin de Brite et de Marguerite de Rozario.

10 avril.

Xavier (Lazare),
fils de François Xavier et de Dominga de Rozario.

19 avril.

Dominga,
fille naturelle de Antonia de Monté.

20 avril.

Lebrun (Elisabeth),
fille de Vincent Lebrun, né à Paris, et de Suzanne de Santa.

20 avril.

Sikero (Emmanuel),
fils de Joseph Sikero, soldat topa, et de Eléonore Rebelle.

20 avril.

Dominique, fils d'une esclave.

20 avril.

La Croix (Jean Baptiste),
fils de Jean Baptiste La Croix, soldat, né à Abbeville, et de Ignatia Lebien, de Pondichéry.

27 avril.

Ribeiro (Jeanne),
fille de Jean Ribeiro et de Francisca Pereira.

1er mai.

Jacques, fils d'une esclave.

2 mai.

Lima (Philippe de),
fils de Louis de Lima et d'Anna Gomez.

8 mai.

Françoise, fille de Marie Pinis.

11 mai.

Cabot (Antoine),
fils de feu Nicolas Cabot, né au Havre, et de Thérèse.

12 mai.

Gravier (Marie),
fille de Gilles Gravier, né en Bretagne, soldat, et de Rose de Monté.

16 mai.

James (Charles),
fils de Charles James, né à Saint-Germain en Laye, et d'Appoline Gravier.

16 mai.

Pascal (Pierre),
fils de Barthélemy Pascal et de Julienne Rousselet

22 mai.

Tichère (Thomasia),
fille de Françoise Tichère.

28 mai.

Alexandre, fils d'une esclave.

1er juin.

Elias (Marguerite),
fille de Isaac Elias, né à Zulfa, et de Agnès Quenetin de Souza.

3 juin.

Alègre (Françoise),
fille de Joseph Alègre et de Marie de Rozaire.

14 juin.

Tunis (Marie Elisabeth),
fille d'Antoine Tunis et de Françoise Manas.

14 juin.

Rozaire (Dominique de),
fils de Guillaume de Rozaire et de Françoise de Rozaire.

20 juin.

Rozaire (Antoine de),
fils de Domingo de Rozaire et de Marie de Monté.

2 juillet.

Monté (Dominga de),
fille de François de Monté et de Thomasiar əpRozao.i

4 juillet.

Christian (François),
fils de Jean Christian et de Francisca Albis.

15 juillet.

Caldera (Francisca),
fille de Francisca Caldera.

15 juillet.

Rozario (Dominga de),
fille de Charles de Rozario et de Francisca de Rozario.

20 juillet.

Néron (Marguerite),
fille de Michel Néron, soldat, né en Anjou, et de Louise Barne, de Madras.

20 juillet.

Rozaire (Pierre de), fils de Jeanne de Rozaire.

24 juillet.

Guerre (Madeleine Agnès),
fille d'Abraham Guerre et de Marie Brunet.
Parrain : M. Bertrand La Farelle, capitaine des troupes, né à Nimes. Marraine : Mlle Madeleine Dulaurens, fille de M. Dulaurens, conseiller.

31 juillet.

François, fils d'une esclave.

31 juillet.

Rozario (Dominique de),
fils de Dominique de Rozario et d'Angela de Rozario.

2 août.

Albis (Domingo),
fils de Domingo Albis, soldat topa, et de Dominga de Pimente.

7 août.

Quingueron (Pierre),
fils d'Etienne Quingueron, soldat, né à Paris, et de Dorothée Gaigno, née à Pondichéry.

9 août.

Sants (Albina de),
fille de André de Sants, soldat topa, et de Christine Pimento.

13 août.

Belet (Marguerite),
fille de Guillaume Belet, métis, et de Jeanne d'Osagne.

23 août.

Brit (Ambroise de),
fils de Jean de Brit, soldat topa, et de Dominga Nouëra.

23 août.

Moillere (Emmanuel),
fils de Jean Moillère et de Françoise de Rosaire.

28 août.

Mello (Louise de),
fille de Guillaume de Mello et de Nathalie de Monté.

2 septembre.

Godar, fils d'un cafre, esclave de M. Mollandin.

4 septembre.

Dias (Jean Martin),
fils de Laurent Dias et de Gratia de Monté.

6 septembre.

Ruel (Joseph),
fils de Jacques Ruel, né à Saint-Malo, et d'Isabelle Lecouesse.

18 septembre.

Lisset (Charles),
fils de Yves Lisset, sergent, né en Bretagne, et de Jeanne Rousselet.

19 septembre.

Lopez (François),
fils de Dominique Lopez et d'Isabelle Lopez.

28 septembre.

Xavier (Paula),
fille de Francisco Xavier et de Francisca de Cruz.

1er octobre.

Brugière (Claude),
fils de Guillaume Brugière, né à Quimperlé, et d'Antonia Dechant.

12 octobre.

Rozario (Louis de), fils de Marie de Rozario.

15 octobre.

Porcher (Nicole Geneviève),
fille de Pierre Abraham des Ouches Porcher, né à Paris, chef à Mazulipatam, et de Nicole Geneviève Barri, née à Paris.

Parrain: Nicolas Berian de la Feuillée, ancien directeur à Moka.

17 octobre.

Cunha (Louis Joseph de),
fils de Lazare de Cunha et de Dominga de Soza.

22 octobre.

Fournier (Elisabeth),
fille d'André Fournier, né à Toulon, sergent, et d'Appoline Rabouin.

22 octobre.

PASCAL (Catherine),
fille de Jean Pascal, né à Paris, soldat, et de Jeanne de Jeanse.

22 octobre.

Louis, fils d'une esclave de M. Vincens, conseiller.

22 octobre.

ROZARIO (Antonio de),
fils de Pierre de Rozario et de Marie de Rozario.

24 octobre.

MEDER (Antonio),
fils de Xavier Meder et de Pascala Suarez.

28 octobre.

DIAZ (Marie), fille de Francisca Dias.

29 octobre.

GROU (Marie Monique),
fille de Jean Grou, né au Hâvre, maître-canonnier, et de Marie Françoise Hamelin.

4 novembre.

SILVA (Antoine de),
fils d'Antoine de Silva et de Dominga de Silva.

16 septembre.

PUCHERIE DE DONADIEU (Marie-Thérèse),
fille de Jean Louis Pucherie de Donadieu, né à Pelluma, et de Gille Barbre, née à Dunkerque.
Parrain: Pierre Duplant de la Forcade, né à Pau, sous-marchand de la Compagnie.

19 novembre.

MOLLANDIN (Brigitte Géneviève),
fille d'André Mollandin, conseiller honoraire, né à Tours, et de Brigitte Bruno.
Parrain: Jacques Dulaurens, né à Paris, conseiller.

30 novembre.

MONTÉ (Francisca de),
fille de Xavier de Monté et de Thomasia.

1er décembre.

Rozario (Louis de),
fils de Pierre de Rozario et de Marie de Rozario.

8 décembre.

Pereira (Marianne),
fille d'Ignace Pereira et de Marie Albis.

8 décembre.

Saude (Grégoire de), fils de Marie de Saude.

20 décembre.

Dulaurens (Antoine François),
fils de Jacques Dulaurens, conseiller, et de Marie Galliot de la Touche.

Parrain : Antoine de Bury, chevalier de l'ordre militaire de Saint-Louis, capitaine de la 1re Compagnie de Pondichéry.

28 décembre.

David (Dominga),
fille de François David, soldat topa, et de Dorothée de Lima.

Mariages.

22 janvier.

Le Noir (Jacques), chirurgien, âgé de 30 ans, né à Surate, fils de Jacques Le Noir et de Marie Nazareth Bibi Sultane,
　et Jeanne Rose Le Roux, âgée de 18 ans, fille de Mathieu Le Roux dit Laviolette, sergent, et de Orelia Rodrigues.
　Témoins : Jacques Dufay, commandant les vaisseaux de la Compagnie, Jacques Vincens, conseiller, Antoine Ferrier, chirurgien, Madame Jeanne Vincens.

23 janvier.

Bontens dit Saint-Simon (René Simon), âgé de 23 ans, né à Paris, soldat, fils de Jean Bontens, marchand vinaigrier, et de Louise Ridoux,
　et Marcelle Menès, âgée de 20 ans, fille de Joseph Menès, traiteur, et de Pascala de Castanha.

Témoins: Decoublant, capitaine de la garnison, Guillaume Labutte, officier sur les vaisseaux de la Compagnie, Nicolas Duchemin, capitaine du *Saint-Pierre*, et François Dubelly, officier sur le *Saint-Pierre*.

28 janvier.

ANTOINE, âgé de 20 ans environ, de père et mère gentils,
et ANTONIA, âgée de 17 ans environ, de père et mère gentils.

4 février.

SILVA (Laurenço de), âgé de 24 ans, fils d'Antoine de Silva et de Beatrix de Souza,

et Isabelle de ROZARIO, âgée de 25 ans, fille de père et mère gentils.

12 février.

LEBON (Louis Joseph), âgé de 39 ans, employé de la Compagnie, fils de Germain Lebon et de Bastiane Coelho,

et Marie Anne CLOU, âgée de 16 ans, née à Calicut, fille de Louis Clou, marchand de la Compagnie.

25 février.

DESPLAETS DE FLAIX (François Dominique), âgé de 30 ans, né à Fontainebleau, greffier en chef du Conseil supérieur, fils de Charles Dominique Desplaëts de Flaix, avocat au Parlement, concierge de la Cour des officiers du Chateau de Fontainebleau, et de Marie Marguerite Thiroux,

et Catherine GALLIOT DE LA TOUCHE, âgée de 19 ans, fille de Louis Galliot de la Touche, capitaine de port, et de Mlle Barbe Audibert Boutteville.

5 mai.

SOLMINIAC (Jean Baptiste de), âgé de 29 ans, né à Saint-Jean, évêché de Bazas, fils de Ruel de Solminiac, écuyer, et de Radegonde Dupois,

et Marie Anne COSSON DE LA LANDE, âgée de 18 ans, fille d'Etienne Cosson de la Lande et de Nathalia Lopo de Quintual.

12 mai.

CORDIER (Guillaume), âgé de 22 ans, topa, fils de Louis Cordier et de Suzanne Gomès,

et Suzanne de ROZAIRE, âgée de 17 ans environ, fille de père et mère gentils.

26 mai.

Mello (Guillaume de), âgé de 25 ans, fils de Amador de Mello et de Thomasia de Monté,

et Francisca de Rozaire, âgée de 16 ans, fille de Pedro de Rozaire, topa, et de Francisca de Monté.

21 juillet.

Monté (Thomas de), fils de Jean de Monté et de Marie de Rosaire,

et Françoise de Rozaire, fille d'Antoine de Rosaire et d'Antonia de Rosaire.

22 juillet.

Querse (Jean), âgé de 20 ans, né à Pondichéry, métis hollandais, soldat, fils d'Abraham Querse et de Marie Pereira,

et Madeleine de Rozaire, âgée de 14 ans, fille de Thomé de Rozaire et de Catherine d'Almeida.

28 juillet.

Cruz (Paulo de), âgé de 19 ans, fils de Diego de Cruz et de Marie de Rozario,

et Antonia de Souza, âgée de 13 ans, fille de François de Souza et d'Elisabeth de Costa.

26 août.

Rozario (Antonio de), âgé de 30 ans, fils d'Antoine de Rozario et de Marie de Rozario,

et Theresia Conheta, veuve de Jean de Raposo, âgée de 22 ans.

9 septembre.

Rosa (Mathieu de), âgé de 33 ans, fils de Philippe de Rosa et de Dominga de Souza,

et Marie Glodo, âgée de 13 ans, fille de François Glodo et de Gratia de Monté.

10 octobre.

Chateauneuf (Pedro), âgé d'environ 20 ans, né à Pondichéry, fils de Chateauneuf et d'Isabelle Ribeiro,

et Juliana Gavian, âgée d'environ 14 ans, fille d'Emmanuel Gavian et d'Isabelle Cardozo.

13 octobre.

Rosaire (Jean de), âgé d'environ 19 ans, fils de Pedro de Rosaire et de Suzanne de Rosaire,

et Marie de Mello, âgée de 14 ans, fille de Guillaume de Mello et de Nathalia de Monté.

22 octobre.

Diamenté (Etienne), âgé de 23 ans, fils d'Etienne Diamenté et de Barbara Jorze,

et Maria Cordeiro, âgée de 17 ans, fille de Louis Cordeiro et de Suzanne Gomès.

30 octobre.

Rozario (Francisco de), âgé de 20 ans, fils de père et mère gentils,

et Maria de Silva, âgée de 18 ans, fille de Joseph de Silva et de Francisca de Rozario.

5 novembre.

Cruz (Jean de), âgé de 24 ans, fils d'Antoine de Cruz et de Françoise de Rozaire,

et Jeanne Marecos, âgée de 24 ans, fille de Louis Marecos et de Marguerite Sadrès.

19 novembre.

Vas (Domingo), âgé d'environ 40 ans, fils de Louis Vas et de Thomasia Mendès,

et Maria Alvès, âgée de 30 ans, fille de Francisco Alvès et de Maria de Rozario.

Décès.

1er janvier.

Coulon dit Sans Regret (Joseph), soldat, fils de François Coulon et d'Anne Gimart.

6 janvier.

Rodrigue (Louise), âgée de 40 ans, épouse de Pedro de Souza, métis hollandais.

7 janvier.

Souza (Olivier de), âgé de 8 jours, fils de Pierre de Souza et de Louise Rodrigue.

12 janvier.

Grangemont (Louis de), né à Paris, âgé de 69 ans, ancien directeur à Surate.

16 janvier.

Larbre (Joseph de), né à Bruxelles, âgé d'environ 30 ans, soldat.

23 janvier.

Moraille (Marie), née à Golgonde, âgée d'environ 70 ans, veuve de Pierre Rabouin.

26 janvier.

Durosteau (Simon), né en Bretagne, sergent, âgé d'environ 67 ans.

13 février.

Fournier (François), âgé de 14 mois, fils d'André Fournier et d'Appoline Raboin.

14 février.

Ficher (Jean), né à Londres, âgé de 48 ans.

16 février.

Vas (Antoine de), né à Trinquebar, topa, âgé de 66 ans.

16 février.

Silva (Antonio de), âgé d'environ 46 ans.

20 février.

Bastian (Abraham), soldat topa, âgé d'environ 40 ans.

20 février.

Cabot (Nicolas), né à Hâvre, soldat, âgé d'environ 33 ans.

12 mars.

Raboin (Rosine), âgée de 9 mois.

14 mars.

Rozaire (Fabien de), âgé de 3 ans.

15 mars.

Dupuis (Jacques), né à Saumur, soldat, âgé de 60 ans.

17 mars.

Costa (Elisabeth de), née à Négapatam, âgée de 50 ans.

9 avril.

Rozario (Emmanuel de), âgé de 30 jours.

15 avril.

Xavier (François), âgé de 5 mois, fils de François Xavier et de Madeleine de Rozario.

23 avril.

Rivière (Francisco), âgé de 6 mois, fils de Jérôme Rivière et d'Anne de Monté.

2 mai.

Rozaire de Monté (Marie de), âgée de 30 ans.

6 mai.

Boursoul (Charlotte), née à Lorient, âgée de 22 ans, épouse de M. de Choisy, employé de la Compagnie.

8 mai.

Quervadec (Julien), né à Port-Louis, en Bretagne, maître menuisier sur le *Bourbon*.

11 mai.

Bavout (Jacques), né à Brest, âgé de 25 ans.

12 mai.

Silva (Marguerite de), âgée de 40 ans environ, épouse d'André du Rozaire.

13 mai.

Rivière (Jean), né à Tranquebar, soldat topa, âgé de 30 ans.

17 mai.

Pry dit Chalon (Pierre), soldat, âgé de 30 ans.

20 mai.

Mendès (Louis), né à Tranquebar, soldat topa.

25 mai.

Gravier (Appoline), née à Pondichéry, âgée de 19 ans, épouse de Charles Jean, soldat, né à Saint-Germain.

5 juin.

Rozaire (Françoise de), âgée de 17 ans, épouse de Guillaume de Mel.

22 juin.

Grafetin (Jacques), âgé d'un an 7 mois.

24 juin.

Carvaille (Lucrèce), née à Tranquebar, âgée de 60 ans.

2 juillet.

Lima (Louis de), né à Pondichéry, âgé de 33 ans, soldat topa.

10 juillet.

Grossein dit Leveillé, né en Bretagne, soldat, âgé de 60 ans environ.

11 juillet.

Silvère (Dominga), âgée de 2 ans, fille de Bernard Silvère.

18 juillet.

Le Noir (Joseph), âgé de 8 mois 24 jours, fils de Jacques Le Noir et de Jeanne Ordelle.

22 juillet.

Alvès (Françoise), âgée de 16 ans, épouse de Jean Christian.

22 juillet.

Hilaire (Catherine), âgée de 3 ans, fille de Jean Hilaire, maître de port à Pondichéry et d'Isabelle Pereira.

24 juillet.

Rosaire (Pascala de), née à Pondichéry, âgée de 55 ans environ.

1er août.

Séguin (Joseph), né à Chatel Nouveau en Picardie, chirurgien, âgé de 35 ans.

5 août.

Tibaut dit Bonnemer (Pierre), né à Angers, soldat, âgé de 63 ans environ.

6 août.

Vandrebourg (François), âgé de 18 mois, fils de Pierre Vandrebourg, né à Amsterdam, et de Ignacia Gossard, née à Pondichéry.

6 août.

François, âgé de 7 jours, fils d'un esclave.

9 août.

Baguet (Pierre), soldat topa, âgé de 40 ans.

12 août.

Carlier (François Nicolas), âgé de 6 mois, fils de François Carlier, soldat français, et de Marie Anne Parlot.

22 août.

Omerate (René), né à l'Ile de Groix, âgé de 16 ans, mousse à bord de la *Reine*.

23 août.

Jean, esclave, fils de père et mère gentils.

24 août.

Brunet (Marie), née à Pondichéry, âgée de 25 ans environ, épouse d'Abraham Guerre.

3 septembre.

Zéchera (Thomasia), âgée de 4 mois, fille de Françoise Zéchera.

4 septembre.

Cardozo (Pascale), âgée de 38 ans environ, épouse de Manuel Cardozo.

6 septembre.

Saude (Francisca de), âgée de 25 ans, épouse de Francisco Passen.

7 septembre.

Jacques, esclave, fils de père et mère gentils.

9 septembre.

Monté (Dominga de), âgée de 4 mois, fille d'Antonia de Monté.

10 septembre.

Maon (Michel), né à Brandel près Vannes, âgé de 34 ans, matelot à bord de la *Duchesse*.

13 septembre.

Caldera (Francisca), âgée de 2 mois, fille de Marie Caldera.

18 septembre.

Charpentier (Etienne), né à Mer, soldat, âgé de 26 ans.

21 septembre.

Frepon dit Saint-Étienne (François), né à Nantes, caporal.

21 septembre.

Duroye dit Latour (François), né à Avranches, soldat.

23 septembre.

Hervé (Jacques), né à Saint-Brieuc, matelot à bord de la *Sirène*.

25 septembre.

Rodrigue (Maria), âgée de 11 mois, fille de Xavier Rodrigue et d'Angela Monice.

25 septembre.

Almeida (Catherine d'), âgée de 55 ans.

26 septembre.

Jacques, né à Madagascar, esclave.

3 octobre.

Rosaire (Pierre de), âgé d'un an.

11 octobre.

Bouchore dit La Montagne (Etienne), né à Mayenne, soldat.

12 octobre.

Cartron dit La Roche (Jean Gabriel), né à Saintes, soldat.

20 octobre.

Dercon dit Carignan (Pierre), né en Artois, soldat, âgé de 24 ans.

20 octobre.

Henry (Marie), fille de Nicolas Henry, sergent français.

23 octobre.

Almeida (Thomas d'), topa, âgé de 65 ans.

23 octobre.

Rozario (Antonia de), née à Madras.

7 novembre.

Fretès (Francisca de), âgée de 64 ans, veuve d'André Vaz.

9 novembre.

Tridon dit Brisebarrière (Marc), né à Chatillon sur Seine, âgé de 29 ans.

9 novembre.

Poir (Pierre), né à Morlaix, âgé de 26 ans, cuisinier à bord du *Philibert*.

9 novembre.

Maurice (Pierre), soldat français, âgé de 19 ans.

11 novembre.

Pereira (Pelagie), née à Négapatam, âgée de 60 ans, épouse de Domingo Hieromino.

13 novembre.

Lopez (Françoise), fille de Dominique Lopez et d'Isabelle Lopez.

18 novembre.

Rozario (Jeanne de), née à Négapatam, âgée de 47 ans.

18 novembre.

Cruz (Espérance de), née à Mazulipatam, âgée de 36 ans, veuve d'Emmanuel de Cruz.

20 novembre.

Piriz (Marie), née à Saint-Thomé.

19 décembre.

Laurence, âgée de 8 mois, fille d'esclaves.

25 décembre.

Marie, âgée de 20 ans, esclave de l'Ile de Madagascar.

26 décembre.

Rozario (Dominga de), âgée de 25 ans, femme de François de Rozario.

28 décembre.

Martins (Domingo), soldat topa, âgé d'environ 30 ans.

ANNÉE 1733.

Naissances.

18 janvier.

Ribeiro (Marie),
fille de François Ribeiro, soldat topa, et de Dominga de Cruz.

21 janvier.

Nicolas, fils de Maria, esclave.

23 janvier.

Rozaire (Marie de),
fille d'Ambroise de Rozaire, soldat topa, et de Marie de Monté.

4 février.

Fernant (Jean),
fils de Nathalie Fernant.

10 février.

Rozaire (Francisco de),
fils de Manuel de Rozaire, soldat topa, et d'Ursule de Mello.

10 février.

Quin (Michel Andoche),
fils de Michel Quin, irlandais, canonnier, et d'Anne de Rozaire.

23 février.

Navier (Pierre),
fils de Jean Martin Navier, né à Paris, soldat, et d'Elisabeth Pereira.

5 mars.

LA HAYE DE VILLIERS DE SAINT-THIBAUT (Louise de),
fille de Paul Zacharie de la Haye de Villiers de Saint-Thibaut, né à Paris, employé de la Compagnie, et de Catherine Paule de Rochefort, née à Pondichéry.

13 mars.

FERÈRE (Marie),
fille de Mathieu Ferère, soldat topa, et de Sabine de Rozaire.

21 mars.

SOLMINIAC (Françoise de),
fille de Jean Baptiste de Solminiac, écuyer, officier sur les vaisseaux de la Compagnie, né à Saint-Paul, évêché de Bazas, et de Marie Anne Cosson de la Lande, née à Pondichéry.

22 mars.

MONTÉ (Françoise de),
fille de Pierre de Monté, soldat topa, et d'Antonia de Rozaire.

23 mars.

COTIN (Micheline),
fille de Pierre Cotin, bourgeois de Pondichéry, né à Colombo, et de Maria Fernande, née à Tranquebar.

31 mars.

HEMONNEAU (Louis François),
fils de Jean Baptiste Hemonneau, né à Vannes, sergent, et d'Elisabeth Saphar, née au Grand Mont,

5 avril.

PIRÉS (François),
fils de Nicolas Pirés, né à Malacca.

9 avril.

ROSE (Jean Baptiste),
fils de Jean Baptiste Rose, menuisier, né à Coutances, et de Micheline, née au Bengale.

10 avril.

JAFFRÉ (Antoine),
fils de François Jaffré, né à Quimper, adjudant canonnier, et de Marguerite Wagnar.

12 avril.

Soze (Thomas),
fils de François Soze, soldat topa.

17 mai.

Costa (Ignace de),
fils de Pierre de Costa, soldat topa, et de Françoise de Costa.

17 mai.

Libère (Joseph de),
fils de Louis de Libère, soldat topa, et de Madeleine de Monté.

20 mai.

Victoire, fils d'Antoine et d'Antoinette, esclaves.

21 mai.

Laurentia, fille de Béatrix, esclave.

25 mai.

Cruz (Marguerite de),
fille de Jean de Cruz et de Gratia Frère.

12 juin.

Cruz (Léonarde de),
fille d'Etienne de Cruz, métis de Manille, et de Pascale de Rozario.

12 juin.

Baptiste (Catherine),
fille de Pierre Baptiste, soldat topa, et de Marthe de Rozario.

12 juin.

Rozaire (Catherine de),
fille d'Emmanuel de Rozaire, soldat topa, et de Jeanne de Rédi.

18 juin.

Jacques, fils de Catherine, esclave.

20 juin.

Marie, fille de Cypriane, esclave.

20 juin.

Diguet (Louis),
fils de Jean Baptiste Diguet, né à Vannes, soldat, et de Marie La Plante, née à Madras.

20 juin.

Le Gou (Rose),
fille d'Alexandre Le Gou, né à Tours, conseiller, et de Marie Audibert de Boutteville, née au Bengale.

21 juin.

Bury (Louise de),
fille de M. de Bury, né à Versailles, capitaine des troupes, chevalier de l'ordre de Saint-Louis, et d'Isabelle Cosson de La Lande, née à Pondichéry.

21 juin.

Cruz (Joseph de),
fils de Sébastien de Cruz, topa, né à Goa, et de Louise Gens, née à Pondichéry.

23 juin.

Ferret (Marie),
fille de Jean Ferret, né à Brest, maître de navire, et de Julienne Ficher, née à Pondichéry.

28 juin.

Almeida (Marie d'),
fille de Cyprienne d'Almeida, esclave.

28 juin.

Rozaire (François de),
fils d'Emmanuel de Rozaire et de Catherine de Rozaire.

28 juin.

Cordeire (Pierre),
fils de Louis Cordeire, soldat topa, et de Françoise Fernandez.

30 juin.

La Baume (Marie Françoise),
fille de Nicolas François Mérigon La Baume, greffier en chef du Conseil supérieur, et de Marie Nicole Dupré, tous deux nés à Saint-Malo.

Parrain : François Decoublanc, écuyer, sieur de Gillan, capitaine, né à Saint-Laurent de Boët, évêché de la Rochelle.

Marraine : Marie Anne Morel, épouse de M. Pilavoine, née à Lorient.

1ᵉʳ juillet.

Gosse (Marie),
fille de Robert Gosse, né à Gisors, sous-marchand, et de Marie Ignatia Barrière, née à Tranquebar.

4 juillet.

Françoise, fille de Catherine de Rozaire, esclave.

15 août.

Monté (François de),
fils de Pierre de Monté et de Marie de Rozaire.

15 août.

Guerche (Abraham),
fils de Jean Guerche et de Marie de Rozaire.

15 août.

Carlier (Jean),
fils de François Carlier, né à Paris, caporal, et de Marianne Parlot, née à Pondichéry.

17 août.

Vas (Jean),
fils de Dominique Vas, soldat topa, et de Marie Albis.

20 août.

Michel (Nicolas),
fils de François Michel, né en Sicile, et de Madeleine.

25 août.

Diamante (Louise),
fille d'Etienne Diamante, matelot, et de Marie Cordeiro.

2 septembre.

Saude (Marie de),
fille de François de Saude, soldat topa, et de Dominga de Rozaire.

3 septembre.

Deshays (Agnès),
fille de Pierre Deshays, né au Hâvre, officier de vaisseau, et de Marie Viera, née à Pondichéry.

9 septembre.

Alvès (Rose),
fille de Jean Alvès, soldat topa, et de Louise de Rozaire.

16 septembre.

Lélan (Louis),
fille d'Anne Lélan, née à Négapatam.

19 septembre.

Suze (Jean de),
fils de Paul de Suze et d'Antoinette de Suze.

19 septembre.

Jacques, fils de Marie, esclave.

20 septembre.

François, fils d'Elisabeth, esclave.

28 septembre.

Ferrère (Marguerite),
fils de Thomas Ferrère, soldat topa.

28 septembre.

Le Noir (Jeanne),
fils de Jacques Le Noir, né à Surate, chirurgien, et de Rose le Roux, née à Pondichéry.

10 octobre.

Souza (Marie de),
fille de Rose de Souza.

10 octobre.

Leridé (Richard),
fils de Nicolas Leridé et de Marie Martin.

13 octobre.

Passagne (Robert),
fils de Gabriel Passagne, soldat topa, et de Jeanne Ribeiro.

14 octobre.

Duquenel (Marie)
fille de Jean Duquenel dit la Couture, perruquier, et d'Anne Feroc.

16 octobre.

Rozaire (François-Xavier),
fille de Laurent de Rozaire, soldat topa, et de Marie de Sants.

24 cotobre.

Corneille (Marie),
fille de Marc Corneille, soldat topa, et d'Anne Louis

26 octobre.

Cruz (Jean de),
fils de Paul de Cruz et d'Antoinette de Sans.

26 octobre.

Gravetin (Dominique),
fils de Barthélemy Gravetin, né en Brandebourg, et de Fabienne de Pégne, née à Calicut.

18 novembre.

Bouloc (Marie-Thérèse),
fille de Joseph Bouloc, écuyer, lieutenant de la garnison, né à Paris, et de Anne Catherine Le Normand, née à Bergues en Flandre.

18 novembre.

Rodrigue (Antoine),
fils de Xavier Rodrigue, soldat topa.

24 novembre.

Sanguin de Gassonville (Marie Jeanne),
fille de Thomas Sanguin, écuyer, sieur de Gassonville, né à Paris, capitaine, et de Jeanne Joguin, née à Saint-Malo, veuve de Pierre Doucet de Bellegrade, conseiller.

25 novembre.

Rozaire (Pierre de),
fils de François-Xavier de Rozaire, soldat topa, et de Marie de Rozaire.

30 novembre.

Antoine, fils de Paul et de Pascale, esclaves.

30 novembre.

Cotinho (André),
fils d'Isabelle Cotinho.

30 novembre.

Emmanuel, fils de Pascal et d'Anne, esclaves.

9 décembre.

Marreques (Louis),
fils d'Emmanuel Marreques, soldat topa, et d'Eléonore Fontoro.

14 décembre.

Antoine, fils de Théodoze, esclave.

23 décembre.

Souza (Louis de),
fils d'André de Souza, soldat topa, et de Marguerite de Monté.

23 décembre.

Rozaire (Jeanne de),
fille de François de Rozaire et d'Ignatia de Rozaire.

Mariages.

7 janvier.

Ozorio (Francisco), né à Manille, âgé de 22 ans, fils de Marco Ozorio et de Maria dos Reizes,
et Luzia de Rozaire, âgée de 26 ans, fille de père et mère gentils.

7 janvier.

Dolnay de Palmarou (Andoche), né à Monsanche en Bourgogne, âgé de 29 ans, lieutenant des troupes, fils de François Dolnay, écuyer, sieur de Palmarou, et de Louise Dorlet,
et Geneviève Bruno, fille d'Antoine Bruno et de Marie Anne Hiereau, âgée de 23 ans, née à Pondichéry.
Témoins : André Mollandin, ancien directeur à Calicut, le chevalier de la Farelle, commandant des troupes, Jacques Dulaurens, conseiller, et Guillaume Février, sous-marchand.

3 février.

Nicolas (François), âgé de 23 ans, né à Pondichéry,
et Dominga Ribeira, âgée de 18 ans, née à Pondichéry.

4 février.

Campo (Francisco de), né à Tranquebar,
et Cécilia Rodriguez de Espanhosa, née à Tranquebar.

9 février.

Cornelio (Marcos), soldat âgé de 20 ans,
et Anna Louis, âgée de 17 ans.

10 février.

Monchy (Louis de), sous-marchand, né à Paris, âgé de 32 ans,

et Jeanne Servanne Girard, née à Saint-Malo, âgée de 21 ans.

16 février.

Class (Charles), fils de Charles Class et de Marie de Rozaire.
et Lucrèce de Monté, fille de Domingue de Monté et de Gracia de Monté.

13 avril.

Bonmarien (Pierre de), âgé de 32 ans, chirurgien, né en Champagne, fils de Pierre de Bonmarien et de Jeanne Laurent,

et Antoinétte Martins, âgée de 20 ans, fille de François Martins et d'Ursule Suera d'Albuquerque.

4 mai.

Le Gallec (Julien), né à Pondichéry, soldat français, âgé de 22 ans. fils de Julien Le Gallec et de Thomase Pachette,

et Victoire Pereira, fille d'Antoine Pereira et de Marie Robine, âgée de 16 ans.

6 mai.

Souza (Gabriel de), âgé de 30 ans, fille de Cardozo de Souza et de Diane de Rozario,

et Julianne de Cruz, âgée de 16 ans, fille d'Antoine de Cruz et d'Angèle Teixeira.

6 mai.

Savine (Antoine). né à la Senne près Toulon, âgé de 40 ans, fils de Nicolas Savine et de Madeleine Denant,

et Thomase Le Couesse, âgée de 17 ans, née à Pondichéry, fille de Louis Le Couësse et de Françoise Lobo.

18 mai.

Desrochers (Jacob), âgé de 23 ans, fils de Jeronimo Desrochers et d'Anne de Rozario,

et Francisca Caldeira, fille de Pedro Caldeira et de Catherine Pereira.

18 mai.

Rozario (Jean de), âgé de 20 ans, né à Goudelour, fils de Francisco de Rozario et d'Anna de Rozario,

et Maria de Costa, âgée de 23 ans, fille de Jean de Costa et de Maria de Rozario.

20 mai.

Andrique (Joseph), âgé de 19 ans, fils de père et mère gentils,

et Pascala de Rozario, âgée de 18 ans, fille de Jean de Rozario et de Maria de Rozario.

16 juin.

Almeida (Thomé d'), fils de père et mère gentils,

et Jeanne de Rozaire, fille de Mathieu de Rozaire et de Lucia de Lima.

6 juillet.

Passagne (Joseph), âgé de 25 ans, fils de Thomé Passagne et de Clara Ignès,

et Madeleine Pereira, âgée de 18 ans, fille de Dominique Pereira et d'Antonia Paran.

28 juillet.

Jansen (Guillaume), âgé de 25 ans, fils de Gabriel Jansen et de Suzanne de Monté,

et Grace de Campos, âgée de 16 ans, fille de Jean de Campos et d'Ursule de Costa.

4 août.

Rozario (Antonio de), fils de Manoël de Rozario et de Catherine de Rozario,

et Francisca de Rozario, veuve d'Antonio de Monté, fille de père et mère gentils.

11 août.

Noronha (Antonio), né à Manille, fils de Joseph Noronha et de Potenciana Leonarda de Navario,

et Florentia d'Almeida, née à Tranquebar, veuve de Jean de Rozaire, fille d'Antonio d'Almeida et d'Anne Léal.

31 août.

Barthélemy, fils de père et mère gentils,
et Françoise, esclave.

3 septembre.

CELLA (Albino de), âgé de 22 ans, fils d'Antonio de Cella et de Marie Vaz,

et Lucia DURIN, âgée de 17 ans, fille de Jean Durin, soldat topa, et de Marie Cordeiro.

9 septembre.

ROZAIRE (François de), âgé de 20 ans, fils de Louis de Rozaire et de Marie de Rozaire,

et Lucrèce de ROZAIRE, âgée de 13 ans, fille de Michel de Rozaire et d'Antonia de Rozaire.

17 septembre.

JAME (Charles), âgé de 29 ans, né à Saint-Germain en Laye, veuf d'Appoline Gravier,

et Grace Lélan, âgée de 15 ans, fille de Gilles Lélan, soldat français, et d'Anne Sauveral.

19 novembre.

ROZAIRE (Antoine de), âgé de 19 ans, fils de père et mère gentils.

et Marguerite de MONTÉ, âgée de 22 ans, fille de père et mère géntils.

24 novembre.

FERNANDEZ (Manuel), fils de Jean Fernandez et de Marie de Rozaire.

et Marie MIRANDA, fille de Gabriel Miranda et de Madeleine de Rozario.

Décès.

13 janvier.

SANTS (Jérome de), âgé de 40 ans, ancien soldat topa.

19 janvier.

PECHOTE (Espérance), âgée de 60 ans.

22 janvier.

COTINHO (Catherine), âgée de 27 ans, épouse de Remignac, matelot.

25 janvier.

Rozaire (Marie de), âgée de 3 jours, fille d'Ambroise de Rozaire et de Marie de Monté.

27 janvier.

Letor dit Tulipe (Jean François), soldat français, né à Rennes, âgé de 28 ans.

28 janvier.

Bellot (François), né à Bordeaux, matelot sur le *Philibert*.

4 février.

Pourquet dit La Touche (François), né à Orléans, soldat, âgé de 27 ans.

6 février.

Rozario (Francisca), âgée de 25 ans.

14 février.

Jacquelin dit La Pierre (Guillaume), né en Bretagne, soldat, âgé de 30 ans.

17 février.

Lion dit Mondovi (Jean Baptiste), soldat, né à Mondovi (Piemont), âgé de 29 ans.

19 février.

Baptiste (Paulin) âgé de 18 ans.

2 mars.

Rozario (Thomase de), âgée de 50 ans, veuve de Thomas Ribeiro.

2 mars.

Collin dit Mont Rouge (Antoine), soldat, né à Mont Rouge, âgé de 21 ans.

3 mars.

Portail (Pierre François du), né à Paris, enseigne, âgé de 20 ans.

14 mars.

Carré (Jean Baptiste), né à Rennes, soldat, âgé de 23 ans.

19 mars.

Monté (Suzanne de), épouse de Gabriel Jansen, soldat topa, âgée de 54 ans.

19 mars.

Charbuy (François), né à Paris, âgé de 25 ans, employé de la Compagnie.

20 mars.

La Garte (Emerentienne), née à Sadras, âgée de 40 ans.

7 avril.

Royer (Charles), âgé de 4 ans, fils de Dominique Royer et d'Anne Françoise Cadot.

17 avril.

Lopez (François), âgé de 2 ans, fils de Pierre Lopez.

19 avril.

Rozaire (Antonia de), âgée de 45 ans, veuve de Pascal de Rozaire.

20 avril.

Rozaire (Marguerite de), âgée de 70 ans.

29 avril.

La Touche (Jean), né à Montpellier, soldat, âgé de 50 ans.

4 mai.

Rozario (Thomé de), âgé de 3 jours, fils de Thomé de Rozario, et de Claire Pereira.

15 mai.

Clouerec dit Fahouet (Jean Baptiste), né à Fahouet près Quimper, soldat, âgé de 25 ans.

25 mai.

Corfinat dit Plandrin (Vincent), né à Vannes, soldat, âgé de 18 ans.

5 juin.

Monté (Maria de), âgée de 35 ans, épouse d'Antoine de Rozaire.

12 juin.

Godar, fils d'un esclave, âgée de 11 mois.

16 juin.

Rozaire (Pascale de), âgée de 33 ans, épouse d'Etienne de Cruz.

17 juin.

Loguetin de Penhoat (Didier), né à Landernau, âgé de 28 ans, second enseigne sur le *Prince de Conti*.

18 juin.

Michel (Rev. P.), né à Ledvich, en Bearn, capucin, âgé de 32 ans.

22 juin.

Martins (Féilcien), âgé de 22 ans, fils de François Martins et d'Ursule Suera d'Albuquerque.

24 juin.

Rozaire (Jean de), âgé de 40 ans, matelot.

28 juin.

Rozaire (Madeleine de), âgée de 60 ans,

16 juillet.

Cruz (Françoise de), âgée de 20 ans.

28 juillet.

Rozaire (Marie de), âgée de 50 ans.

6 août.

Mollandin (André), né à Tours, ancien directeur de Mahé et conseiller honoraire.

12 août.

La Garde (Nicolas Jean Pierre de), né à Dieppe, âgé de 29 ans, enseigne sur la *Condé*.

16 août.

Rozaire (Catherine de), âgée de 40 ans.

18 août.

Monté (François de), âgé de 5 jours, fils de Pierre de Monté et de Marie de Rozaire,

24 août.

Silveira (Léonardo), fils de Leonardo Silveira et de Eléonore Pereira.

25 août.

Rozaire (Catherine de), âgée de 10 jours, fille d'Emmanuel de Rozaire et de Jeanne de Lélie.

26 août.

Le Blond (Christine), âgée de 45 ans.

26 août.

Rozaire (Dominique de), âgé de 8 ans.

28 août.

Nicolas, fils d'une esclave, âgé de 7 mois.

3 septembre.

Mabille (René), âgé de 20 ans, né à Erquier, matelot sur l'*Argonaute*.

10 septembre.

Niaisse (Maurice), âgé de 2 ans 1/2, fils de Jacques Niaisse, né à Saint-Malo, et de Françoise Morel, née à Lorient.

18 septembre.

Rozaire (Pierre de), âgé de 4 ans, fils de François de Rozaire soldat topa et de Marie de Rozaire.

24 septembre.

Pitois (Jean), né à Bordeaux, soldat, âgé de 60 ans.

26 septembre.

Miege dit Saint-Edouard (George), né à Elemont, évêché de Troyes, soldat. âgé de 22 ans.

26 septembre.

Ruel (Joseph), âgé d'un an 1/2, fils de Jacques Ruel et d'Elisabeth Lecouesse.

29 septembre.

Monte (Cecilia de), âgée de 60 ans.

30 septembre.

Rozaire (Ignace de), âgé de 60 ans, soldat topa.

2 octobre.

Jacques, fils d'une esclave, âgé de 2 mois.

4 octobre.

Almeda (Pierre), âgé de 29 ans, soldat topa.

11 octobre.

Ribeiro (Marie), âgée de 10 mois, fille de François Ribeiro.

13 octobre.

Le Deu (Joseph), matelot sur l'*Amphitrite*.

14 octobre.

Feroc (Anne), âgée de 22 ans, veuve de Jean Duquenel dit la Couture, perruquier.

16 octobre.

François, âgé de 3 jours, fils d'une esclave.

17 octobre.

Gonsale (Jean), âgé de 18 ans.

17 octobre.

Cuelo (Pascale), âgée d'un an, fille de Nelchior Cuelo.

20 octobre.

Louis (Anne), âgée de 24 ans, épouse de Marc Cornelio, soldat topa.

29 octobre.

Roger dit Turenne (Louis), âgé de 19 ans, né à Paris, soldat.

30 octobre.

Cornelio (Marie), âgée de six jours, fille de Marc Cornelio, soldat topa et d'Anne Louis.

30 octobre.

Valerio (Francisco), âgé de 3 ans, fils de Joseph Valerio, soldat topa, et de Rose Vaz.

1ᵉʳ novembre.

Guillasse dit Plumergat (André), âgé de 26 ans, soldat français, né à Plumergat (Bretagne).

9 novembre.

Rozaire (Anne de), âgé de 50 ans.

14 novembre.

Almède (Jean), âgé de 9 ans, fils de François Almède, matelot.

18 novembre.

Janse (David), âgé de 80 ans.

19 novembre.

James (Charles), âgé d'un an 6 mois, fils de Charles James, soldat français, et boulanger, et d'Appoline Gravier.

19 novembre.

Alvès (Marie), âgée de 40 ans.

20 novembre.

Fournier (Marguerite), âgée de 2 ans, fille d'André Fournier et d'Appoline Rabouin.

20 novembre.

Mirande (Sebastienne de), âgée de 60 ans, épouse de Emmanuel Rodrigues.

26 novembre.

Lazara, esclave, âgée de 30 ans.

27 novembre.

Diamante (Louise), âgée de 3 mois, fille d'Etienne Diamante, marin topa et de Marie Cordeiro.

7 décembre.

Emmanuel, âgé de 7 jours, fils d'esclaves.

9 décembre.

Cotinho (André), âgé de 10 jours, fils d'Isabelle Cotinho.

14 décembre.

Dupont (Claude), âgé de 23 ans, fils de Jacques Dupont, né à Neufchatel en Normandie.

18 décembre.

Lisset (Jeanne), âgée de 13 ans, fille de Yves Lisset, né à Ortangue, sergent, et de Dorothée d'Almeida,

19 décembre.

Anne, âgée de 25 ans, esclave.

20 décembre.

Antoine, fils d'une esclave.

23 décembre.

Ferrère (Marie), née à Achem, âgée de 70 ans, veuve d'Emmanuel Ferrère, ancien maître d'école à Madras.

24 décembre.

Rozaire (André de), âgé de 60 ans, soldat topa.

28 décembre.

Françoise, esclave, âgée de 7 ans.

ANNÉE 1734.

Naissances.

1er janvier.

Rozaire (Emmanuel de),
fils de Jean de Rozaire, soldat topa, et d'Anne.

6 janvier

Noronha (Balthazar),
fils d'Antoine Noronha, né à Manille, et de Florentine d'Almeida.

6 janvier.

Gabriel, fils d'esclaves,

8 janvier.

Courtet (Louise),
fille de Hervé Courtet, né à Vannes, soldat, et de Françoise de Souza.

17 janvier.

Etienne, fils d'une esclave.

19 janvier.

Antoine, fils d'une esclave.

1er février.

Souza (Dominique de),
fils de Zépherino de Souza, soldat topa, et d'Isabelle de Campos.

3 février.

Dubely (Manuel),
fils de François Dubely, officier de vaisseau, et de Catherine Damilaville.

5 février.

Chevalier (Antoine),
fils d'Antoine Chevalier et de Dominica Provis, née à Surate.

6 février.

Rozaire (Dominica de), fille de Manuel de Rozaire.

8 février.

Lille (Julienne Marguerite de),
fille d'Antoine de Lille, matelot sur le *Saint-Pierre*, né en Bretagne, et de Julienne Le Brun, née à Pondichéry.

13 février.

Rozaire (François de), fils de Marie de Rozaire.

26 février.

Monté (François de), fils de François de Monté, topa.

6 mars.

Rozaire (Françoise de), fille de François de Rozaire.

6 mars.

Passagne (François),
fils de Joseph Passagne, soldat topa, et de Madeleine Pereira.

11 mars.

Valère (Catherine),
fils de Joseph Valère, soldat topa, et de Rose Vas.

17 mars.

Merigon de la Baume (Marie Françoise),
fille de Joseph Merigon de la Baume, né à Saint-Malo, officier sur les vaisseaux de la Compagnie, et de Dauphine de Guine, née à l'Ile Bourbon.
Parrain : Nicolas François Merigon de la Baume, greffier en chef du Conseil supérieur.

21 mars.

Souza (François de),
fils de Gabriel de Souza, matelot, et de Julie de Cruz.

25 mars.

Mitre (Marguerite),
fille d'Etienne Mitre, soldat français, né à Toulon, et d'Ursule de Rozaire.

25 mars.

Le Mont (Jacques),
fils de Jean Le Mont, né au Havre, maître de navire, et d'Anne Hervaux.

26 mars.

Ruel (Antoine),
fils de Jacques Ruel, né à Saint-Malo, maître-tonnelier, et d'Elisabeth Le Couësse, née à Pondichéry.

11 avril.

Solminiac (Catherine de),
fille de Jean Baptiste de Solminiac, né à Bazas, officier de vaisseau, et de Marianne de la Lande.

18 avril.

Chateauneuf (Louis),
fils de Pierre Chateauneuf, né à Pondichéry, soldat, et de Julie Gabion, née à Pondichéry.

21 avril.

Rodriguez (Mathieu),
fils de François Rodriguez, né à Madras, matelot, et de Marie de Rozaire.

21 avril.

Gonsalvès (Pascale),
fille de Pierre Gonsalvès, topa, et de Françoise de Rozaire.

28 avril.

Brugier (Guillaume),
fils de Guillaume Brugier, né à Quimperlé, soldat, et de Marie Belcour, née à Pondichéry.

1er mai.

Dominique, fils d'une esclave.

1er mai.

Rozaire (Julienne de), fille de Suzanne de Rozaire.

1er mai.

Ligounedin (Jean François),
fils de Gabriel Ligounedin, né à Pondichéry, soldat.

7 mai.

GALLUMET (Marie),
fille de Pierre Gallumet dit Saint-Cloud, né à Marnes, sergent, et de Marie Madeleine Cadot, née à Pondichéry.

15 mai.

VOOGEL (Jeanne),
fils de Jean Voogel, hollandais, et de Marie Burel, née à Gingy.

17 mai.

LE GALOU (Jean),
fils de René Le Galou, né en Bretagne, et de Marie Ligondé, née à Pondichéry.

27 mai.

GOMÈS (Jacques),
fils de Joseph Gomès, né à Surate, soldat topa, et d'Anne de Monté.

30 mai.

GUERDORF (Julie),
fille de Fréderic Guerdorf, né à Berlin, soldat, et de Marie Royer, née à Pondichéry.

4 juin.

ONILLON (François),
fils d'André Onillon, né à Varades, soldat, et de Françoise Lélan, née à Pondichéry.

11 juin.

ROYER (Dominique),
fils de Dominique Royer, né à Goudelour, canonnier, et d'Anne Françoise Cadot.

11 juin.

JOSEPH, fils d'une esclave.

11 juin.

MARIE, fille d'une esclave.

13 juin.

MONTÉ (Louis de),
fils de François de Monté et d'Anne de Rozaire.

2 juillet.

ROCHERS (Catherine des),
fille de Jacques des Rochers, né à Pondichéry, tonnelier, et de Françoise Caldeira.

8 juillet.

Sellas (Pierre de),
fils d'Albino de Sellas et de Louise Durim.

15 juillet.

Rozaire (Pierre de),
fils de Xavier de Rozaire, soldat topa, et de Jeanne de Rozaire.

15 juillet.

Monté (Joseph de),
fils d'Adrienne de Monté.

24 juillet.

Antoinette, fille d'esclaves.

29 juillet.

Rose (Marianne),
fille de Jean Baptiste Rose dit Dufresne, né à Coutances, maître-menuisier de la Compagnie.

31 juillet.

Rozaire (Guillaume de), fils de Thomasia de Rozaire.

6 août.

Ferrier (Marie-Thérèse),
fille d'Antoine Ferrier, né à Lyon, chirurgien-major, et de Thérèse Aleigra, née à Port-Louis en Bretagne.

11 août.

Tunis (Françoise),
fille d'Antoine Tunis, soldat topa, et de Françoise Manas.

15 août.

Gamo (Dominga de),
fille de Michel de Gamo, soldat topa, et de Marie de Monté.

20 août.

Rozaire (Dominique de),
fils de François de Rozaire et de Marthe de Rozaire.

28 août.

Rozaire (Paula de),
fille de Xavier de Rozaire, soldat topa, et de Dominga Ribeiro.

7 septembre.

Monté (Marie de),
fille d'Ambroise de Monté, soldat topa, et de Robine de Rozaire.

8 septembre.

Albis (Marie),
fille d'Antoine Albis, soldat topa, et de Marie de Rozaire.

22 septembre.

Isaac (Marguerite),
fille de M. Isaac, chevalier de l'Eperon, né à Julfa, et d'Agnès de Souza Quenctin.

27 septembre.

Ferrère (Marie),
fille de François Ferrère, soldat topa, et de Nathalie Albis.

29 septembre.

Gomes (Michel),
fils de Paul Gomes et d'Anne Ribeiro.

4 octobre.

Corneille (François),
fils de Marc Corneille, soldat topa, et d'Antoinette de Rozaire.

4 octobre.

Passagne (Dominica),
fils de Louis Passagne, soldat topa, et de Marie de Laviolette.

16 octobre.

Rozaire (Léandre Marc de),
fils de Marc de Rozaire, soldat topa.

16 octobre.

Gassonville (Catherine Sanguin de),
fille de Thomas Sanguin, écuyer, sieur de Gassonville, capitaine, et de Jeanne Joquin.

16 octobre.

Rozaire (Dominique de),
fils d'Abraham de Rozaire, topa, et de Françoise de Rozaire.

1er novembre.

Lopez (Anne),
fille de Pierre Lopez, soldat topa, et d'Anne de Rozaire.

1ᵉʳ novembre.

Monté (Louis de),
fils de Georges de Monté, soldat topa, et de Marie de Rozaire.

10 novembre.

Mel (Marthe de),
fille de Guillaume de Mel, soldat topa, et de Nathalie de Monté.

20 novembre.

Février (Guillaume),
fils de Guillaume Février, né à Paris, sous-marchand et secrétaire du Conseil supérieur, et de Brigitte Bruno, née à Pondichéry.

22 novembre.

Rozaire (Simon de),
fils d'Antoine de Rozaire, soldat topa, et d'Isabelle de Saude.

26 novembre.

Lopès (Ignatia),
fille de Pascal Lopès, et de Bernard de Monté.

12 décembre.

Guérin (Louis),
fils d'Etienne Guérin, dit Saint-Médard, né à Paris, soldat, et de Dorothée Gaignon, née à Pondichéry.

21 décembre.

Godar, fils d'une esclave.

22 décembre.

Carlie (Joseph),
fils de François Carlie, né à Paris, sergent, et de Marianne Parlot.

30 décembre.

Monté (André de), fils de Marie de Monté.

Mariages.

5 février.

Lopès (Pedro), fils de Domingo Lopès, soldat topa, et d'Annne de Rozaire,

et Marie de Rozaire, fille de Francisco de Rozaire et de Marguerite de Rozaire.

8 mars.

Souza (Domingo de), fils de Jean de Souza et d'Anne de Rozaire,

et Lima de Lima, fille de Jean de Lima et de Marie de Monté.

3 mai.

Février (Guillaume), né à Paris, âgé de 32 ans, sous-marchand et secrétaire du Conseil supérieur, fils de Jacques Février, procureur au Parlement de Paris, et de Marie Jeanne Dautel.

et Brigitte Bruno, veuve d'André Mollandin, ancien directeur à Mahé, née à Pondichéry, âgée de 32 ans.

Témoins : Simon de la Farelle, chevalier de l'ordre militaire de Saint-Louis, commandant des troupes, né à Nimes, Jacques Mahé de la Villebague, né à Saint-Malo, André Boyelleau, né à Paris, commis de la Compagnie.

5 mai.

Guerre (Abraham), né à Mulhouse, âgé de 38 ans, employé de la Compagnie, veuf de Marie Brunet, fils de Gabriel Guerre et de Marie Hofre,

et Julienne Le Borgne, âgée de 19 ans, fille de Marc Le Borgne et d'Anne d'Almeide.

Témoins : Pierre Le Noir, conseiller, né à Paris, Georges Signard, conseiller, Jacques Dulaurens, conseiller, né à Paris, Maurice Pilavoine, teneur de livres, né à Surate.

12 mai.

Fernandès (Manuel), fils de Jean Fernandès et de Marie de Rozaire,

et Françoise de Rozaire, fille de François de Rozaire et de Madeleine de Rozaire.

15 juin.

Gomès (Francisco), fils de Louis Gomès et de Louise de Siva, et Catherine de Rozario, fille de père et mère gentils.

15 juin.

Pereira (François), fils d'Antoine Pereira et de Françoise de Rozaire,

et Isabelle de Rozaire, fille d'André de Rozaire et de Nathalia de Rozario.

17 juin.

Xavier (Ignatio), fils de père et mère gentils,
et Jeanne de Rozario, fille de François de Rozario et d'Anne de Graça.

21 juin.

Rozaire (Domingo de), fils de Thomé de Rozaire et de Dominga de Rozaire,
et Pascale de Monté, fille de Thomas de Monté et de Marie de Lima.

5 juillet.

Willomèse (Nicolas), né à Négapatam, fils de Pierre Willomèse et d'Euphrosine Pereira,
et Antonia Ribeiro, fille de Jacob Ribeiro et de Madeleine Siqueira.

8 juillet.

Cruz (Etienne de), veuf de Pascale de Rozario, fils d'Antoine de Cruz et de Rose de Rozaire,
et Marie Matheiro, veuve d'Ambroise Pereira, fille d'Antoine Matheiro et de Paule de Monté.

10 juillet.

Du Bocage (Jean Louis), né à Saint-Malo, capitaine de vaisseau, fils de Thomas Butel du Bocage, marchand, et de Marie Montfort,
et Marie de Bellegarde, née à Saint-Malo, fille de feu M. de Bellegarde, conseiller, et de Jeanne Seguin.

13 juillet.

Theodoze (Jean), fils de père et mère gentils,
et Anne de Rozaire, fille de père et mère gentils.

27 juillet.

Ribeiro (Gaspard), fils de Jacques Ribeiro et de Madeleine Siqueira,
et Jeanne Passagne, fille d'Antoine Passagne et d'Andréa de Cruz.

11 août.

Rozaire (Alexandre de), fils de Jacques de Rozaire et de Madeleine de Rozaire,
et Marie de Silva, fille d'Abraham et de Marguerite de Silva.

14 août.

CARAVALHO (Sébastien), né à Saint-Thomé,
et JEANNE, née à Saint-Thomé.

24 août.

DRAGON (Jean), soldat topa,
et Françoise de ROZAIRE, veuve de François de Monté.

25 octobre.

ROZAIRE (Marc de), fils de Marc de Rozaire et d'Adriane de Monté,
et Catherine de FONSEQUE, fille de Gaspard de Fonseque et d'Amélie de Rozaire.

4 novembre.

LOPEZ (Pascal), fils de Jean Lopez et d'Anne de Rozaire,
et Bernarda de MONTÉ, fille d'Etienne de Monté et de Marie de Vaz.

16 novembre.

ROZAIRE (Léandro de), fils de Marc de Rozaire et d'Adriane de Monté,
et Antonia TORIS, fille de Philippe Toris et de Marguerite de Rozaire.

Décès.

1er janvier.

MARTINS (Marie), âgée de 50 ans, veuve de Dominique de Rozaire.

2 janvier.

ROZAIRE (Sébastien de), topa, âgé de 60 ans.

3 janvier.

SANS (Jean de), âgé de 2 ans.

10 janvier.

JESUS (Isabelle de), âgée de 45 ans, femme d'Emmanuel Lopès.

12 janvier.

MICHU dit MASCE (Urbain), né à Angers, soldat, âgé de 39 ans.

13 janvier.

Cabaut (Antoine), âgé d'un an 9 mois, fils de Nicolas Cabaut, soldat.

16 janvier.

François, fils d'une esclave.

20 janvier.

Pinçon (Julien), âgé de 45 ans, soldat, né à Hennebon.

21 janvier.

François, matelot topa.

22 janvier.

Dehays (Agnès), âgée de 4 mois, fille de Pierre Dehays, né au Havre. officier de vaisseau, et de Marie Viera, né à Pondichéry.

22 janvier.

Cotin (Micheline), âgée de 10 mois, fille de Pierre Cotin.

23 janvier.

Belec (Marguerite), âgée de 3 ans, fille de Pierre Belec.

26 janvier.

Lisset (Charles), âgé de 15 mois, fils de Yves Lisset, sergent, né en Bretagne, et de Jeanne Rousselet. née à Pondichéry.

26 janvier.

Diguet (Louis), âgé de 8 mois 10 jours, fils de Jean Baptiste Diguet, né à Vannes, adjudant cannonier et de Marie La Plante, né à Madras.

28 janvier.

Ferrier (Joseph Charles), âgé de 2 ans 8 mois, fils d'Antoine Ferrier, né à Lyon, chirurgien major, et de Thérèse Alègre, née à Port-Louis.

30 janvier.

Elisabeth, esclave, âgée de 16 ans.

30 janvier.

Rozaire (Dominique de), âgé de 16 ans.

3 février.

Dubely (Manuel), âgé d'un jour, fils de François Dubely, officier de vaisseau et de Catherine Damilaville.

3 février.

Grout (Monique), âgée d'un an et 1/2, fille de Jean Grout, né à Fécamp, matelot, et de Françoise Amelin.

8 février.

Damilaville (Catherine), âgée de 18 ans, épouse de François Dubely, officier de vaisseau.

10 février.

Antoine, esclave, âgé de 25 ans.

13 février.

Paul (Catherine), âgée de 18 ans, épouse de M. Delahaye, employé de la Compagnie.

14 février.

Ker (Jean), boucher sur l'*Amphitrite*.

15 février.

Rozaire (Emmanuel de), âgé de 75 ans.

17 février.

Gabriel, fils d'esclaves.

17 février.

Elias (Jacques), âgé de 4 ans.

19 février.

Rozaire (Julien de), âgé de 3 ans.

20 février.

Grangemont (Louis de), âgé de 25 ans, employé de la Compagnie, fils de Louis de Grangremont, ancien directeur à Surate et de Louise Radegonde de Crevecœur.

21 février.

Gravier (Marie), âgée de 2 ans, fille de Gilles Gravier, soldat, né à Kervignac, et de Rose de Monté.

21 février.

François, âgé de 2 ans 8 mois, fils d'esclaves.

22 février.

Pereira (Thomasia), âgé de 5 ans.

23 février.

Canhan (Joseph), âgé de 10 ans, fils de Pierre Canhan, capitaine des canonniers, né à Dunkerque et de Marianne Crépin.

23 février.

Rozaire (Grégoire de), âgé de 15 mois.

23 février.

Cordeiro (Laurence), âgée de 2 ans.

24 février.

Françoise, âgée de 2 ans.

4 mars.

Mirande (Marie), âgée de 14 ans.

6 mars.

Rodrigues (François), âgé de 3 ans 1/2.

6 mars.

Rozaire (François de), âgé de 20 jours.

9 mars.

Victoire, âgée de 10 mois, fille d'esclaves.

11 mars.

Pitre Ventrepaque (Marguerite), âgée de 14 ans, parents décédés.

12 mars.

Rozaire (François de), âgé de 6 jours.

12 mars.

Marie, esclave, âgée de 18 ans.

12 mars.

Laurent, esclave, âgé de 9 ans.

13 mars.

Rodrigues (Clément), âgé de 5 ans.

14 mars.

Elias (Marguerite), âgée de 1 an 9 mois.

14 mars.

Lucas (Jean), âgé de 14 ans, fils de M. Lucas, né à Paris, et de demoiselle Saintard.

15 mars.

Rozaire (Dominiqua), âgée de 3 ans.

15 mars.

Boivin (Jean), âgé de 5 ans 1/2, fils de Jean Boivin, capitaine des canonniers, et de Marguerite Vincent.

16 mars.

Thomas, esclave, âgé de 15 ans.

16 mars.

Rozaire (Thomasia de), âgée de 6 ans.

16 mars.

Rozaire (François de), âgé de 13 ans.

16 mars.

Sabine, esclave, âgée de 7 ans.

18 mars.

Gossard (Joseph), âgé de 6 ans, fils de Girard Gossard, né à Gand et de Dorothée Bernard.

18 mars.

Gomès (Jean), âgé de 7 mois.

21 mars.

Rodrigues (Antoine), âgé de 5 mois.

21 mars.

Rocher (Catherine), âgée d'un an 9 mois.

21 mars.

FRANÇOISE, esclave, âgée de 6 ans.

23 mars.

DECOUBLANT (Marie), âgée de 3 ans 5 mois, fille de François Decoublant, écuyer sieur de Gilan, né à Saint-Laurent de Boy, évêché de la Rochelle, capitaine, et de Marie Madeleine Roy, née à Rochefort.

25 mars.

ROZAIRE (Marie de), âgée de 7 ans.

25 mars.

GALLUMET (Marianne), âgée de 2 ans 3 mois, fille de Pierre Gallumet dit Saint-Clou, sergent, né à Paris et de Marie Cadot.

27 mars.

ROZAIRE (Louis de), âgé de 2 ans.

28 mars.

QUEREL (Nicolas), né à Belle-Isle en mer, âgé de 50 ans.

29 mars.

FERRÈRE (Marguerite), âgée de 8 mois.

30 mars.

CRUZ (Hélène de), âgée de 10 mois.

1er avril.

FRANÇOISE, âgée de 4 ans, fille d'esclaves.

3 avril.

ROZAIRE (François de), âgé de 6 mois.

3 avril.

RODRIGUES (Suzanne), âgée de 4 ans.

4 avril.

ROZAIRE (Antoine de), âgé de 40 ans.

5 avril.

GUERRE (Gabriel), âgé de 12 ans, fils d'Abraham Guerre (1) et de Marie Brunet.

5 avril.

ROZAIRE (Geneviève de), âgée de 40 ans.

6 avril.

LIBÈRE (Dominga), âgée de 7 ans.

8 avril.

ROZAIRE (Pascale de), âgée de 3 ans.

8 avril.

ROZAIRE (Jeanne de), âgée de 11 ans.

8 avril.

BALAND (Yves), âgé de 50 ans, soldat, né à Plémeur.

9 avril.

PASSAGNE (Ignace), âgé de 2 ans.

10 avril.

VOGLE (Fabien), âgé de 2 ans 1/2, fils de Jean Vogle, sergent né à Harlem, et de Marie Burel, née à Gingy.

12 avril.

PORCHER (Geneviève), âgé d'un an 6 mois, fille d'Abraham Desouches Porcher, né à Paris, chef du Comptoir de Mazulipatam, et de Nicole Geneviève Barri, née à Paris.

13 avril.

CANHAN (Pierre Germain), âgé de 5 ans, fils de Pierre Canhan, né à Dunkerque, capitaine des troupes, et de Marianne Crépin, née à Pondichéry.

14 avril.

MOLLANDIN (Brigitte Geneviève), âgée d'un an 7 mois, fille d'André Mollandin, né à Tours, conseiller honoraire, et de Brigitte Bruno, née à Pondichéry.

---

(1) D'après cet acte, Abraham Guerre serait né à Bienne en Suisse; dans d'autres actes, on le fait naître à Saint-Imier, dans d'autres à Mulhouse.

20 avril.

Souza (Pierre de), âgé de 3 ans.

23 avril.

Connan (Catherine de), âgée de 5 ans.

23 avril.

Agnès, fille d'esclaves, âgée de 10 ans.

24 avril.

Le Galec (Julien), âgé de 56 ans, soldat, né à Saint-Malo.

25 avril.

Rozaire (Dominga), âgé d'un an 1/2.

25 avril.

Pirez (François), âgé d'un an.

26 avril.

Aubigni (Jeanne d'), âgée de 30 ans.

3 mai.

Passagne (Albert), âgé de 6 mois.

9 mai.

Ducour (Jacques), âgé de 40 ans, né à Saint-Malo, matelot sur le *Jupiter*.

13 mai.

Allaigre (Louis), âgé de 14 ans, fils de François Allaigre, né à Gênes.

15 mai.

Rabcuin (Antoine), âgé de 30 ans, topa, né à Pondichéry.

20 mai.

Marie, âgée de 12 ans, esclave.

21 mai.

Martins (Marguerite), âgée de 32 ans.

23 mai.

Conan (Yves), âgé de 40 ans, né à Vannes, matelot sur la *Danaë*.

24 mai.

Le Galou (Marie), âgée de 5 ans 1/2, fille de René Le Galou, et de Marie Ligondé.

28 mai.

Marie, âgée de 6 ans, fille d'une esclave.

1er juin.

Le Mouroux dit Saint-Goustant (Joseph), âgé de 30 ans, né à Auray.

6 juin.

Le Can (Claude), âgé de 40 ans environ, né à Plouar, matelot sur la *Galatée*.

6 juin.

Royer (Marie), âgée de 25 ans, épouse de Fréderic Wilhem Guerdorf, né à Berlin, soldat.

9 juin.

Carneiro (Antoine), âgé de 45 ans, adjudant canonnier, né en Portugal.

14 juin.

Barbe (Madeleine de), âgée d'un jour.

19 juin.

Fiensal dit la Seire (Jean), âgé de 28 ans, né à Marmande, matelot sur le *Philibert*.

28 juin.

Dominique, âgé de 2 mois, fils d'une esclave.

2 juillet.

Teurquetide (Pierre), âgé de 30 ans, né à Paris, soldat, embarqué sur le *Philibert*.

3 juillet.

Rozario (Pascale de), âgée de 50 ans, épouse d'Emmanuel de Rozaire.

5 juillet.

Conho (Isabelle de), âgée d'un jour.

5 juillet.

Omnès dit Saint-Luc (Guillaume), soldat, né en Basse-Bretagne.

15 juillet.

Rozaire (Nathalie de), âgée de 2 ans.

20 juillet.

Le Vasseur (Jean), âgé de 36 ans, né à Calais, canonnier, sur le *Dauphin*.

22 juillet.

Queffelec dit Sainte-Croix, âgé de 30 ans, né à Goulian (Bretagne), adjudant-canonnier.

23 juillet.

Rivière (Jean de), âgé de 70 ans, né à Lyon, soldat invalide.

10 août.

Rozaire (Isabelle de), âgée de 25 ans, épouse de Denis Gomès.

14 août.

Baudet (Nicolas), âgé de 40 ans, sergent, né à Dresse en Champagne.

20 août.

Suarès (Marianne), âgée da 4 mois.

21 août.

Bertome (Nicolas), âgé de 28 ans, né à Brest, matelot sur le *Maurepas*.

5 septembre.

Mitre (Marguerite), âgée de 5 mois.

12 septembre.

Marie, âgée de 10 ans, fille de père et mère gentils.

13 septembre.

Vibas (Antoine de), âgé de 38 ans, né au Crotoy, matelot sur le *Maurepas*.

14 septembre.

Dominga, âgée d'un an, fille de père et mère gentils.

16 septembre.

Rozaire (Marie de), âgée de 46 ans, épouse de Jean Verillac, dit Sans Chagrin, ancien sergent.

21 septembre.

Catherine, âgée d'un an, fille de père et mère gentils.

5 octobre.

Mathieu, âgé de 6 mois, fils de Marie Senhorinha.

6 octobre.

Monté (Félicienne de), âgée de 40 ans.

11 octobre.

Jean, âgé de 80 ans, domestique de Jean Harrenne, boulanger.

13 octobre.

Valère (Catherine), âgée de 9 mois.

13 octobre.

Briand de la Feuillée (Nicolas), âgé de 45 ans, né à Saint-Malo, ancien directeur du Comptoir de Moka.

17 octobre.

Jean, âgé de 35 ans.

17 octobre.

Gomez (Michel), âgé de 20 jours,

19 octobre.

Marie, âgée de 70 ans, malabare.

21 octobre.

Antoinette, âgée de 9 ans, esclave.

23 octobre.

Jeanne, âgée de 2 ans, fille d'une esclave.

27 octobre.

Presselin (Jean Baptiste), âgé de 53 ans, né à Nantes, ancien officier des troupes.

31 octobre.

Rozaire (Lazare de), âgé de 40 ans.

3 novembre.

Duret dit Carré (Jean), âgé de 56 ans, soldat, né à Morlaix.

6 novembre.

Carvalho (Sébastien), âgé de 50 ans.

26 novembre.

Félicienne, âgée de 40 ans.

27 novembre.

Monté (Dominga de), âgée de 2 ans.

28 novembre.

Jeanne, âgée de 70 ans.

3 décembre.

Rozaire (Antoinette de), âgée de 45 ans.

5 décembre.

Ligoudin (Marie), âgée de 4 ans.

6 décembre.

Jean, âgé de 8 ans, esclave.

9 décembre.

La Croix (Jean Baptiste), âgé de 2 ans 1/2.

13 décembre.

Silva (Louis de), âgé de 50 ans.

14 décembre.

Rozaire (Madeleine de), âgée de 60 ans.

15 décembre.

Dourim (Louise), âgée de 20 ans, épouse d'Albin de Selles, topa.

16 décembre.

CATHERINE, âgée de 5 ans, fille d'esclaves.

18 décembre.

MONTÉ (Anne de), âgée de 40 ans.

22 décembre.

SOUZA (Emmanuel de), âgé de 70 ans.

25 décembre.

JAFFRÉ (Marie), âgée d'un jour, fille de François Jaffré, dit la Trompette, né à Quimper, soldat, et de Marguerite Vaguenard, née à Pondichéry.

ANNÉE 1735 (1).

Naissances.

12 janvier.

Février (Simon Guillaume),
fils de Guillaume Février, secrétaire du Conseil et de Brigitte Bruno.

1ᵉʳ février.

Lebrun (René),
fils de Vincent Lebrun, soldat, né à Versailles et de Suzanne de Souza, née à Sadras.

6 février.

Léridé (Brigitte),
fille de Nicolas Léridé dit Lafontaine, née à Saint-Germain le Vicomte, évêché de Coutances, et de Marie Martin.

8 février.

Lacroix (Marie),
fille de Jean Marie Lacroix dit Abbeville, soldat, et d'Ignatia Le Bien, née à Pondichéry.

4 mars.

Grout (Marie),
fille de Jean Grout, né à Fécamp, et de Marie Amelin.

9 mars.

Gravier (Jean),
fils de Gilles Gravier, soldat, né à Keroignac, évêché de Vannes, et de Rose de Monté.

28 mars.

Le Mont (Louis),
fils de Jean Le Mont, maître de navire, né au Hâvre, et d'Anne Herveau, née à Pondichéry.

---

(1) Le nombre total des actes de l'Etat civil pour l'année 1735 fut de 180, dont 74 naissances, 23 mariages et 83 décès.

29 mars.

Guerre (Gabriel),
fils de Abraham Guerre et de Julienne le Borgne.

20 avril.

Desjardins (François-Eléonore),
fils de Guillaume Desjardins, né à Lorient, capitaine de vaisseau, et de Laurence Cosson de Lalande.

2 mai.

Herveau (Jeanne),
fille de Jacques Herveau, soldat, né à Quimper-Corentin, et de Marie Gonsalvès, née à Madras.

30 mai.

Le Noir (Rose),
fille de Jacques Le Noir, chirurgien, et de Jeanne Rose Le Roux.

13 juillet.

James (Marie),
fille de Charles James dit Joli, né à Saint-Germain en Laye, et de Grace Lelan.

4 octobre.

Bury (Elisabeth Françoise de),
fille d'Antoine de Bury et d'Elisabeth Cosson de Lalande.

20 octobre.

Gassonville (Julie Sanguin de),
fille de M. de Gassonville et de Jeanne Joquin.

Mariages.

3 février.

Decoublant (François), sieur de Guillan, âgé de 42 ans, capitaine des troupes, fils de Charles Decoublant, sieur de la Rousselière et de Marie Dillerain,
et Marie Françoise Giblot, âgée de 23 ans, née à Rennes, veuve de Jean Baptiste de Villecourt de La Motte, lieutenant.

6 juin.

Le Breton (Louis), âgé de 29 ans, canonnier, né au Hâvre,
et Apolline Herveau, fille de Jacques Herveau, caporal, et de Marie Gonsalvès.

28 juillet.

Duquenel dit La Couture (Jean), âgé de 32 ans, soldat, né à Verneuil,
et Anne Diguet, âgée de 17 ans, née à Pondichéry.

3 novembre.

La Haye de Villiers de Saint-Tibault (Paul de), âgé de 55 ans, employé de la Compagnie, né à Paris,
et Anne Catherine Allais, âgée de 18 ans, née à Paris.

7 novembre.

Joulent (Antoine Jacques Joseph), âgé de 25 ans, adjudant-canonnier, né à Tournai,
et Marie Eléonore Dor, âgée de 15 ans, née à Pondichéry.

21 novembre.

Bronec (François), âgé de 30 ans, soldat, né dans l'évêché de Quimper,
et Marie Pereira, âgée de 14 ans, née à Pondichéry.

Décès.

5 janvier.

Gilard (Jean Simon), pilotin sur l'*Apollon*, né à Brest.

6 janvier.

Marié de Vaucourt (Jean Charles), âgé de 40 ans, capitaine des troupes, né à Dunkerque.

8 janvier.

Blot dit Fleur d'Epines (Jean), âgé de 35 ans, sergent sur l'*Apollon*, né à Solien, évêché d'Autun.

9 janvier.

Le Gaureur dit Brisetout (Joseph), âgé de 32 ans, soldat, né à Cambrai.

22 janvier.

Richard (Augustin), pilotin sur l'*Apollon*, né à Port-Louis.

11 février.

Morgat (Pierre), matelot de l'*Apollon*.

26 février.

Malet dit de Lanoë (Pierre), âgé de 18 ans, soldat, né à Conge, diocèse d'Evreux.

1er avril.

Le Borgne (Julienne), âgée de 20 ans, femme d'Abraham Guerre.

11 avril.

Desert (Marianne), âgée de 77 ans, née à Rouen, veuve de Louis Etienne Pilavoine, chevalier de Saint-Lazare, directeur de l'ancienne Compagnie à Surate.

26 avril.

Gours (Mathurin), âgée de 48 à 50 ans, né à Argui, évêché de Saint-Brieuc, matelot du *Triton*.

23 mai.

Revel (Jacques), fils de Jacques Revel, maître tonnelier de la Compagnie, et d'Elisabeth Lecouesse.

3 juin.

Leroux (Jeanne Rose), âgée de 21 ans, femme de Jacques, Le Noir, chirurgien.

4 juin.

Magelin dit La Fontaine (Pierre), âgé de 30 ans, adjudant canonnier, né à Saint-Lo.

24 juillet.

Neron dit l'Angevin (Michel), âgé de 35 ans, né à Baugé.

5 août.

Parlot (Etienne), âgé de 24 ans, fils de Parlot dit l'Espérance, sergent.

12 août.

Le Noutre de la Morandière (Nicolas), âgé de 57 ans, ancien teneur de livres de la Compagnie, né à Paris.

17 août.

Bosseni dit La Garenne (François Mathurin), âgé de 17 ans, né à Carsais, évêché de Tréguier.

29 août.

Petit (Michel), âgé de 46 ans, maître charpentier sur le *Saint-Pierre*, né à Rennes.

1er septembre.

Marenne dit Brainville (Jean), âgé de 27 ans, né à Bresson, évêché de Saint-Brieuc.

2 septembre.

Le Morvant de Chainevert (Louis), âgé de 19 ans, né à Carhaix.

7 septembre.

Pellard (François), âgé de 40 ans, né à Chateauneuf, évêché de Saint-Pol de Léon.

8 septembre.

Pelletier (Charles), âgé de 40 ans, matelot du *Duc d'Anjou.*

12 septembre.

Rigecourt dit Saint-Louis (Louis), âgé de 35 ans, né à Neully, évêché de Toul.

25 septembre.

Marrois (Ambroise), âgé de 32 ans, soldat, né à Chateauneuf sur Loire.

9 octobre.

Ratin (Jacques), âgé de 22 ans, soldat, né à Tredemiel, évêché de Saint-Brieuc.

17 octobre.

Barbau dit Tranche Montagne (Jean), âgé de 34 ans, soldat, né à Rennes.

21 octobre.

Brouilleur dit Le Loup (Maurice), âgé de 26 ans, soldat, né au Loup de la Cogeline, évêché de Dôle.

25 octobre.

Cognard dit des Lauriers (Marc), sergent, né à Port-Louis.

30 novembre.

Galdy (Louis), âgé de 22 ans, employé de la Compagnie, né à Marseille.

13 décembre.

Brunet dit Dourlant (Jean-François), âgé de 33 ans, sergent, né à Dourlant, (sans doute Doullens) en Picardie.

www.ingramcontent.com/pod-product-compliance
Lightning Source LLC
Chambersburg PA
CBHW072110220426
43664CB00013B/2069